La hija de Auschwitz

Tova Friedman nació en 1938, justo un año antes del estallido de la Segunda Guerra Mundial. Era uno de los miles de niños judíos que vivían en la ciudad polaca de Tomaszów Mazowiecki en ese momento. Al final de la guerra, solo quedaban vivos cinco niños de Tomaszów. Tova es una de las supervivientes más jóvenes de Auschwitz y una activista contra el antisemitismo. Fue directora de una agencia de servicios sociales sin ánimo de lucro durante veinticinco años. Es terapeuta y vive en Highland Park, en New Jersey, EE.UU.

Malcolm Brabant es un galardonado exreportero de guerra de la BBC británico, que fue testigo del genocidio en Bosnia. Ahora es corresponsal en el extranjero para PBS Newshour de Estados Unidos. Conoció a Tova en el 75.º aniversario de la liberación de Birkenau. Vive en Brighton.

La hija de Auschwitz

Tova Friedman y Malcolm Brabant

Traducción de Ana Herrera

rocabolsillo

Título original: *The Daughter of Auschwitz*

Primera edición en Rocabolsillo: mayo de 2024
Primera reimpresión: febrero de 2026

© 2022, Tova Friedman y Malcolm Brabant
© 2023, 2024, Roca Editorial de Libros, S.L.U.
Travessera de Gràcia, 47-49. 08021 Barcelona
© 2023, Ana Herrera, por la traducción
Diseño de la cubierta: Opalworks
Imagen de la cubierta: © Arcangel

Printed in Spain – Impreso en España

ISBN: 978-84-19498-42-7
Depósito legal: B-4.564-2024

Impreso en Liberdúplex,
Sant Llorenç d´Hortons (Barcelona)

RB 9 8 4 2 7

Para mis increíbles padres, Reizel y Machel,
que nos salvaron a todos.

Y para mis hijos y nietos, que siempre recordarán.

Al alejarme en coche, después de haber pasado la mañana con Tova, vinieron a mi mente las frases de *El rey Lear* de Shakespeare:

> El más anciano padeció más que nosotros,
> los jóvenes no veremos lo que él vio, ni viviremos tanto.

Elie Wiesel, estoy seguro de ello, nos habría permitido usar su frase cuando citamos a Tova Friedman como heroína de la verdad y de la memoria.

SIR BEN KINGSLEY,
febrero de 2022

Introducción

$\mathcal{M}$e llamo Tova Friedman. Soy una de las supervivientes más jóvenes del campo de exterminio nazi conocido como Auschwitz-Birkenau. Durante gran parte de mi vida adulta he hablado del Holocausto para asegurarme de que la gente nunca lo olvide.

Nací con el nombre de Tola Grossman en Gdynia, Polonia, en 1938, un año antes de que empezara la Segunda Guerra Mundial. Después de vivir todas las fases del intento nazi de eliminar por completo al pueblo judío, al final me trasladé a Estados Unidos, me casé con Maier Friedman y más tarde empecé a hacerme llamar Tova.

Por mucho que los últimos supervivientes que quedan y yo misma compartamos nuestra historia, parece que la gente se está olvidando. Personalmente, me horroriza comprobar los niveles de ignorancia que reveló una encuesta entre jóvenes estadounidenses encargada por la Conferencia sobre las Reclamaciones Materiales Judías contra Alemania y que se publicó en septiembre de 2020.

Dos tercios de las personas a las que entrevistaron no tenían ni idea de cuántos judíos habían muerto en el Holocausto. Casi la mitad no conocían el nombre de uno solo de los campos de concentración o guetos. El veintitrés por ciento creía que el Holocausto era un mito, o que se había exagerado. El diecisiete por ciento decía que era aceptable tener puntos de vista neonazis. Una encuesta similar en Europa en 2018 mostró que un tercio de los europeos sabía igual de poco, o que no había oído hablar siquiera del Holocausto. También mostraba que el veinte por ciento pensaba que los judíos tenían demasiada influencia en el mundo de los negocios y las finanzas.

Estas asombrosas y alarmantes cifras señalan un hecho: el antisemitismo, o el odio a los judíos, está de nuevo en auge en Estados Unidos y en toda Europa. Me resulta muy difícil creer, después de todo lo que sufrimos en los guetos y en los campos de exterminio durante la Segunda Guerra Mundial, que las actitudes insidiosas de los años veinte y treinta del siglo xx estén volviendo a resurgir. El Holocausto, el peor crimen de la historia de la humanidad, ocurrió hace menos de ochenta años, ¿y ya se está borrando de la memoria? Francamente, resulta horrible.

Tengo ochenta y tres años, y con este libro intento inmortalizar lo que ocurrió, para asegurarme de que no se olvida a aquellos que murieron. Ni tampoco los métodos que se usaron para exterminarlos.

Muchas personas se preguntan si el mundo que habitamos ahora es similar al de la Europa de los años treinta, cuando el nazismo y el fascismo estaban en auge en la época previa a la Segunda Guerra Mundial. Entonces, el antisemitismo era la política oficial estatal de la Alemania de Adolf Hitler. Es cierto que, hoy en día, ningún Gobierno del mundo tiene semejante doctrina consagrada en la ley y apoyada por la población general. Sin embargo, todos conocemos países en los cuales la discriminación es frecuente, y quizás incluso tolerada.

El odio es uno de los fenómenos que están creciendo más rápidamente. Odios de todo tipo, especialmente hacia las minorías. Dondequiera que estén en el mundo, les suplico que no repitan la historia a la cual me vi sometida.

Recuerden que el Holocausto empezó poco menos de veinte años después de que Adolf Hitler escribiese *Mein Kampf*, su plan para eliminar a los judíos. En una época en la que Internet va a una velocidad asombrosa, los cambios pueden suceder mucho más rápido que hace ochenta años. Tenemos que vigilar constantemente y ser lo bastante valientes para hablar con franqueza.

En este sentido, viene al caso decir que, mientras dábamos los últimos toques a este libro, el presidente Vladimir Putin ordenó que las tropas rusas invadieran la vecina Ucrania, poniendo con ello en peligro la paz mundial. Las imágenes me resultaban muy familiares. Niños y adultos aterrorizados, destrucción de hogares y familias, crímenes de guerra, millones de personas desplazadas, hambre, refugios antiaéreos y fosas comunes. Y espero que, después de casi ocho décadas de reflexión sobre la inhumanidad del ser humano durante el Holocausto, Ucrania nos recuerde la importancia de ayudar a los damnificados por los estragos de la guerra.

Mientras ustedes leen esto, quiero que noten el sabor, la sensación, el olor de lo que era vivir como niños durante el Holocausto. Quiero que se pongan mis zapatos y anden con ellos, siguiendo los pasos de mi familia, aunque en los peores tiempos ni siquiera teníamos calzado alguno. Quiero que comprendan los dilemas a los cuales nos enfrentábamos y las decisiones imposibles que teníamos que tomar. Espero que se enfurezcan. Porque si están furiosos, existe una oportunidad de que compartan esa indignación, y eso aumenta las posibilidades de evitar otro genocidio.

Vengo de una larga tradición de historia oral. Me considero más narradora y cuentista que escritora, y por eso mi amigo Malcolm Brabant me ha ayudado con esto. A él se le dan muy bien las palabras y las imágenes.

Nos conocimos en Polonia en enero de 2020, cuando el mundo conmemoraba el septuagésimo quinto aniversario de la liberación de Auschwitz, que tuvo lugar el 27 de enero de 1945.

Malcolm ha sido reportero de guerra. Presenció la limpieza étnica muy de cerca en Bosnia-Herzegovina, en la década de 1990. Conoce bien el hedor del genocidio. Ha escapado por los pelos y ha tenido experiencias dolorosas distintas de las mías. Lo que tenemos en común es que ambos somos supervivientes.

Él fue quien ahondó en la ocupación nazi de Polonia para intentar poner mi niñez en el contexto adecuado.

Mientras trabajábamos juntos para revivir los sonidos, olores y sabores del Holocausto, resultó que recuerdos que tenía ocultos volvieron a la superficie. A veces me mantenían despierta toda la noche. Todo lo que me ocurrió a mí y a la gente que tenía a mi alrededor está enterrado en algún lugar muy hondo, en los recovecos de mi subconsciente. Al haber ejercido de terapeuta, debo aceptar la posibilidad de que la edad y el tiempo hayan emborronado mis peores recuerdos. El cerebro y el cuerpo humano son unos instrumentos extraordinarios, y tienen mecanismos de supervivencia que quizá nunca comprendamos del todo.

Algunos detalles de mi historia tal vez no se ajusten con precisión a otros relatos del Holocausto. Después de la guerra, mi madre me hablaba incesantemente de lo que nos había ocurrido, para asegurarse de que yo no me olvidara. Las conversaciones que recuerdo en este libro no son literales. El contenido, el tono y la naturaleza, sin embargo, son una representación honrada de lo que se dijo en aquel momento. Todos tenemos recuerdos y versiones distintas de la verdad. Esta es mi verdad.

No creo que sufra la culpa del superviviente, que es un componente de aquello que los psiquiatras llaman «síndrome del superviviente». Aquellos que experimentan esta afección se castigan a sí mismos por sobrevivir, aunque no tengan ninguna culpa. No creo que los seis millones de judíos que murieron en el Holocausto quisieran que yo me sintiera culpable. Por el contrario, he decidido abrazar un nuevo término, «crecimiento del superviviente», a través del cual uso activamente mis experiencias para construir una vida llena de sentido en honor de aquellos que murieron en el Holocausto. Yo los recordaré.

He canalizado el trauma en lo que yo llamo «deshacer el plan de Hitler». Él quería aplastar nuestra fe asesinando a nuestros hijos. Yo he pasado la mayor parte de mi vida adulta haciendo lo contrario, asegurándome de que mi propia familia se empape de nuestra cultura. Mis ocho nietos son la prueba de nuestra continuidad.

En estas memorias me refiero a este genocidio como Holocausto, aunque el término hebreo para la catástrofe, Shoah, es más preciso a la hora de expresar esta tragedia única judía.

Auschwitz quedó impreso en mi ADN. Casi todo lo que he hecho en mi vida después de la guerra y todas las decisiones que he tomado han sido moldeadas por mis experiencias durante el Holocausto.

Soy una superviviente. Y los supervivientes tienen una obligación: representar al millón y medio de niños judíos que los nazis asesinaron. Ellos no pueden hablar. De modo que, por encima de todo, yo debo hablar en su nombre.

TOVA FRIEDMAN,
Highland Park, Nueva Jersey,
abril de 2022

1

Correr para salvar la vida

Campo de exterminio de Auschwitz II, más conocido como Birkenau, en el sur de la Polonia ocupada por los alemanes, 25 de enero de 1945

Seis años

No sabía qué hacer. Ninguno de los otros niños de mi barracón sabía qué hacer. El ruido fuera era horroroso. Jamás había oído nada semejante. Tantos disparos. Una sucesión de disparos; también disparos aislados. Una pistola y un rifle hacen ruidos distintos. Yo había visto y oído ambos en acción y muy de cerca. Los rifles chasqueaban y las pistolas explotaban. El resultado era el mismo. Las personas caían al suelo y sangraban. A veces gritaban. En ocasiones ocurría demasiado rápido y no les daba tiempo a emitir sonido alguno. Como cuando les daban en la parte de atrás de la cabeza o en el cuello. Otras veces emitían ruidos intensos y ásperos, o gorgoteaban. Eso era lo peor. El gorgoteo. Odiaba oír eso. Quería que parase el gorgoteo. Por ellos y por mí.

En algún lugar del exterior del barracón se oyeron chasquidos y estallidos, y ratatatatá, ratatatatá. Los sonidos rápidos eran ametralladoras. También las había visto en acción. Conocía el daño que causaban. Y me aterrorizaban.

Los cristales traquetearon en los marcos de las ventanas que corrían a lo largo de cada pared, a unos tres o cuatro metros por encima de mi cabeza, en los aleros. Los cristales solían temblar por el viento. Pero esto era distinto. Era como una tormenta, pero sin rayos. Algo que sonaba como truenos, retumbaba en la distancia. Aunque las paredes de madera ahogaban el ruido de fuera, parecía que todo el mundo en los barracones gemía y chillaba a la vez. Todos los perros del campamento aullaban y ladraban con más saña de lo habitual. Esos perros. Esos perros temibles, malditos.

Oía a los guardias alemanes chillándoles a pleno pulmón. Despreciaba su lengua, tan gutural. Me quedaba muda de terror cada vez que los alemanes abrían la boca.

Nunca había oído hablar alemán con suavidad. Siempre era áspero, ajeno y, muy a menudo, acompañado de violencia. Formándose en la parte trasera de su garganta, muchas palabras reventaban al salir, gruñían, escupían y siseaban. Como la verja de alambre de espino electrificada que nos mantenía enjaulados, y a veces electrocutaba a alguno de nosotros que quería morir a su manera, y no como habían dictado los nazis. Muchos prisioneros recibían disparos antes de llegar a la alambrada.

Las voces alemanas parecían más furiosas de lo habitual. ¿Así era como sonaba el fin del mundo? La guerra estaba más cerca de lo que había estado nunca. Por una vez, una guerra de soldados luchando entre ellos. No la guerra que yo había presenciado, donde unos brutos muy bien alimentados con uniformes grises y negros pisoteaban a mujeres muertas de hambre y a ancianos, y los tiraban al suelo, y les disparaban en la nuca. Donde enviaban a los niños a las cámaras de gas y salían volando por las chimeneas como diminutas briznas carbonizadas.

Yo no sabía lo que había detrás de la tensión que empapaba las paredes de tablas. Levanté la vista hacia las largas ventanas. Visto desde un ángulo agudo, a través de las rendijas de cristal que quedaban por encima, el cielo parecía extraño. Por supuesto, estaba oscuro, porque nos encontrábamos en lo más crudo del invierno. Pero parecía más oscuro de lo que habría sido normal. ¿Era humo lo que llenaba el aire? ¿Caían al suelo aquellas partículas? No eran las habituales. Estas parecían de mayor tamaño. ¿Había fuego fuera? ¿Se acercaban las llamas? Lo único que haría falta sería una chispa, y nuestro barracón se convertiría en una pira funeraria. En el estómago vacío se me hizo un nudo. Me noté más atrapada que nunca.

Hice lo que solía hacer cuando necesitaba consuelo. Trepé por la pared de ladrillos rojos que corría a lo largo del barracón. Los ladrillos estaban a unos sesenta centímetros por encima del suelo. Actuaban como separador entre las filas de literas de tres pisos que había a cada lado, y absorbían el calor de un horno que estaba en el centro de la habitación. Aunque el fuego ya se estaba apagando, todavía quedaba un poco de calidez en los ladrillos. Me senté en cuclillas y agité los dedos de los pies para extraer todo el calor que pude.

Había muchos niños en mi bloque, no sé cuántos en total. Cuarenta, cincuenta, sesenta quizá. Los mayores eran casi adolescentes. Yo era una de las más pequeñas y más menudas. Todos teníamos la cara sucia y llena de manchurrones, los ojos hundidos, bordeados de negro por no dormir y por el hambre. Íbamos vestidos prácticamente de harapos, que colgaban de nuestros huesos. Algunos de los niños llevaban uniformes de rayas.

Ninguno de nosotros sabía lo que estaba ocurriendo. No habían hecho el *Apell* de la mañana: pasar lista. De repente, me empezaban a picar los números que llevaba en el antebrazo izquierdo. Por primera vez desde que los habían tatuado en mi carne, los habían ignorado. A-27633. La identidad que me habían impuesto los nazis. No había oído que pronunciaran esas palabras. Nuestra rutina se había roto. Algo extraño estaba ocurriendo, definitivamente.

No nos habían dado de comer y nos moríamos de hambre. Tendríamos que habernos puesto en fila para que nos dieran una corteza de pan seco y un cuenco de gachas tibias que contuviera, si teníamos mucha suerte, restos de unas verduras indeterminadas. El hambre atacaba nuestro estómago y nos daba puñetazos.

¿Cuánto tiempo nos habían dejado así? No podíamos medir el tiempo más allá de observar la luz del día que disipaba las sombras dentro del barracón, que luego regresaban. No podía ser mucho antes de que el sol, estuviera donde estuviese, se hundiera por debajo del nivel de las ventanas; no tardaríamos en volver a estar en la oscuridad total.

Toses, sollozos y gimoteos recorrían las literas. A pesar de la temperatura ártica, el bloque apestaba a mantas empapadas en orina y a heces, por los orinales desbordados. Algunos niños lloriqueaban, otros intentaban ahogar sus lágrimas. Llorar era contagioso. Nos hacía sentir fatal. En cuanto empezabas, incluso te sentías mucho más triste de lo habitual. Empezabas a pensar en lo espantosa que era la vida, y ya no podías parar. Yo no sucumbía. Nunca lloraba. Aunque tenía ganas de sollozar, apretaba la mandíbula y lo superaba.

Mamá me enseñó a no llorar jamás, por muy frágil o asustada que me sintiera. Para ser tan pequeña, me enorgullece decirlo, tenía una voluntad de hierro.

—¿Dónde ha ido a parar la *Blokälteste*?

—Hoy no la he visto.

—Yo no la he visto desde ayer.

—No está. Salgamos fuera.

—No, no podemos salir fuera.

—Si nos coge, nos pegará, y se chivará de nosotros a los alemanes.

La *Blokälteste* era la mujer que estaba a cargo, también llamada la «anciana del bloque»; era la que ejecutaba las órdenes de los alemanes, pero, como nosotros, ella era judía. Los nazis la recompensaban con comida extra y un espacio propio. Tenía mucho apetito. A mí me parecía muy gorda, pero para un niño todo el mundo resulta grande. A cambio de llevar a cabo el trabajo sucio, la anciana del bloque podía echarse y descansar en paz sin que nadie le robara la manta o le pinchara en las costillas con las rodillas o los codos.

Aunque la anciana del bloque usaba el miedo para controlarnos, su presencia nos proporcionaba un sentido de *Ordnung muss sein* («Tiene que haber orden»), como no se cansaban de decir los alemanes. No me importa reconocer que tenía miedo de aquella mujer. Pero sin ella habría caos. Y, lo peor de todo, nada de comida.

Normalmente, todos los barracones estaban cerrados y asegurados. La anciana del bloque debía de haberse ido con mucha prisa, cuando fuese, porque no se había molestado en contarnos ni en asegurar la puerta. Sentí la tentación de atisbar fuera, pero el ruido me daba demasiado miedo. Ninguno de los niños se atrevió a cruzar el umbral. Era como si un campo de fuerza nos estuviera sujetando. Nos habían condicionado para obedecer órdenes, y no podíamos movernos sin ellas.

De repente se abrió la puerta. Todos dimos un respingo.

Entró una mujer a la que no reconocí. Tenía un aspecto horrible. Sus rasgos estaban distorsionados por la desnutrición. Su rostro era apenas más que una calavera recubierta de una piel fina como el pergamino. Tenía los ojos hundidos en las cuencas, pero su cuerpo era grueso. La inanición puede hacerle eso a una persona. A ella le había hinchado la carne. Unos mechones de pelo castaño oscuro surgían por debajo de un trozo de tela colocado como un pañuelo, en un intento vano de conservar un poco el calor.

La mujer me miró.

—¡Tola! —exclamó—. ¡Aquí estás, hija mía!

El alivio se extendió por su rostro. Sus tensas mejillas se relajaron y sus ojos chispearon. La voz era débil, pero familiar.

También sus tristes ojos verdes, así como su débil sonrisa. Yo me puse de pie sobre los ladrillos, confusa. Aquella mujer parecía más un espantapájaros que un ser humano. Sí, parecía mi madre, pero ¿era ella realmente?

¿Y qué estaba haciendo en mi barracón? Se suponía que debía estar en la sección de mujeres. Me habían apartado de ella cinco meses antes, en el punto álgido del verano, después de que yo cayera enferma. Oí su voz de cerca cuando fuimos y volvimos caminando de la cámara de gas. Pero no la vi. De hecho, no había visto el rostro de mi madre desde hacía tanto tiempo que me había olvidado del aspecto que tenía. Me había acostumbrado a no tener madre ni padre. Me había olvidado de que tenía a alguien en este mundo. Pensaba que estaba sola. Pero a lo mejor no lo estaba... Me sentía confusa. La mujer notó mis dudas.

—Tola, soy yo, mamá —dijo, con una gran sonrisa.

Yo estaba incrédula.

«¿Es esta realmente mi mamá?», me preguntaba.

Bajé de un salto de los ladrillos y corrí hacia ella. Noté que una sonrisa se extendía por mi rostro, de oreja a oreja. Era la primera felicidad real que experimentaba desde hacía meses.

Ella se agachó, me cogió la cara entre las manos y me miró a los ojos. Luego me echó los brazos alrededor y me besó. La abracé con toda la fuerza que pude. Olía a mi mamá. Realmente, era mi bella mamá. La prisionera A-27791. Mi mamá.

—Escúchame, Tola. Están reuniendo a la gente para llevársela andando a Alemania. Desde aquí hasta Alemania, a centenares de kilómetros —dijo mamá—. Mírame. Me van a disparar. Me van a matar. Yo no puedo andar. Mira mis pies. —Señaló hacia abajo.

Mamá no llevaba zapatos. Tenía los pies envueltos en trapos. Parecía como si se los hubiese vendado a toda prisa. La parte inferior estaba empapada, y la humedad subía hacia arriba. Enrojecidas por el frío, las pantorrillas y tobillos de mamá estaban hinchados, señal segura de inanición. El campo estaba lleno de espantapájaros y esqueletos.

—Quizá tú consigas llegar. Puede que sobrevivas a la marcha. Pero este mundo no es para niños. No quiero que sobrevivas sola. Así que intentaré esconderte. Existe una oportunidad de que sobrevivamos juntas. Y si morimos, pues moriremos juntas. ¿Quieres venir conmigo?

—Sí, mamá. Sí, iré —respondí.

Desde que nací, había vivido en un mundo donde ser judío significaba que estabas destinado a morir. Era perfectamente normal que te pidieran morir. Todos los niños judíos morían. Y yo siempre hacía lo que me decía mamá. Ella siempre me decía la verdad. Yo confiaba en mamá. No confiaba en nadie más. Mamá me decía la verdad porque conocer la verdad podía salvarme la vida. Eso es lo que decía. Y lo repetía. En el gueto, en el campo de trabajo, en el vagón de ganado. Y antes de que nos separasen, en el campo de concentración.

Aunque había hablado de morir juntas, mamá me levantó la moral diciéndome que teníamos una oportunidad de sobrevivir si seguíamos sus instrucciones. Como siempre, era sincera. Otros padres quizás hubiesen intentado ocultar la verdad en tales circunstancias. Pero mi mamá no. Ella creía que la información era poder, y que podía salvarme la vida.

Yo llevaba cuatro meses sola. No había nadie que me protegiera. Siempre pensé que moriría sola. Con la muerte que fuese. Pero ahora tenía a alguien que me cuidaba. Haría lo que me dijera mi mamá. Una oleada de alivio me inundó al darme cuenta de que ya no estaba sola.

Mamá no dijo nada. Me cogió de la mano y me llevó fuera del bloque de los barracones.

Nos asaltó el olor a quemado. El sonido de la madera crepitando, escupiendo. ¿Era una hoguera de leña grande? Más que nada, yo estaba desesperada por encontrar un poco de calor que descongelara mi cuerpo. Pero entonces mamá me cogió de la mano y yo me olvidé del frío. El cielo estaba lleno de humo. El fuego estaba muy cerca. Hacía mucho ruido y me ponía nerviosa. El olor a humo de leña se mezclaba con otros olores. Algo aceitoso, esa cosa negra que ponen en las carreteras y los tejados. Y había algo más… Olor putrefacto a basura quemada. Toneladas de basura.

La cabeza de mamá se volvió a izquierda y derecha una y otra vez, buscando posibles problemas. De la mano, fuimos andando deprisa sobre la nieve, en silencio. Parecía que ella sabía adónde íbamos. Yo sabía que tenía que ser lo más discreta que pudiera. Si hacías ruido, te podían matar. Mamá no tenía que decirme nada. Me transmitía directamente su urgencia. Yo estaba electrizada por la aventura. Los pinchazos del hambre se desvanecieron. El amor de mi madre me hacía sentir segura, a salvo. Los trapos que llevaba en los pies hacían un ruido de succión a cada paso. Yo no me fijaba en la nieve que traspasaba mis finos zapatos blancos atados con cordones y me llegaba directamente a los pies sin calcetines. Solo notaba el calor de la mano de mi madre y su amor, que llenaba todo mi ser.

No podía creer lo que estaban viendo mis ojos. Por primera vez en mi vida no había tropas de las SS ni sus títeres alemanes bloqueándonos el paso. Brevemente, mientras cruzábamos los huecos entre los edificios, fui captando detalles en la distancia de soldados con sobretodos grandes que reunían a los prisioneros y los preparaban para la marcha a Alemania. Parecía que los nazis estaban soltando muchas maldiciones y gritando órdenes.

Yo era casi exactamente un año mayor que la guerra. No había conocido la libertad. Mi supervivencia dependía de mi capacidad de juzgar el estado de ánimo de mis captores. A pesar de su brutalidad, sabía que normalmente los alemanes eran aterradoramente tranquilos. Aquella mañana bordeaban la histeria y disparaban a quemarropa a los pobres desgraciados que eran demasiado lentos obedeciendo sus órdenes.

Yo no me inmutaba frente al asesinato. Había presenciado muertes violentas desde que podía recordar. Había aprendido a suprimir mis emociones. Lo que me aterraba eran los pastores alemanes y sus mandíbulas brutales y llenas de espuma. Tirando de las correas de sus cuidadores, esos espantosos perros eran más grandes que yo misma. Cuando mamá y yo llegamos al andén y bajamos del vagón de ganado, en el verano, yo había visto a los perros persiguiendo a algunas personas a lo largo de las vías del ferrocarril, en dirección a las chimeneas y el humo.

Nunca miraba a los ojos a los SS, los *Schutzstaffel*, el cuerpo de élite militar de Hitler, que contenía a los nazis más fanáticos del Tercer Reich. Había conseguido evitar su furia durante medio año. Mamá me había enseñado bien: «Cuando pases junto a un alemán, mira siempre al suelo o aparta la vista. No cruces tu mirada con la suya. No los mires nunca a los ojos. Lo odian. Les pone furiosos, y te pegarán. Incluso podrían matarte».

Veía sus negros pantalones de montar; las botas negras, muy pulidas, esas botas que llevaban los de las SS y que llegaban hasta las rodillas. Veía sus bastones arrogantes, las dagas que colgaban de sus cinturones, sus símbolos con calaveras y sus dedos en el gatillo. Miraba hasta sus hombros y sus charreteras. Incluso puede que viera alguna cruz de hierro en un pecho, o en torno a algún cuello. Pensaba que aquel era el uniforme que llevaban todos los hombres no judíos de la Tierra. Pero nunca los miraba a la cara. Sin embargo, sí que había mirado a los perros a los ojos. Y ellos me habían devuelto la mirada. Esos animales babeaban y gruñían, y les sobresalían los tendones que tenían en el cuello. Los perros querían clavarme los dientes en la carne y hacerme pedazos.

Mamá me cogió de la mano y se aseguró de que permanecíamos cerca de los edificios bajos de madera. Estábamos en el extremo noroccidental del campo de exterminio, más conocido como Birkenau, que formaba parte del complejo de Auschwitz. A nuestra derecha, teníamos cobertura de los edificios que comprendían la enfermería masculina. A nuestra izquierda, hilera tras hilera de bloques de barracones, separándolos de la puerta de entrada al campo (la Puerta de la Muerte) donde se reunía a los prisioneros para el éxodo. Tan sigilosamente como pudo, mamá me empujó hacia el sur. Nos dirigimos hacia la línea de ferrocarril que nos había traído a Birkenau seis meses antes.

Los motores de los camiones retumbaban en la distancia, algunos en movimiento, otros al ralentí. Se gritaban órdenes por unos megáfonos que competían por la atención. Una o dos veces mamá me llevó al abrigo de algún edificio, y nos agachamos todo lo que pudimos. Estábamos desesperadas por hacernos invisibles. Aunque nos encontrábamos a alguna distancia de las torres de vigilancia de la verja perimetral, yo sabía que, si los guardias nos veían, abrirían fuego o alertarían a los soldados que estaban debajo. Y si nos cogían, nos meterían a la fuerza en la fila. Rodeadas por los hombres y sus perros. Incapaces de escapar a la marcha que mamá decía que la mataría.

En lo posible nos refugiábamos entre las sombras y tentábamos a la suerte. La densidad de los barracones ayudaba a escudarnos. Pero, más que nada, lo que nos ayudaba era el pánico de los alemanes. Los rusos se acercaban. No estaban lejos. Los vengativos rusos. Los nazis tenían tanta prisa por huir que no se dieron cuenta de que las prisioneras A-27791 y A-27633, la niña de los zapatos blancos con cordones, se habían escabullido.

Un torrente de adrenalina puso en alerta mis sentidos. Los oídos y la nariz me contaban casi tanto como los ojos. Lo que faltaba era el hedor que flotaba por encima del campo desde que habíamos llegado allí. Ese hedor enfermizo, persistente. El sulfuroso *shtinkt* a huevos podridos: el hedor a pelo quemado mezclado con carne asada que se metía en la nariz, agarrándose, como una lapa, a las terminaciones nerviosas y la memoria. Por una vez, no tenía aquel sabor de boca espantoso y nauseabundo.

Había mucho más ruido aquel día que el anterior, cuando estuve fuera sola unos pocos minutos. Me intrigó el silencio que reinaba en el barracón, a dos edificios de distancia en la fila con respecto al nuestro. Estaba extrañamente tranquilo, de modo que di un vistazo dentro, a pesar del riesgo que corría de molestar a la anciana de bloque que estaba a cargo. Pero nadie me dijo nada. El edificio estaba vacío. Los niños, sencillamente, habían desaparecido.

Al agarrar la mano de mamá, noté que ya no podía ignorar más el frío. Deseé haber tenido unos mitones. Había visto un par de guantes unidos con un cordel junto al abrigo de una niña, en el barracón de al lado. Se me estaban congelando los dedos. Necesitaba algo que calmase ese frío. La norma era coger lo que se pudiera. En aquel lugar, era una parte esencial de la supervivencia. No era lo mismo que robar. Pero yo no cogí los guantes. En cuanto fui capaz de hablar y comprender, me enseñaron a ser honrada y amable. La niña a la que pertenecían podía necesitarlos, si volvía, aunque yo sabía, en lo más profundo de mi ser, que nunca volvería. Aun así, no quería beneficiarme de su muerte. Así pues, dejé los guantes allí colgando.

Al cabo de diez minutos o así llegamos al edificio que mamá estaba buscando. Me hizo pasar dentro. El bloque era la enfermería de mujeres, aunque había muy poco material médico a la vista. Era más bien una escala entre la vida y la muerte. Montones de lechos estaban ocupados por muertas y moribundas. En su precipitación, los alemanes las habían abandonado. La sala resonaba con los quejidos y sollozos de las mujeres.

Mamá fue de cama en cama, sacudiendo las mantas. A veces, una mujer se removía. Si veía señales de vida, mamá seguía adelante. No entendía lo que estaba haciendo, y me sentía demasiado asustada para preguntarle. Mamá iba comprobando cada cama, poniendo el dorso de la mano en los cadáveres.

27

—Este está frío —dijo mamá, reemprendiendo la búsqueda. Y finalmente comprendí lo que buscaba. Investigó debajo de una manta y tocó otro cuerpo. No se movía, pero todavía estaba caliente. La mujer acababa de morir.

—Tola, escúchame —dijo mamá—. Tienes que hacer todo lo que yo te diga. Si no lo haces, corres el riesgo de que te maten.

—Sí, mamá.

—Quítate los zapatos y métete en esa cama.

Me desabroché los zapatos lo más rápido que pude. La cama era más alta que la litera en la que solía dormir; necesité ayuda para subirme.

—Métete debajo de esa manta, tápate y échate de cara al suelo. Te echarás muy cerca de esa mujer, y yo te taparé para que no se vea nada. Ni los pies ni la cabeza. Tienes que quedarte ahí echada, muy quieta. No digas ni una sola palabra. Ocurra lo que ocurra, oigas lo que oigas. ¿Me oyes? Yo seré la única persona que venga a destaparte, nadie más.

Se acercó mucho más.

—Tienes que respirar hacia el suelo. Quédate ahí, y no te muevas. No te muevas. Quédate ahí hasta que yo venga a buscarte. ¿Me entiendes?

—Sí, de acuerdo, mamá.

La palabra de mamá era la ley. Ignorarla sería fatal.

Mi compañera de cama tendría unos veinte años. No era muy distinta de otros cientos de cadáveres que yo había visto. Un saco de huesos retorcidos y picudos unidos por algo de piel. Calaveras con la boca congelada en un grito silencioso. La mujer muerta era guapa. Y, claramente, más joven que mamá.

—Rodéala con tus brazos —me ordenó mamá.

Ella maniobró mi cabeza y la colocó bajo la axila de la muerta, y entrelazó nuestras piernas. Luego levantó la manta para que solo se viera la cabeza de aquella mujer.

—Ahora te dejo, Tola —dijo ella—. Yo también tengo que esconderme. Pero no estaré lejos. Volveré y te sacaré. No importa lo que oigas, no te muevas hasta que yo vuelva. Bajo ninguna circunstancia. ¿Me lo prometes?

—Sí, mamá, te lo prometo.

Hice exactamente lo que me decía. Apenas me movía. No tenía miedo del cadáver. ¿Por qué iba a tenerlo? La mujer guapa estaba muerta y no podía hacerme ningún daño. Era una amiga que podía salvarme la vida. Mi protectora. Así pues, seguí las instrucciones de mamá, abracé a la mujer muerta y esperé.

Al principio, el cadáver estaba caliente. Lo agradecí. Volví a sentir los pies, después de haber pisado la nieve. Pero, poco a poco, lentamente, el cadáver se fue quedando más frío. Me quedé allí escuchando, respirando con un aliento corto, esperando. Me preguntaba por qué habría muerto la mujer guapa. Imaginé que sería de hambre.

Yo estaba extraordinariamente tranquila. Me invadió una extraña paz. Me relajé y empecé a visualizar una muñeca con la cara verde. No una muñeca completa. Solo una cabeza. La había visto sobresaliendo del barro, mientras corríamos. No sabía si la cabeza y el cuerpo se habían separado, o si el cuerpo estaba todavía unido a la cabeza, por debajo del barro. Habría querido coger aquella cabeza, pero no teníamos tiempo para detenernos.

La cabeza tenía unos ojos amigos y una boca amable. Quería aquella cabeza de muñeca. En el campo no tenía juguetes. No quería jugar. No sabía lo que era jugar. La vida era simplemente sobrevivir. Quería la cabeza de muñeca para hablar con ella y que me hiciera compañía. Tenía unos ojos muy bonitos.

Empecé a notar que se me cerraban los ojos. Me sentía segura. Mamá estaba cerca. La adrenalina de nuestra aventura había ido disminuyendo.

Entonces oí las botas.

2

Más allá del mantel

Gueto judío, Tomaszów Mazowiecki, en la Polonia central ocupada por los alemanes, 1941

Edad, dos y tres años

$\mathcal{M}$i dominio se extendía por debajo de la mesa de la cocina. Las fronteras estaban definidas por los bordes desiguales de un mantel barato, colocado por encima del mueble que era el corazón de nuestra vida, en nuestro atestado hogar en el gueto. Más allá del mantel quedaba el mundo de los adultos y su desigual guerra entre perseguidores nazis y judíos oprimidos. Cuando residía en mi reino personal, raramente veía las caras de los mayores: desde mi perspectiva, el universo exterior solo existía de las rodillas para abajo. Pero los oía hablar, y me empeñaba en averiguar qué voz correspondía a cada par de piernas.

Oía fragmentos de conversaciones. Y algunas palabras clave se repetían una y otra vez, con una mezcla de temor, ira y malevolencia. Unas palabras que han quedado grabadas en mi mente.

Gestapo.

SS.

Aktion.

Raciones.

Margarina.

Hitler.

Cayó muerto en la calle.

Hambre.

Palestina.

Judenrat.

Gueto.

Kropfitsch.

Otra vez.

Ese pobre niño…

En la nuca.

Esos pobres padres.

Nunca había buenas noticias fuera del mantel. La vida era una letanía de catástrofes, gente que desaparecía, masacres, y la lucha constante para encontrar comida.

Por no mencionar los disparos y los gritos que se oían por la ventana.

Cuando las noticias eran especialmente malas, susurraban. Intentaban evitar que yo las oyese. Sabía que las cosas iban realmente mal cuando cogían aliento con fuerza y se oía el ruido de una mano que tapaba la boca, para evitar que se les escapase un grito. Mis oídos eran un sistema de advertencia temprano. Reconocía la forma de andar de la gente, ligera o resueltamente. Podía saber cuándo entraban un par de zapatos o botas nuevos en el piso. A veces eran amistosos, pero, cuando oía botas pesadas, sabía que se avecinaban problemas.

Debajo de la mesa estaba mi santuario. Allí me quedaba y hablaba con mi muñeca.

«¿Tienes hambre, *bubale*? —le preguntaba—. Me muero de hambre. Y tú también debes de tener hambre. Pero no te preocupes, mamá está en la cocina y está haciendo sopa de pieles de patata». «Aquí la tienes. Cómetela. Sé buena, *bubale*. Está rica,

¿verdad? Mmmmm. Me encanta. Venga. Cómete la sopa, *bubale*. Te sentará bien». «Lo siento, pero hoy no hay pan. Por favor, no llores».

De vez en cuando yo salía por encima del mantel e iba a sentarme en la rodilla de mi padre, Machel, o bien me refugiaba en el regazo de mi madre, Reizel. Cuando el tío James venía a visitarnos, los primeros días del gueto, cuando era más fácil moverse por ahí, me sentaba en su rodilla y jugueteaba con sus frondosas cejas. Pero normalmente me quedaba debajo de la mesa, porque no tenía silla. No había espacio suficiente en el apartamento de cuatro habitaciones y no teníamos bastantes muebles para todos.

No éramos la única familia que vivía en el quinto piso de la calle Krzyżowa número 24, en Tomaszów Mazowiecki. A los judíos se los obligaba a compartir alojamientos atestados. En muchos pisos, en lugar de cinco o seis personas, llegaba a haber unas veinte. En otros, incluso, sesenta o setenta. Un solo baño tenía que dar servicio a unas treinta o cuarenta personas. Yo tenía que comer y dormir debajo de la mesa, porque había muy poco espacio. Algunas personas dormían en el suelo. Mis padres se apretujaban en una camita individual. Yo me unía a ellos en mitad de la noche, si me despertaba asustada.

Si tenías un poco de suerte, vivías junto con algunos amigos o familiares. Si no, te veías obligado a cohabitar con desconocidos a los que no podías soportar. No tengo recuerdos claros de cuántas personas había allí ni de quiénes eran. La situación era tan cambiante que el piso era un flujo constante de refugiados. Un día, una serie entera de caras familiares desaparecía. Su desaparición iba acompañada de susurros urgentes que venían de fuera del mantel. No pasaba mucho tiempo antes de que otros los sustituyeran. Quizá por más personas aún. La atmósfera dentro del piso cambiaba. No siempre era una mejora. Lo notaba allí, debajo de la mesa.

Estábamos amontonados como sardinas en lata.

Los nazis crearon el gueto de Tomaszów Mazowiecki en diciembre de 1940. Los judíos tenían prohibido pisar la mayor parte de Tomaszów Mazowiecki, una ciudad industrial de la Polonia central, a unos ciento diez kilómetros de Varsovia. Se les requería que se identificaran como judíos llevando un brazalete blanco adornado con una estrella azul de David. El castigo por no cumplir aquella orden era la muerte.

Como una de sus primeras restricciones, los alemanes cortaron el suministro eléctrico. Privarnos de un componente clave de la vida moderna era otro tijeretazo más, que iba recortándonos lenta y dolorosamente hasta la muerte. Tampoco había alcantarillado. Se nos ordenó que colgáramos cortinas o pantallas en las ventanas que daban a los barrios arios. Cada nueva restricción reforzaba la sensación de aislamiento y segregación del mundo exterior. No solo no podíamos mirar a nuestros vecinos polacos, sino que también se nos negaba la luz del sol; era como si nos empujaran hacia la Edad Oscura. A los polacos se les ordenó que clausurasen las ventanas que daban al gueto, para que no pudieran ver lo que estaba pasando e informar al mundo. Pero la verdad es que un significativo número de polacos de Tomaszów eran antisemitas. Algunos de ellos podían haberse regodeado con nuestro sufrimiento. Al menos las cortinas les negaban esa satisfacción.

Al principio, mi madre, mi padre y yo nos alojábamos con mis abuelos, en la plaza Kościuszko, que, antes de la guerra, era una zona relativamente fina, en el corazón del distrito comercial de la ciudad. Al principio, el gueto tenía tres partes, y la gente podía trasladarse entre ellas, aunque se les prohibía salir de los confines exteriores sin permiso. Doce meses más tarde, los alemanes obligaron a los judíos de dos de los distritos del gueto a meterse en la tercera parte, mucho más pequeña. Esta parte tenía un perímetro que podían sellar con mayor facilidad. La sensación de claustrofobia se intensificó. Nos expulsaron de nuestro hogar en la plaza Kościuszko y nos sentimos muy agradecidos cuando otra familia a la que ya conocíamos nos alojó en la calle Krzyżova, en el número 24.

Durante los tres años y medio que viví dentro de los muros del gueto, si a aquello se le puede llamar «vivir», apenas respiré aire fresco. Pasé casi todo el tiempo dentro, por la sencilla razón de que era demasiado peligroso salir fuera. El aire que respiraba olía a piel de patata hervida. Ni siquiera a repollo hervido.

Hacia 1941, más de quince mil trescientos judíos vivían apretujados en el gueto. La comunidad anterior a la guerra había aumentado con tres mil quinientos refugiados de los *shtetls* o pequeñas ciudades vecinas. Aquel lugar estaba espantosamente superpoblado. Las condiciones no eran higiénicas.

Los pisos eran terreno abonado para las enfermedades. En la última mitad de aquel año, una epidemia de tifus arrasó el gueto. Habían sido asesinados tantos médicos de la comunidad que no había sanitarios supervivientes para contener el brote. Los alemanes transfirieron a seiscientos judíos desde Tomaszów Mazowiecki a otros guetos en ciudades cercanas, para intentar reducir la expansión de la infección. Aquellas personas fueron exiliadas de Tomaszów y se las advirtió de que no volvieran nunca. Treinta y tres judíos desafiaron aquella orden y volvieron a Tomaszów: los ejecutaron.

A veces, cuando salía de debajo de la mesa, miraba por la ventana y veía filas de alemanes con cascos de acero que marchaban con rifles colocados inclinados sobre sus hombros. Sus recias botas hasta las rodillas resonaban en los guijarros al unísono, creando un ruido que irradiaba una fuerza irresistible y sobrehumana. Las vibraciones subían por nuestro edificio y llegaban a mi estómago. Y entonces me volvía a meter debajo de la mesa.

En mi mente infantil, contemplaba la mesa como mi refugio seguro, aunque en realidad era una celda. Una prisión dentro de una prisión. No importa la edad que tuviéramos, todos éramos presos. Y los muros de nuestra prisión se iban reduciendo constantemente. Los judíos eran eliminados en cada una de las fases. Los alemanes no paraban de meter con calzador más prisioneros en su interior, apretujándonos un poco más, física y psicológicamente, hasta los límites de la resistencia humana. Y más allá.

En ciudades de toda Polonia y de todos los territorios que los nazis conquistaban, los judíos eran encerrados en guetos que eran prisiones en todo excepto en el nombre. El gueto era la primera fase del plan nazi para erradicar a la raza judía. El más conocido es el de Varsovia, una ciudad muy extensa, con un centro donde cuatrocientos veinte mil judíos fueron encarcelados y sometidos a la hambruna tras unas altas murallas y alambre de espino. Un cuarto de millón de ellos fueron reunidos en el gueto, en verano de 1942, y gaseados. El gueto de Varsovia es sinónimo de valor y resistencia, a causa del levantamiento en la primavera de 1943, cuando setecientos combatientes judíos sin apenas armas mantuvieron a raya a las tropas alemanas durante casi un mes. Pero Varsovia no era la única ciudad donde existían semejantes lugares.

Yo tenía poco más de dos años cuando mis padres y yo entramos en el gueto de Tomaszów Mazowiecki. No nos quedó elección. Resistirse era inútil. No se puede discutir cuando te apuntan las armas de la maquinaria militar más brutal jamás vista.

Aun así, cuando tenía casi tres años y medio, desplegué mi propio e innato espíritu de resistencia. Fue en enero de 1941, cuando los alemanes instigaron lo que llamaron una *Aktion* de pieles. Ordenaron a los habitantes del gueto a que entregasen sus abrigos de pieles para enviarlos a Alemania y vestir a la gente de su territorio nacional. Formaba parte de un intento sistemático de arrebatarnos todos nuestros bienes de valor. Antes habían registrado todo el gueto exigiendo a la gente que entregase sus joyas.

Unos matones vestidos de uniforme asaltaron nuestro piso. Mamá no poseía ningún abrigo de pieles, pero yo sí. Era un bonito abrigo de piel blanco con capucha y unas tiras blancas en el cuello para atar, con bolas de piel en las puntas. Yo estaba muy orgullosa de aquel abrigo. Era mi posesión favorita, y resultaba muy cálido. Aunque apenas lo llevaba, porque apenas salía al exterior, en unos momentos de privación absoluta me hacía sentir especial.

En el instante en que uno de los soldados alemanes fue al armario y descolgó el abrigo de una percha, me puse incandescente de la rabia. Corrí hacia él. Empecé a darle puñetazos y patadas. Era un hombre grandote, un gigante en comparación conmigo. Pero nadie iba a robar mi precioso abrigo. No tenía miedo. Solo quería pelear. Mamá estaba horrorizada. Intentó apartarme, pero yo no la escuchaba. Intenté morder al soldado en las rodillas, y me arrojé hacia él. Me apartó dándome una patada con sus pesadas botas y se alejó con mi más preciada posesión. Podía haberme matado. Fusilaban a gente por mucho menos.

Hoy en día, reconozco a esa niñita en mí misma. No tenía miedo. ¿Qué niño hace una cosa semejante? Me gusta pensar que soy todavía la misma criatura batalladora. El recuerdo de aquel abrigo siguió conmigo. Compré uno casi exactamente igual para mi nieta, décadas más tarde.

El episodio con el abrigo demuestra claramente que, cuando una niña llega a los tres años, florece y se convierte en un ser humano que siente, que es capaz de experimentar sensaciones y comprenderlas y de procesar información, y sus habilidades cognitivas empiezan a surgir, aunque carezca en gran medida del vocabulario para articular lo que está viendo. Ese periodo suele ser un tiempo de maravilla ante las sencillas alegrías que tiene que ofrecer el mundo. Maravillarse ante la danza aérea de una mariposa. Reconocer el amor de una madre y de un padre, y corresponderlo. Ver caras sonrientes, sentirse segura, a salvo. Dormirse con el estómago lleno en una camita caliente. Despertarse a la mañana siguiente emocionada por explorar otro día, lleno de promesas.

Dentro del gueto de Tomaszów Mazowiecki, la única certeza era el amor incondicional de mis padres. Y yo sabía que también los amaba con todo mi corazón. Fuera de ellos, sin embargo, no había otra cosa que el abismo. Habitábamos en un mundo monocromo que siempre estaba en las sombras. Estábamos encadenados juntos mentalmente en un estado colectivo de depresión. Nada ofrecía jamás un solo rayo de luz o de esperanza. No había cura. La caballería no iba a venir a rescatarnos. La única liberación era la muerte.

Cada nuevo día traía una forma de terror distinta. Recuerdo que los soldados vinieron a por mi abuela materna viuda, Tema, y su hermano, cuyo nombre no recuerdo. Les ordenaron que bajaran las escaleras y los tirotearon en la calle. Dos judíos muertos entre seis millones. Su edad era una sentencia de muerte. A los nazis los viejos no les servían para nada. Los alemanes consideraban un anciano a cualquiera que tuviera más de cincuenta años. Nunca vi una sola persona con el pelo blanco hasta que vine a Estados Unidos. Para los nazis, la gente vieja era inútil como *Zwangsarbeiter* (trabajadores esclavos) y una carga innecesaria. No hubo nada extraordinario en las ejecuciones sumarias de Tema y de su hermano. Sus asesinos no dudaron ni un segundo. Los alemanes acababan con la vida de mis parientes, y la de otros, con tanta indiferencia como un controlador de plagas podría exterminar a unos roedores. Porque eso es lo que éramos para ellos: bichos. No puedo ni decirles lo mucho que me duele usar esa palabra.

Lo que todavía me cuesta comprender, todos estos años después, es la ausencia de conciencia y la despreocupación con la cual se cometían asesinatos de civiles indefensos, como si fuera simplemente una función corporal más.

Mi padre me tapó los ojos con la mano y me apartó de la ventana. Su primer instinto fue proteger mi inocencia, porque, una vez vistos, asesinatos como esos no pueden dejar de ser vistos, se quedan impresos para siempre en la memoria.

Recuerdo el sonido de las armas que los mataron, junto con el repiqueteo de los casquillos cayendo en cascada a la acera. Los gritos que oí eran tan viscerales que, si conjuro el recuerdo, noto que todavía resuenan en mis oídos. Un coro de lamentos pareció viajar desde el centro de la tierra hasta el mismísimo cielo.

Pero yo no oí llorar a mamá. Ella expresaba su conmoción de una manera distinta a otras personas. No se permitía aquella explosión inicial de dolor. Cuando mi padre me quitó la mano de los ojos, la vi: mamá estaba callada. Era como si le hubiesen quitado todo el aire de los pulmones. Parecía incapaz de emitir un solo sonido. Cogió todas las lágrimas y el sufrimiento, y los enterró muy hondo dentro de su propio interior; nunca más los dejó salir.

Aquel día murió asesinado un pequeño trocito de mi madre. Con cada nuevo cadáver, los alemanes nos mataban desde dentro. Todavía noto la nube de duelo que descendió sobre nuestra casa, así como esa abrumadora sensación de impotencia. Nosotros, como personas, no podíamos hacer nada para detener aquellos asesinatos, ni el siguiente. No había retribución. Nada de ojo por ojo. Nos estaban matando con total impunidad.

Yo vivía con el temor constante de que mis padres fuesen asesinados ante mis propios ojos, o que desaparecieran y nunca volvieran. Desde el momento en que me despertaba, tenía miedo de que me llegara a mí el turno y me mataran. Me iba a dormir temiendo no despertarme por la mañana.

Mientras tanto, el hambre me tenía disminuida. Cuando se estableció el gueto, en 1940, los alemanes introdujeron el racionamiento de comida. Se suponía que teníamos que vivir con solo tres kilos de pan y doscientos gramos de azúcar por persona y mes. Para la mayoría de los adultos aquello habría podido durar una semana, no más. Al principio, los alemanes nos prohibieron comprar carne en las carnicerías. Luego restringieron nuestro acceso al pan. Las horas de apertura de las panaderías se limitaron. Las madres salían de la cama en mitad de la noche para hacer cola y conseguir una hogaza. Se arriesgaban a que les pegasen un tiro si las pillaban en las calles antes de que se levantara el toque de queda. A veces volvían con las manos vacías. A veces no volvían. A medida que pasaban los meses, el suministro de comida disminuía. Se estableció una sopa de caridad para evitar que los más necesitados se murieran de hambre.

Recuerdo que me costaba mucho andar. Me desarrollaba muy despacio, probablemente porque mi cuerpo se encontraba privado de vitaminas en una época en la cual necesitaba nutrirse, crecer y estar saludable. Realmente no pude caminar bien hasta los cuatro años por culpa de la desnutrición. Probablemente, estar metida debajo de la mesa durante largos periodos también entorpeció el desarrollo de mis huesos y mis músculos. Debió de faltarme calcio, esencial para la densidad ósea y la fortaleza. Cuando salía de debajo de la mesa, iba andando por el piso chupando las paredes. Intuitivamente, supongo que debía de intentar extraer el calcio del yeso de la pintura. Mamá intentó refrenar ese hábito.

—Has estado chupando las paredes —decía.

—No, no lo he hecho —respondía yo.

—Sí, sí que lo has hecho. No me mientas. Veo las marcas de tu lengua. La pared está húmeda.

Me daba una bofetada, pero la verdad es que no me dolía. Y a la primera oportunidad, en cuanto se volvía de espaldas o salía de la habitación, volvía a chupar la pared.

Estábamos sometidos a una hambruna que iba cada vez a peor. Los padres más desesperados enviaban a sus hijos fuera de los perímetros del gueto a buscar comida, a pesar de la amenaza de muerte que habían hecho los nazis, que no esperarían ni al juicio más rudimentario.

A través de las paredes, de los agujeros, de los puntos de vigilancia,
a través de los alambres, de los escombros, de las alambradas:
hambrienta, osada, tozuda,
vuelo, corro como un gato.
A mediodía, a medianoche, al amanecer,
en medio de la tormenta, con el calor.
Cien veces arriesgo mi vida,
arriesgo mi cuello infantil.

Nadie ha descrito el valor infantil mejor que la poeta polaca judía Henryka Łazowertówna, en su obra histórica *El pequeño contrabandista*, escrita en 1942 en el gueto de Varsovia, donde vivió y murió. El poema trata específicamente de los contrabandistas infantiles en Varsovia, pero honra a cada uno de ellos en cada gueto, en todas las ciudades ocupadas por los nazis, incluyendo Tomaszów Mazowiecki.

Bajo el brazo, un saco de arpillera,
a la espalda, un trapo hecho jirones,
corriendo con mis rápidas y jóvenes piernas
con el miedo siempre en el corazón.
Y, sin embargo, todo hay que sufrirlo,
todo hay que soportarlo,
para que mañana todos vosotros
podáis hartaros de pan.

Algunos padres quizá dijeran a sus hijos que pidieran ayuda a polacos amables, antiguos vecinos suyos. Otros les daban dinero u objetos de valor para negociar con los polacos que estaban fuera de la alambrada. Algunos de esos jóvenes correos también llevaban cartas, para hacer saber al mundo exterior cuán grande era nuestro sufrimiento. Debido a su tamaño, era menos probable que los vieran. Pero si los cogían, esa familia tendría una boca menos que alimentar.

A través de las paredes, de los agujeros, de los ladrillos,
por la noche, al amanecer, de día,
hambrienta, osada, astuta,
silenciosa como la sombra, me muevo.

Y si la mano del destino repentino
me atrapa en algún momento de este juego,
es solo la trampa común de la vida.
Mamá, no me esperes.
No volveré contigo.
Tu voz lejana ya no me llega.

Un austriaco llamado Johann Kropfitsch solía esperar junto a una entrada secreta del gueto y disparar a los niños que volvían con su botín. Llevaban sus cuerpos al cementerio judío, donde se enterraban sin ceremonia en tumbas sin nombre. Lo único que oían sus padres eran unos disparos distantes en la noche. Y su hijo desaparecía.

Con treinta y nueve años, Kropfitsch era lo bastante viejo para evitar el servicio militar, pero lo bastante joven para ser un policía nazi. Desarrolló una gran pasión por sus expediciones nocturnas de «caza». Se enorgullecía de ser una especie de guardabosque. Como si los niños fueran tejones o zorros que había que sacrificar. ¿Qué tipo de individuo enfermo hace una cosa semejante? A pesar de una vida entera de exposición a todo tipo de fragilidades humanas, intento comprender cómo es posible tal depravación. Kropfitsch era un asesino en serie que fue responsable del asesinato de montones de niños. Una foto suya con su uniforme nazi revela a un hombre con unos ojos fríos, de psicópata. Después de la guerra lo ahorcaron como criminal de guerra. Qué lástima que solo muriera una vez. Merecía que lo mataran mil veces.

En el gueto no había caras sonrientes. Especialmente entre los hombres que iban vestidos de gris con cuchillos en el cinturón y las armas de fuego siempre a mano. En las raras ocasiones en que me aventuré más allá del umbral del gueto con mis padres, esos hombres parecía que querían matarme. Otros, los que llevaban los uniformes negros, con las gorras siniestras y bandas rojas en el brazo con un círculo blanco y una esvástica en medio, querían matarme más aún. A mí. A una niña inocente. Y todo porque había nacido judía. Antes de la guerra, los judíos comprendían un treinta por ciento de la población de Tomaszów Mazowiecki. Pero de los trece mil judíos residentes en 1939, solo doscientos respiraban al final de la guerra, en 1945. Solo cinco de ellos eran niños. Es extraordinario que yo estuviera entre ellos.

Reizel me dio a luz casi exactamente un año antes de que estallara la guerra. En aquella época, Machel y ella vivían en Gdynia, una ciudad cerca de Danzig, un bello puerto libre internacional en la costa del mar Báltico, en el norte de Polonia. En Danzig vivían sobre todo personas de origen alemán. Se conocerá la ciudad por su actual nombre polaco, Gdansk. Sus astilleros fueron el lugar de nacimiento del movimiento sindicalista Solidaridad, dirigido por Lech Wałeşa en los años ochenta y cuya rebelión anticomunista *Solidarność* condujo, finalmente, al colapso del bloque soviético.

Mi padre llegó allí en 1932, como delegado de una conferencia sobre sionismo. Tenía solo veintidós años. Representar a su ciudad natal, Tomaszów Mazowiecki, era un gran honor. Tengo una foto suya tomada justo antes de viajar a la conferencia. En ella tiene el pelo abundante y ondulado, y se le ve como un joven confiado que acaba de llegar a la ciudad. Su rostro revela una combinación de inocencia, optimismo juvenil y decisión. Sus amables ojos delatan una personalidad sensible y artística. Muy pronto esos ojos se acostumbrarían al horror.

Papá era un hombre muy inteligente y muy idealista. Junto con otros sionistas, creía que la diáspora —los judíos repartidos por todo el mundo— debía trasladarse a la tierra de sus antepasados, entonces llamada Palestina. Era seguidor de Theodor Herzl, un carismático judío austriaco que era periodista, dramaturgo y abogado, considerado el fundador del sionismo moderno y autor de un manifiesto pionero llamado *El Estado judío*.

«Queremos poner la piedra fundacional —declaró Herzl— de la casa que se convertirá en refugio de la nación judía».

Al llegar el siglo xx, Herzl creía que el antisemitismo en Europa era tan violento que resultaba imposible para los judíos vivir junto a los gentiles de otras naciones o asimilarse a ellos. Afirmaba que la única solución era crear un Estado propio y emigrar de Europa.

«Si lo deseas, no es un sueño», escribió Herzl.

Hacia los años treinta, el objetivo de los sionistas se volvió más urgente. La ascensión de Hitler, acompañada por un brote de antisemitismo en toda Europa, aceleró la necesidad de un refugio judío. Pero los sionistas no consiguieron convencer a las potencias mundiales más importantes de que permitieran el establecimiento de un Estado judío. Se vieron frustrados por preocupaciones sobre una reacción violenta de los nacionalistas árabes, que se oponían a la inmigración judía. Gran Bretaña era el principal impedimento para el sueño de un Estado judío. Tras la ruptura del Imperio otomano al final de la Primera Guerra Mundial, Gran Bretaña recibió un mandato internacional para gobernar Palestina. La oposición británica a la inmigración judía se intensificó mientras se aproximaba la Segunda Guerra Mundial.

El interés propio británico tenía más peso que la preocupación por los judíos europeos en peligro. El canal de Suez, encajonado entre Palestina y Egipto, era una arteria clave para los barcos que transportaban artículos británicos importados. Gran Bretaña no quería problema alguno en el lado palestino del canal. Y lo último que necesitaba era intervenir en posibles choques entre sionistas y árabes.

En 1939, el Gobierno británico estableció una nueva política que limitaba la migración judía a setenta y cinco mil personas a lo largo de cinco años. Eso suponía quince mil al año. A partir de entonces, la llegada de cualquier inmigrante más tendría que ser aprobada por la mayoría árabe.

Con millones de judíos europeos en riesgo por los nazis, el movimiento sionista se sintió indignado ante la intransigencia británica. Mi padre estaba entre aquellos que se sintieron consternados y furiosos frente a lo que se tenía como una traición al pueblo judío.

Sin embargo, en 1932, cuando sus principios políticos se estaban desarrollando, mi padre rebosaba un optimismo juvenil. Como delegado de la conferencia sionista, papá se sintió embriagado tanto por el debate sobre Israel como por Danzig. Era primavera, y la ciudad estaba en plena floración.

—Sentí que era el centro de un ramo de preciosas flores —me dijo una vez—. Hasta el aire estaba perfumado.

Era la primera vez que se aventuraba fuera de la provinciana Tomaszów Mazowiecki, y estaba embelesado por la relativa grandeza de Danzig, con sus amplios paseos, así como su pintoresco puerto, en el que se alineaban edificios de madera del siglo xv pintados con alegres colores.

Deseoso de desplegar sus alas, lo llenaban de energía los paseos junto al mar Báltico, junto a bellas playas de arena; observaba el tráfico intenso de barcos de recreo y buques de carga que se dirigían a todos los rincones del mundo. También le atraía la gran sinagoga, con sus techos abovedados y su enorme cúpula. Era uno de los edificios más distintivos de la ciudad, pero aunque la arquitectura pudiera ser agradable, estéticamente hablando, fue su poder espiritual interior lo que fomentó su sentido de pertenencia.

Cuando terminó la conferencia, papá se sentía reacio a abandonar Danzig. Decidió volver, convertirlo en su hogar y mejorar su conocimiento del alemán, que era el idioma oficial de la ciudad. ¿Cómo podía imaginar que sus habilidades lingüísticas le resultarían útiles tan pronto, por motivos totalmente equivocados?

Papá podía haberse quedado en Danzig perfectamente, pero se sentía atraído de vuelta a Tomaszów Mazowiecki por un motivo excelente: una bella joven que trabajaba en una tienda de vestidos de novia, bordando. Su nombre era Reizel Pinkusewicz, y era dos años más joven que mi padre. Reizel compartía la visión de Machel de explorar el mundo más allá de los confines de la provinciana Polonia. Estaba estudiando esperanto, el reciente lenguaje internacional, para poder comunicarse con personas de todas partes.

Mamá nació en un pueblo justo a las afueras de Tomaszów llamado Paradyż. Un nombre tremendamente irónico para un lugar que en 1939 se convirtió en un auténtico infierno. Durante doscientos años la región había sido un lugar idílico para la comunidad judía. Los niños judíos disfrutaban de un elevado nivel de educación privada gracias a sus buenas escuelas. La ciudad disfrutaba de una floreciente industria textil. Las fábricas producían seda, alfombras y todo tipo de telas para vestir. Nuestra familia había tenido presencia en Tomaszów desde hacía más de dos siglos.

Mamá tenía orígenes judíos hasídicos, profundamente religiosos y ortodoxos. Algunos miembros de la familia Pinkusewicz eran eruditos devotos. Venían de una dinastía rabínica que se remontaba a doscientos años atrás. Desaprobaban a mi padre, que era mucho más liberal en sus puntos de vista. De entrada, iba totalmente afeitado. Dentro de la comunidad judía, la barba era señal de profunda fe religiosa, como llevar la cabeza cubierta. Papá raramente llevaba sombrero, otra cosa inaceptable para la familia Pinkusewicz.

Sastre de oficio, papá era actor y cantante vocacional, y le encantaba bailar a la menor oportunidad posible. Adoraba el teatro y jamás se perdía un espectáculo cuando los actores ambulantes llegaban a la ciudad. Los ancianos Pinkusewicz contemplaban el teatro como algo frívolo. Creían que un hombre solo debía estudiar las escrituras y asuntos sagrados. Según su opinión, la gente que cantaba canciones seculares en escena carecía de modestia. No aprobaban el teatro y mucho menos aún el cine, donde se filmaban las actuaciones de cerca; además, una vez proyectadas en pantalla, eran más grandes que la propia vida.

En 1936 consiguió un pequeño papel junto a la antigua estrella del cine mudo Molly Picon en *Yiddle with his Fiddle (Yiddle con su violín)*, aclamada por la crítica como una de las mejores películas en yidis de todas las épocas. En realidad era solo un extra, y participaba en una escena de baile. La película se había filmado en exteriores en Varsovia y en *shtetls* en el campo polaco. Molly era la estrella, Yiddle, una mujer que se viste de hombre para conseguir trabajo como intérprete de violín en una banda ambulante; con ellos toca música klezmer, el género yidis popular de aquellos tiempos. La vida se le complica y se vuelve cómica cuando se enamora de uno de sus compañeros músicos.

Llenas de enérgicas canciones y bailes, las imágenes de esa *road movie* revelan un fragmento genuino de vida judía en la Polonia pre-Holocausto. En una época de fascismo y antisemitismo endémico, proporcionaba a las comunidades judías del centro de Europa una sensación rotunda de identidad y solidaridad. Y ahora, cogiendo polvo en archivos e institutos fílmicos, *Yiddle con su violín* sobresale como epitafio de una cultura que los nazis intentaron erradicar.

Mi padre viajó muy lejos, a Varsovia, solo para estar cerca de Molly. Si parpadeas, te lo pierdes. Pero aunque solo tuviera un pequeño cameo, me siento orgullosa de que formase parte de esa obra histórica.

Dada la oposición de la familia Pinkusewicz, papá no intentó aproximarse a mamá. Afortunadamente para él, la atracción era mutua, aunque ella dudaba también en dar el primera paso. Ese punto muerto se resolvió finalmente cuando ella se unió a la organización sionista junto con algunas amigas suyas. Machel y Reizel empezaron a hablar, y luego comenzaron a verse en secreto. Daban largos paseos, evitando las calles y a la gente más familiar.

Papá tenía una bonita voz de tenor, y cuando cortejaba a mi madre, solía darle la serenata con una canción muy popular en yidis que se llamaba *Reizel*. La había escrito Mordechai Gebirtig, un influyente poeta y músico autodidacto de entreguerras que componía canciones al piano con un solo dedo. En 1942, los alemanes lo mataron a tiros en el gueto de Cracovia.

En una calle,
en el desván de una casita,
vive mi querida Reizel.
Paso bajo su ventana cada tarde,
silbo y la llamo,
Reizel, ven, ven, ven.

La letra de Gebirtig imitaba casi exactamente la naturaleza de la relación de mis padres y el disgusto de mis abuelos. En la canción, Reizel replica:

Te pediré
que no silbes más.

«Has oído…, está silbando otra vez», dice mi madre.
Ella es piadosa, y le preocupa,
silbar no es propio de los chicos judíos.
Simplemente, dale una señal en yidis.
Uno, dos, tres.

En el verano de 2021, mientras yo miraba antiguas fotos y libros para recordar mi pasado, oí esa canción por primera vez desde hacía quizá cincuenta años. En YouTube se puede encontrar una encantadora grabación en directo. Allí sentada en mi casa de Highland Park lloré. Ya no soy aquella niña que no podía llorar.

Nunca oí a mi padre cantarle a mi madre. La eterna oscuridad que engulló nuestro piso del gueto prohibía los más sencillos actos de placer. Cantar unas canciones populares tan frívolas habría parecido casi inmoral. Consecuentemente, para mi padre, la música también murió en el Holocausto.

En la familia ortodoxa de Reizel, no era costumbre que una chica de edad casadera eligiera ella misma a su marido. Dentro del círculo de los Pinkusewicz resultaba algo inaudito. En su mundo, los matrimonios los organizaba una *schadchanit* o casamentera, una mujer que conocía el entorno de la familia de ambos cónyuges y lo sabía casi todo de los dos. La teoría era que, si los miembros de la pareja se compenetraban bien, aprenderían a amarse el uno al otro. Reizel, sin embargo, no estaba dispuesta a tolerar una tiranía tan anacrónica, y dejó perfectamente claro que ella prefería quedarse soltera a sucumbir a un matrimonio arreglado.

Si su padre hubiese vivido, quizás habría podido prohibir la boda. Pero mamá desoyó a su madre, ya viuda, y se casó por amor. La boda se celebró el 23 de agosto de 1936. Como ambas familias tenían unos medios limitados, fue algo modesto. Y a pesar de las objeciones iniciales, la familia Pinkusewicz aceptó a mi padre con los brazos abiertos.

Seis meses después, los recién casados dejaron horrorizadas a ambas partes de la familia al trasladarse a ochocientos kilómetros al norte, desde Tomaszów Mazowiecki a Danzig. Nadie se alejaba nunca de la familia y los amigos. Pero el deseo de papá de regresar a aquel lugar no había disminuido. Quería abrir una tienda de ropa propia, pero también acariciaba el sueño de unirse a un teatro yidis que se estaba poniendo en marcha en Danzig.

Siguiendo con su espíritu independiente, mamá se rebeló contra la convención judía ortodoxa de que las mujeres casadas llevaran peluca como señal de modestia. Mamá sabía que su negativa a amoldarse a los principios ortodoxos estaba causando dolor y quizá vergüenza también a algunos de sus parientes. Así que, aunque Machel fue bienvenido después de la boda, su deseo de elegir el amor por encima de la fe de su familia creó una brecha de la cual ella se sentía enteramente responsable. Trasladarse a Danzig no hacía más que empeorar las cosas. Las semillas de la culpa ya estaban sembradas. Y crecieron.

Los primeros tiempos en Danzig fueron complejos y conflictivos. La joven pareja estaba extasiada de poder pasar tanto tiempo juntos. Papá era un sastre con talento, y su tienda de ropa tuvo éxito. Pero con la autoridad local de Danzig en las garras del partido nazi, el antisemitismo iba en aumento. En 1937 residían en Danzig unos doce mil judíos. Al cabo de un año, la mitad había decidido que era demasiado peligroso y había abandonado la ciudad, desplazados después de un pogromo en octubre de 1937 en el cual matones antisemitas destrozaron sesenta hogares y negocios judíos. A estos los había inflamado un discurso de Albert Forster, el jefe nazi de la ciudad estado, que dijo que los judíos eran *Untermenschen*: infrahumanos.

En 1938, Forster tensó aún más las tuercas de la represión. Confiscaron ciertos negocios judíos, cuyas escrituras fueron a parar a manos de gentiles. A los judíos se les prohibió también asistir a cines y teatros. Se les negó el paso a los baños públicos y a las piscinas, así como el derecho a ser abogados, médicos o ejercer cualquier otro tipo de profesión.

La persecución llegó a su punto culminante la *Kristallnacht* (Noche de los Cristales Rotos), el 9 de noviembre de 1938, cuando yo tenía solo dos meses de edad. El nombre hace referencia a los añicos de cristal que cubrieron las calles de Alemania, Austria y algunas partes de Checoslovaquia, cuando los nazis asaltaron y destruyeron sinagogas, negocios, hogares, escuelas y cementerios judíos. Oficialmente se considera que el número de muertos judíos fue de noventa y uno, pero el número real de víctimas alcanzó varios centenares.

La *Kristallnacht* fue un punto de inflexión en el plan a gran escala de Hitler de erradicar a los judíos. El consentimiento de la población judía en su conjunto y la carencia de objeciones significativas dieron a los nazis la confianza necesaria para impulsar el antisemitismo e institucionalizarlo como política gubernamental alemana.

La destrucción de la *Kristallnacht* fue muy grave en Berlín y Viena. Los nazis de Danzig también se dedicaron a atacar. Quisieron quemar la gran sinagoga, pero el edificio estaba defendido por un círculo de judíos, veteranos de la Primera Guerra Mundial, que había luchado en las trincheras del lado alemán.

Ser judío en Danzig era algo extremadamente precario por aquel entonces, pero mis padres continuaron aferrándose a aquel lugar. Luego, a finales de agosto de 1939, cuando se avecinaba ya mi primer cumpleaños, mamá se mostró muy ansiosa por volver a Tomaszów Mazowiecki para celebrar la ocasión. Los padres de papá, Emanuel y Pearl, no me habían visto desde que había nacido. Tampoco la familia de mamá. Ella quería presentarme y tratar de curar las heridas. Mamá insistió a papá para que fueran, y discutieron.

—¿Y quién se ocupará de la tienda mientras estamos fuera? —se quejó él.

Mamá insistió. Tenía una premonición. Algo le decía que tenían que partir de inmediato. Sus argumentos fueron tan persuasivos que finalmente papá cedió. Su hermano menor, cuyo nombre no recuerdo, también se había trasladado a Gdynia, y papá le convenció de que se quedara a cargo del negocio, mientras nosotros cogíamos una serie de trenes hacia el sur.

Al ser un puerto de mucho peso, Danzig era un objetivo estratégico importante para las fuerzas armadas de Hitler el 1 de septiembre de 1939, el día que empezó su *Blitzkrieg*. Escuadrones de bombarderos Stuka atacaron una flotilla de buques de guerra polacos en la bahía de Danzig. Los aviones pasaron rugiendo por encima de los muelles de Gdynia, y uno de los proyectiles que lanzaron dio de lleno en la tienda de ropa de papá. Mi pobre tío murió. Fue una de las primeras bajas civiles de la Segunda Guerra Mundial. Pudimos ser nosotros.

El ejército alemán, la *Wehrmacht*, atravesó Polonia a tal paso que habían alcanzado Tomaszów Mazowiecki el 6 de septiembre de 1939, solo tres días después de que el conflicto se convirtiera en una guerra mundial. La ciudad natal de mis padres fue atacada por tierra y por aire. Por aquel entonces, nosotros vivíamos con la madre de mamá y su familia.

Tanques de dos unidades Panzer alemanas bombardearon a una división de infantería polaca armada muy escasamente, mientras los Stukas aterrorizaban a los civiles. Iban equipados con sirenas que llamaban «trompetas de Jericó»; soltaban sus chillidos cuando los aviones se lanzaban en picado. El gemido de aquellas sirenas se intensificaba mientras se acercaban los aviones, y amplificaba el pánico de aquellos que se encontraban en la línea de fuego. Igual que hicieron en la batalla de Jericó, en el Antiguo Testamento, las trompetas destrozaban las defensas psicológicas de sus víctimas. Las bombas cayeron junto a la casa de mis abuelos y causaron algunas bajas, pero nosotros escapamos todos indemnes.

La batalla de Tomaszów Mazowiecki fue breve y desigual. Los defensores polacos lucharon con valor, destruyeron veintiún tanques alemanes y mataron a cien tropas enemigas. Pero rápidamente se vieron sobrepasados. Después de que murieran setecientos setenta hombres y más de mil quedaran heridos, la división polaca se retiró, abandonando a los civiles de Tomaszów Mazowiecki a su suerte.

Una de las primeras cosas que hicieron los alemanes fue exigir a los líderes judíos un millón de zlotys en moneda contante y sonante del banco local (unos cinco millones de dólares actualmente). Como esos hombres no consiguieron reunir el dinero a tiempo, los fusilaron.

Al cabo de una semana de ocupar Tomaszów, los alemanes dieron otro ejemplo de lo que sería el futuro. Al principio, los soldados abusaban de los judíos cortando las barbas de los devotos religiosos, a menudo cortando también la carne en el proceso. Usaban cuchillos o bayonetas para arrancar los tirabuzones laterales que tradicionalmente colgaban por encima de las orejas de los hombres. Lo que estaban haciendo era destruir la autoestima de nuestras personas más veneradas, así como socavar todo el tejido de nuestra sociedad cívica.

Apoyando a los soldados alemanes, grupitos de polacos arios miraban aprobadoramente mientras se humillaba a los judíos. Los nazis ascendieron al poder en Alemania legitimando el músculo de la multitud y apelando a la mentalidad de matonismo. Inmediatamente después de la invasión, estimularon del mismo modo a los polacos antisemitas para que dieran rienda suelta a sus instintos más bajos. Otros polacos observaron todo aquello y concluyeron que adoptar las actitudes de los alemanes les daba más oportunidades de sobrevivir dentro de las fronteras crecientes del Tercer Reich de Hitler; así pues, se unieron a ellos.

Siete días después de tomar el control de Tomaszów, los alemanes reunieron a mil de sus habitantes, centrándose en la *in-*

telligentsia y las clases profesionales. Trescientos de ellos eran judíos. Rabinos, abogados, profesores, médicos..., la auténtica fibra de nuestra sociedad. Neutralizaron a las mentes más brillantes, que podían haber supuesto una amenaza. Era una forma de decapitarnos. Cortar la cabeza para eliminar el cerebro y disminuir las posibilidades de rebelión. En lo que respectaba a los alemanes, los únicos judíos útiles eran los que poseían una habilidad o fuerza suficiente para trabajar para la maquinaria nazi.

Nos estaban preparando para el trabajo esclavo.

Hicieron prisioneros a noventa judíos en Buchenwald, junto a Weimar, a doscientos setenta kilómetros al sudoeste de Berlín. Buchenwald fue uno de los primeros campos de concentración y banco de pruebas para la Solución Final de Hitler. De los trescientos judíos arrestados en Tomaszów Mazowiecki aquel día, el 13 de septiembre de 1939, solo trece sobrevivieron al Holocausto.

Los alemanes acababan de empezar. Un mes más tarde, el 16 de octubre, quemaron la gran sinagoga de Tomaszów Mazowiecki. Luego, un mes más tarde, arrasaron los dos únicos lugares de culto judío que quedaban en la ciudad. A los negocios judíos los obligaron a exhibir la estrella de David. Muchas familias fueron expulsadas de sus hogares para hacer sitio a los alemanes que venían a gobernarnos.

Los primeros días de la ocupación establecieron el tono de mi niñez. Los acontecimientos de 1939 dieron forma a mi vida, igual que ocurrió con todos los judíos. También la subsiguiente liquidación del gueto. No digo que mis experiencias sean las peores de la Segunda Guerra Mundial, pero las escenas que presencié fueron algunas de las más depravadas de la historia de la humanidad. Como yo era una niña y de eso hace mucho tiempo, no recuerdo las fechas específicas ni los detalles de lo que sucedió ante mis ojos. Los nombres del pasado, que en tiempos fueron familiares, se han ido desvaneciendo en mi memoria. Aunque los rostros no.

Pero, aun así, todo lo que hago, todas las decisiones que tomo, están forjadas por las fuerzas que me rodearon en mis años formativos. Creo en Dios. Según nuestra Torá, las escrituras que nos guían, comprendemos que Dios enseñó a la humanidad la diferencia entre el bien y el mal. Creemos que Dios nos dio libre albedrío. Una de las consecuencias del libre albedrío es que los humanos pueden elegir seguir un camino oscuro.

Ningún niño debería ver lo que yo he visto. Ningún niño tendría que pasar hambre, ni sufrir torturas ni ver que lo tratan como un ser infrahumano. Me robaron mi niñez tan pronto como aprendí a comunicarme. Quizá la innata inocencia de la juventud me permitió llevar una vida plena y relativamente feliz. Pero tomé mis experiencias y las usé como combustible para avanzar. Los niños del mundo son resilientes, y si el viento es favorable, pueden recuperarse hasta de la más oscura de las experiencias.

Los adultos son menos afortunados. Según mi experiencia, sufren mucho más, porque comprenden más cosas. Sé que por culpa de lo que le ocurrió a mi bella, maravillosa y brillante madre, su luz se extinguió prematuramente. Todavía hoy venero su memoria, no menos por su valor que por la sabiduría que transmitía.

Yo perdí la inocencia en el gueto judío de Tomaszów Mazowiecki, en el momento en que miré más allá del mantel.

En los primeros años de mi niñez, el mal venía conmigo, sobre cada hombro, a cada paso del camino. Por lo que a mí respecta, la habitual excusa alemana de posguerra de que «yo simplemente seguía órdenes» no tiene validez alguna. Muchos eligieron el lado oscuro. Si algo hay que aprender de mi historia, sería a volverse hacia la luz.

3
Y entonces vinieron a por mí

*Gueto judío, Tomaszów Mazowiecki, en la Polonia central
ocupada por los alemanes, 1942*

Cuatro años

*U*na de las máximas del Holocausto era que primero fueron a por los intelectuales. En realidad, siguieron viniendo, por si se habían dejado alguno. Los guardias de las SS se tomaron su tiempo hasta llegar a la puerta de una de las personas más brillantes de mi familia. Pero, igual de inevitables que la propia muerte, al final aparecieron, en la primavera de 1942, y se llevaron al tío James (el de las cejas pobladas), casado con mi maravillosa tía Helen, la hermana de mi padre.

El tío James era un judío alemán. Era abogado, con una mente muy despierta, y yo lo idolatraba. Sentarme en su regazo y jugar con sus cejas es uno de mis primeros recuerdos. El tío James había pensado que podía ser útil a nuestros carceleros. Esperaba que sus habilidades con el lenguaje le pudieran salvar, dándole trabajo como intérprete. Pobre tío James. Como otros tantos judíos, estaba muy engañado. Para los nazis, todos los judíos eran prescindibles. No necesitaban traductores. No iban a mantener conversaciones que requirieran el conocimiento del polaco, el yidis o el hebreo. Daban órdenes en un idioma que comprendían todas las razas de la tierra: la violencia.

Hoy en día, ochenta años después, sigo sin saber con precisión cómo terminó la vida del tío James, pero, tras haber leído varios relatos históricos, sospecho que le dispararon nada más salir de su casa. Espero que su muerte fuese instantánea e indolora. Sé que su mujer, Helen, no estaba allí en aquel momento. Era más joven que él, con un rostro encantador y delicado, con una bonita sonrisa. Helen tenía unos dieciocho años, y, como todos los de su edad, era trabajadora forzada, posiblemente en una fábrica textil dedicada a los esfuerzos de guerra alemanes. Fue una suerte que Helen estuviera ausente cuando fueron a por su marido. Ella habría hecho cualquier cosa por su familia. Podían haberla matado en el acto, allí mismo. Pero llegaría su momento, de una manera y en un lugar que nadie podría imaginar.

Recuerdo que mi padre volvió y me lo contó de la manera más sensible posible: «Me temo que no volverás a ver a tu tío James. Se ha ido, y no volverá».

Yo me quedé muy triste. Lo quería mucho. Era un hombre muy guapo. Su asesinato formó parte de mi educación del gueto. Aunque solo tenía tres años y medio, estaba aprendiendo que la gente desaparecía. Había que acostumbrarse a ello, como al aturdimiento que acompañaba aquella sensación de indefensión.

El asesinato del tío James se incluye dentro de una serie de ataques llevados a cabo el 27 y el 28 de abril de 1942 por parte de la Policía de Seguridad Alemana. Llevaron a cabo una *Intelligentsia Aktion* y reunieron a abogados, médicos, miembros de la policía judía y del *Judenrat*, el consejo judío o administración que nominalmente gobernaba el gueto, pero que tenía que acceder a las exigencias alemanas. Muchas de las víctimas fueron tiroteadas por «intentar escapar», mientras las arrestaban. A lo largo del curso de aquellos dos días, murieron asesinadas doscientas personas.

Mamá no lloró cuando mataron al tío James. Como siempre, escondió las lágrimas tras un velo invisible. Con cada nuevo asesinato, una lápida conmemorativa quedaba consolidada en su espíritu. El tío James yacía junto a su madre y su tío. El cenotafio que estaba construyendo dentro de su mente crecía con cada día que pasaba. La lastraba mucho. Poco a poco, ella se iba ahogando.

Cuando la primavera se convirtió en verano, en 1942, los alemanes una vez más apretaron las tuercas del gueto de Tomaszów Mazowiecki. Lo sé porque todas las comunidades judías europeas erradicadas en la Shoah tienen un *Yizkor*, un libro de recuerdos. Con fotos y tributos de los muertos, y escritos sobre todo en yidis y en hebreo, los libros *Yizkor* fueron un intento de posguerra de los supervivientes de reconstruir y honrar la historia que los alemanes intentaron eliminar. Se incluyen descripciones de tragedias individuales, actos de heroísmo y revelaciones sobre los nombres de torturadores y criminales.

Desde que me vine a vivir a Highland Park, el libro *Yizkor* encuadernado en cuero negro de Tomaszów Mazowiecki ha estado en mi casa. Durante décadas ha permanecido intacto en mi librería. Pero el verano de 2021 lo cogí del estante una vez más y me preparé.

El yidis es la lengua de mi infancia. Dejé de hablarlo cuando mi padre murió, pero últimamente lo he vuelto a estudiar. Y ha resultado que he podido leer el libro *Yizkor* fácilmente. Ha sido como si reviviera la época más temprana de mi vida; realmente, resultó muy emocionante.

Mi padre escribió diecisiete páginas del libro *Yizkor* de Tomaszów. Allí retrata la destrucción del gueto y las matanzas que lo acompañaron. Tan gráficas son sus descripciones que su contribución al libro *Yizkor* se ha convertido en piedra angular de la historia del gueto de Tomaszów Mazowiecki.

Mi padre sabía lo que estaba pasando porque era miembro del *Ordnungsdienst*, el Servicio de Orden Judío o fuerza policial. Los alemanes habían ordenado al *Judenrat* que estableciera una fuerza policial en 1940. Su papel era mantener el orden, custodiar la frontera interna del gueto y evitar que escapara gente. También formaba parte de la estrategia nazi de sembrar la división entre la población judía. Baruch Szoeps, el primer presidente del *Judenrat*, murió de una paliza a manos de la Gestapo por negarse a cooperar con los alemanes. Su sucesor, Lejbusz Warsager, decidió que sería mucho más prudente obedecer.

En los guetos de toda Polonia, los consejos judíos concluyeron de mala gana que, si accedían a algunas de las exigencias alemanas, tendrían muchas más oportunidades de salvar a su gente. Los consejeros quizá consiguieran salvar algunas vidas, aunque, como demuestra tristemente la historia, lo único que hicieron fue retrasar el inevitable genocidio. Los nazis no tenían intención alguna de responder con misericordia a los gestos del *Judenrat*. Pero ¿cómo podía imaginar nadie que gente de un país culto, moderno e inteligente como Alemania estuviera planeando exterminar a otra raza? Alemania, el lugar de nacimiento de Johann Sebastian Bach o de Johann Wolfgang von Goethe. Era sencillamente impensable.

Los miembros del *Judenrat* de Tomaszów Mazowiecki se mostraron muy selectivos con los hombres que elegían para ser oficiales de policía. Algunos consejeros dieron instrucciones a sus hijos de que se unieran. También buscaron a hombres de familias «buenas». El *Judenrat* estaba decidido a excluir a tipos que pudieran ser violentos o a los que se pudiera corromper. Según un libro de contabilidad del *Judenrat* donde constaban los salarios, descubierto por unos archiveros en To-maszów Mazowiecki, a mi padre le pagaban veinticinco zlotys polacos al mes. En realidad, aquel sueldo no servía para nada en una época en que era difícil encontrar comida y otros bienes de primera necesidad, pues los alemanes controlaban la cadena de suministros.

En el mercado negro para polacos, la gente pagaba quince zlotys por una hogaza de pan que pesaba un kilo. Sin embargo, en los guetos judíos, la tasa del mercado negro era de más del doble, treinta y dos zlotys. Se debe tener en cuenta que, como parte de la campaña nazi para exterminarnos, los judíos solo obtenían una tercera parte de las raciones que estaban consiguiendo los polacos; por tanto, los precios del mercado negro para los judíos eran dos veces más altos.

Como sugiere ese libro de contabilidad, no existía incentivo financiero para unirse a la policía, la única motivación real para los judíos era obtener información. En el gueto, podía significar la diferencia entre la vida y la muerte. Mamá me dijo que alguien, presumiblemente el *Judenrat*, creía que mi padre podía conseguir información que ayudara a salvar a sus amigos y vecinos, y que se podía confiar en que suavizara las órdenes alemanas. Así pues, cuando lo reclutaron, junto con su amigo Aaron Greenspan y otros más, el 1 de febrero de 1942, como la vida en el gueto se estaba volviendo cada vez más peligrosa, él debió de verlo como una forma de protegernos a mamá y a mí. Por lo que a mí respecta, mi padre fue un héroe.

Ha existido durante mucho tiempo la idea errónea de que los judíos fueron como corderitos al matadero, que se mostraron pasivos y que no se rebelaron ni lucharon. Eso es simplista e impreciso. Los judíos desde luego estaban abrumados, pero sí que existió un espíritu de resistencia en toda la Europa ocupada, especialmente en Polonia, Lituania, Bielorrusia y Ucrania. Surgieron movimientos clandestinos por todo el Imperio nazi. Hubo levantamientos en un centenar de guetos judíos, es decir, en uno de cada cuatro. Los participantes no eran tan ingenuos como para creer que podían derrotar a los alemanes, pero, allí donde pudieron causar problemas, lo hicieron.

Al rebajar las órdenes de los alemanes, ser amable y humano frente a un sadismo increíble y recoger información que pensaba que podía ayudar a salvar a algunas personas, mi padre, a su manera, aunque fuera modesta, fue un rebelde oculto a plena vista. Esa es la conclusión a la que he llegado después de reexaminar su contribución al libro *Yizkor*: «En el verano de 1942, hubo una serie de rumores de que estaban ocurriendo cosas extrañas en las ciudades y pueblos vecinos». Continúa diciendo:

> Nadie sabía qué era lo que pasaba. La información y la comunicación con la zona eran totalmente inexistentes.
>
> Nos apartaron por completo del mundo exterior. Cualquier tipo de viaje a una ciudad o pueblo cercano estaba estrictamente prohibido. El correo, toda la correspondencia y el envío de telegramas cesaron inmediatamente después del cierre del gueto en 1941. Las únicas personas capaces de salir de la ciudad e ir a los pueblos y pequeñas ciudades cercanas eran los que tenían el «brazalete verde». Estos eran recolectores de trapos y comerciantes de piel que compraban esos materiales a los campesinos locales, y los suministraban a las fábricas secuestradas por los alemanes. Estos «brazaletes verdes» traían noticias de deportaciones, de la expulsión de judíos de muchas ciudades pequeñas, que ahora eran *Judenrein*, «limpias de judíos», y continuos transportes de judíos deportados.
>
> Pero... ¿adónde?
>
> Nadie lo sabía. Corrían rumores de que se había visto a los deportados en campos de trabajo en Alemania. También se oía la expresión «campos de concentración». Si alguien aventuraba la suposición de que se llevaban a los judíos a la muerte, la gente no solo hacía oídos sordos a tales comentarios, sino que

también se decía que eran locuras. ¿Cómo era posible que muriera gente joven y saludable, sin defecto alguno?

Durante las oraciones en las sinagogas, en la época de los Días Sagrados, reinaba la sensación de que estaba a punto de ocurrir algo terrible. Algo comparado con lo cual la vida del gueto era solo un juego de niños.

Efectivamente, algo terrible ocurrió cuando yo iba a cumplir los cuatro años. Puedo situarlo en esa época porque la mesa de la calle Krzyżowa número 24 era todavía mi punto de referencia. Cuando cumplí los cuatro, mis hombros llegaron a la altura de la mesa y ya no tuve que ponerme de puntillas para ver lo que había encima.

Se abrió la puerta del apartamento. Mi padre entró y se desplomó en una silla. Las lágrimas corrían por sus mejillas. Lo recuerdo como si hubiera ocurrido hoy mismo. Recuerdo dónde estaba yo, de pie, y dónde estaba sentado mi padre, y dónde mi madre. Mamá estaba a mi izquierda; papá, a la derecha.

—Los he llevado al camión. He tenido que ayudarlos a subir —dijo—. El camión iba lleno. Lleno de gente anciana. Estaban sentados justo detrás, al lado de la portezuela trasera.

Mi padre hablaba de sus padres, Emanuel y Pearl.

—Se miraban el uno al otro. He visto la expresión de sus ojos. Sabían dónde iban. No he podido salvarlos. No podía hacer nada.

Los alemanes debieron de experimentar un placer sádico cuando obligaron a un policía judío a conducir a sus propios padres a la muerte. Dos o tres días antes, a mi padre y a otros hombres de su generación se les había ordenado que cavaran una fosa común para sus padres. Papá sabía lo que se avecinaba, y fue incapaz de evitarlo. Habiendo considerado repetidamente este crimen a lo largo de los años, he intentado consolarme con el conocimiento de que fue capaz de ayudarlos un poco al final, simplemente estando allí.

Pero qué traumático debió de ser para mi padre saber que no podía salvarlos. Si hubiera intentado frustrar a los alemanes, sin duda le habrían matado, y mamá y yo habríamos sido más vulnerables aún de lo que éramos ya. Estaba atrapado entre la espada y la pared. Estaba condenado, hiciera lo que hiciera. Cada día le presentaba nuevos e irresolubles dilemas morales.

En los guetos y los campos, a los judíos como mi padre se los obligaba a tomar decisiones imposibles varias veces al día, cada día, cada semana, cada mes, cada año. Como judío en la Europa ocupada, no había decisión buena. Solo había algunas malas y otras peores. Lo único que se podía conseguir era que la decisión fuera lo menos mala posible. Si era equivocada y acababas muerto, tu familia probablemente se unía a ti poco después. Cualquiera que se haya enfrentado alguna vez a la aniquilación inminente sabe que hay que hacer lo que sea necesario para sobrevivir.

Yo estoy convencida de que mi padre no tuvo elección a la hora de ser policía. No existía garantía alguna de que aquellos que se alistasen pudieran estar a salvo. Los alemanes mataban a algunos oficiales dentro de las fuerzas, y el *Judenrat* se veía obligado a mantener el número. Parece ser que fue seleccionado como oficial de reemplazo. No creo que se presentara voluntario. Solamente se habría alistado si se lo hubiesen pedido los líderes de la comunidad judía que estaban deseosos de mantener los mejores estándares posibles, bajo las circunstancias más imposibles. Era un puesto que él detestaba, porque, a pesar de sus buenas intenciones, se le requería que llevase a cabo tareas que eran aborrecibles. Los oficiales de policía judíos tenían que hacer cumplir las órdenes de sus controladores nazis; si no, se ponían ellos mismos y a sus familias en peligro. Era chantaje, puro y duro.

Policías honrados como mi padre lucharon, en lo posible, por mitigar las órdenes alemanas, o enviaron a la gente discretas advertencias que les concedían una oportunidad de salvar la vida, o al menos de elegir la opción menos mala. Creo que él hizo lo posible para mitigar el sufrimiento de los judíos de Tomaszów Mazowiecki. Mamá era su conciencia, y le ayudaba a navegar por aquel terrible laberinto moral.

Aquel día, cuando mi padre nos habló de sus padres, mamá no solo lloró internamente el crimen de familiares y amigos; su dolor aumentó al ver el sufrimiento de mi padre, el hombre a quien amaba y con quien se casó. En la mesa, mamá intentó en vano consolar a mi padre, al mismo tiempo que ponía en silencio dos ladrillos más en su invisible muro conmemorativo.

Fue duro imaginar no volver a ver a mis abuelos, pero tuve que acostumbrarme rápidamente. Hoy en día lucho por recordar sus rostros. Se han ido desvaneciendo con los años. La imagen pertinaz que viene a mí es la de mi abuelo con una cinta métrica amarilla en torno al cuello, en su sastrería en Tomaszów Mazowiecki.

Pero lo que sí recuerdo con claridad son las lágrimas de mi padre. Me acuerdo de su resignación. Hablaba en voz muy baja. No estaba sorprendido de que se los hubieran llevado para matarlos a tiros. Ese era el pan nuestro de cada día: vivir con la certidumbre de que en cualquier momento podían matarnos a todos. Mi padre estaba como aletargado. Hoy en día, la forma en que mamá y él aceptaron la muerte me asusta mucho. Demuestra lo irreal que era la vida y la muerte en el gueto.

Se llevaron a mis abuelos al bosque, a las afueras de la ciudad. No tengo pruebas de lo que les ocurrió, pero imagino que hicieron todo lo que pudieron para seguir un ritual judío tradicional cuando la muerte era inminente. Cuando sabemos que estamos a punto de morir, recitamos una oración llamada *Shema Israel*.

«Escucha, Israel, el Señor es nuestro dios, el Señor solo, y tú amarás al Señor tu dios con todo tu corazón, con todo tu ser, con todas tus fuerzas».

Me pregunto si tuvieron tiempo de hacer las paces de esa manera, como otros judíos que se dirigían a las cámaras de gas en Birkenau. Puedo imaginar lo que les ocurrió. Después de hacer un esfuerzo para bajarse del camión, junto con otros judíos condenados a muerte, oyeron unas guturales voces en alemán ordenándoles que caminaran hacia el hueco que habían excavado su hijo y otros como él. Pearl y Emanuel no hablaban alemán; debían de estar completamente confundidos. Sospecho que sus últimos momentos los pasaron preocupados por lo que los nazis podían hacerle al resto de su familia.

Dudo de que mirasen las bocas de los cañones que los apuntaban. A muchos les dispararon por la espalda. Uno debió de oír las balas que mataron al otro, una fracción de segundo antes de caer. A veces, después de una masacre, la tierra se levantaba cuando los que estaban siendo enterrados vivos intentaban salir de allí, en vano. Más que nada, espero que no estuvieran respirando todavía cuando apilaron la tierra encima de ellos. Ruego que el suelo no se moviera, después de que arrojasen las palas en la parte de atrás del camión que había sido su coche fúnebre y se llevaran a los trabajadores esclavos para que volvieran a realizar esa misma tarea otro día.

Mientras tanto, la vida se hacía más y más difícil en el gueto. En todas las casas reinaba el hambre. Los ancianos se desmayaban y morían en las calles. Los niños a los que permitían salir de sus casas mendigaban comida en las aceras. La sopa de caridad que habían establecido los líderes de la comunidad había dejado de funcionar. Un joven de buen corazón llamado David Goldman, que preparaba comida específicamente para niños, contrajo el tifus y murió. Debido a las condiciones de vida hacinadas y antihigiénicas, el tifus se extendió como la pólvora.

Y las cosas iban a empeorar. Durante dos años habíamos vivido a oscuras después de anochecer. Pero el 23 de octubre, de repente el gueto quedó brillantemente iluminado por las farolas que no habían funcionado desde 1940. Todas las luces del perímetro de nuestra prisión estaban encendidas. La gente estaba deslumbrada por el resplandor, y su espíritu maltrecho se oscureció todavía más. Si me esfuerzo, recuerdo mirar por la ventana hacia fuera, después de anochecer, y pensar que la calle estaba más iluminada que cuando era de día. Las luces hacían que nos diéramos cuenta de que no teníamos dónde escondernos.

Aparecieron entonces unos voluntarios nazis de Ucrania, vestidos con uniformes negros y que llevaban ametralladoras. Se les unieron hombres de Polonia y Lituania.

«Todos llevaban cascos de acero e iban armados para la batalla. Pronto se oyó ruido de disparos, y empezaron a caer las primeras víctimas —recuerda mi padre en el libro *Yizkor*—. Con aquella luz, los ángeles de la muerte que rodeaban al gueto veían mucho mejor los blancos vivientes a los que disparaban, y así podían disfrutar de los horrores que infligirían en el gueto».

Leer tales descripciones en el libro *Yizkor* me ayudó a recuperar recuerdos que había enterrado muy profundamente. Siempre he tenido un vago recuerdo de oír disparos, de sentirme aterrorizada y de ver las caras traumatizadas de las personas con las que vivía. Era muy doloroso revivir aquellos días terribles. Al mismo tiempo, gracias al testimonio presencial de mi padre, escrito después de la guerra, pude poner en el contexto adecuado esa parte de mi niñez, en un orden temporal histórico.

Seis días después de que el gueto quedara inundado en luz, la ansiedad de los judíos llegó a un punto febril. Los habitantes del gueto estaban convencidos de que íbamos a ser deportados a campos de la muerte. En un remolino vago de rumores y contrarrumores, se reunían junto al cuartel general del *Judenrat*, exigiendo respuestas. La agitación de la multitud era fuente de posibles problemas para Hans Pichler, el comandante regional de la *Schutzpolizei*, la policía nazi del Reich. Quería calmar los ánimos y pensó que usando sus tropas no obtendría el efecto deseado. De modo que trasladó el problema al *Judenrat*, es decir, a los líderes de la comunidad judía, a los que encargó la poco envidiable tarea de llevar a la práctica los decretos de los alemanes.

Mi padre explicaba la historia en el libro *Yizkor*:

> Por la tarde, apareció la Gestapo, dirigida por Meister Pichler. Pichler le dijo a la policía judía y a los trabajadores sanitarios que calmasen a la multitud, diciendo que «todo iba bien», y asegurándoles que todas las personas del gueto se quedarían allí, y ninguno sería deportado.

Presumo que mi padre fue uno de los policías a los que se encargó mantener controlada a la multitud aquel día, el 29 de octubre de 1942. Si fue así, debió de transmitir el edicto de la Gestapo de que fusilarían a cualquiera a quien atrapasen propagando falsos rumores sobre deportaciones. La multitud no tuvo más alternativa que dispersarse. Ni que decir tiene que todo lo que les aseguraron era mentira.

Entonces mi padre escribe:

> Pero más tarde, por la noche, un grupo de policías judíos y con ellos policías alemanes y ucranianos armados con metralletas apareció en la estación, donde cientos de judíos, hombres, mujeres, niños e incluso bebés nacidos aquel día o el día anterior, estaban ya reunidos.

Es importante destacar que la policía judía no tenía armas de fuego. Solo contaban con unas porras para controlar a la multitud. Los alemanes no armaban a los judíos por si se volvían contra sus atormentadores y abrían fuego. Yo estaba allí sentada leyendo el libro *Yizkor* y notaba el dolor de mi padre mientras la soga se iba estrechando en torno al gueto.

A lo largo de aquel día, a punta de pistola, condujeron a cientos de judíos de las ciudades y pueblos vecinos a una empalizada con alambre de espino erigida a toda prisa en un campo junto a la estación, más o menos a un kilómetro y medio al nordeste del gueto.

La multitud se iba agitando cada vez más, a medida que pasaban las horas. El día se convirtió en noche y, mientras tanto, cada vez conducían a aquel campo a más judíos, hostigados y empujados con las culatas de los rifles. La Gestapo amonestaba a los policías judíos. Una vez más, estoy segura de que mi padre está hablando de órdenes que él mismo recibió: «*Mach mal ordnung mit dem Juden-Gesindel*» («Controlad a esa chusma judía»).

Es obvio que los alemanes querían que los policías judíos usaran la violencia contra su propio pueblo. Pero estoy segura de que, cuando aquellos como mi padre no llevaron a cabo las exigencias de los alemanes, la Gestapo se metió en la empalizada y empezó a atacar. Porque mi padre escribe que la Gestapo «se arrojó hacia la multitud para imponer el orden entre los bebés y sus madres, que esperaban el tren que los llevara a algún sitio...».

Mi padre no identifica el destino del tren. Quizás en aquel momento no lo sabía, verdaderamente, porque creo que es muy improbable que los alemanes hubiesen revelado que el tren se dirigía a Treblinka.

Treblinka es un nombre que aún me hace temblar. Es un nombre que el mundo tiene que recordar, aunque ya no exista. Los alemanes destruyeron el campo en 1943 para intentar ocultar las pruebas de sus crímenes de guerra. Lo único que queda en pie es un gigantesco monumento de piedra al estilo neolítico, rodeado por un mar de rocas agudas, como dientes de tiburón, que señalan hacia el cielo. A los pies de la pieza central hay una piedra cincelada en forma de libro quemado, y que lleva escritas las palabras «nunca más».

Treblinka estaba escondido en un bosque, a ochenta kilómetros al nordeste de Varsovia. Contenía seis cámaras de gas y era uno de los seis campos de exterminio construidos por los nazis con la única intención de erradicar a los dos millones de judíos de Polonia. Con la característica eficiencia germana, los nazis mejoraron las conexiones ferroviarias a Treblinka desde el gueto de Varsovia y el centro de Polonia, donde yo vivía, para acelerar el asesinato en masa de judíos.

Eso significa que en algún lugar, en una oficina del Tercer Reich, había un estadístico brillante, con una mente retorcida, que calculó el número extra de vías de ferrocarril, puntos y señales necesarias para asegurar que los trenes de la muerte funcionasen como un mecanismo de relojería. Los psicópatas solos fueron incapaces de consumar el Holocausto. Dependían de un ejército de zánganos cómplices, así como de profesionales altamente educados, para lubricar la logística prosaica del asesinato industrial. Me pregunto qué le ocurriría a aquel hombrecillo con su afilalápices, sus inmaculados libros de matemáticas y sus tablas de multiplicar. ¿Sobrevivió a la guerra? ¿Acabó en el banquillo de los juicios de Núremberg? ¿O consiguió escabullirse y reinventarse como administrador ferroviario, después del armisticio? Aquel estadístico quizá no apretó un gatillo ni introdujo un bote de Zyklon B en la tolva de una cámara de gas, pero fue un criminal de guerra, sin duda.

La última deportación importante de Varsovia a Treblinka tuvo lugar el lunes 21 de septiembre de 1942. Un día más para la mayoría de la población mundial, pero para nosotros era Yom Kippur, el Día de la Expiación, el día más sagrado del calendario judío. Creemos que es el día en que Dios decide el destino de cada persona; por tanto, en esa jornada pedimos perdón por los pecados que hemos cometido durante el año anterior.

No podían haber sido más sádicos a la hora de elegir día para organizar aquel viaje en tren. El destino de los judíos lo decidían los nazis. Toda esperanza se había desvanecido.

Y entonces vinieron a por nosotros.

Mi padre describe la noche anterior a que los primeros judíos de Tomaszów Mazowiecki subieran a los trenes de Treblinka:

> Toda la noche esos desdichados esperaron el tren, bajo órdenes estrictas de no moverse de su sitio. Los judíos seguían llegando, a pie o en carros, todos ellos empujados por los alemanes o ucranianos con porras o culatas de rifles. Estos descargaban su rabia también sobre la policía judía, que hacía lo que podía para atemperar el sufrimiento de los internos dándoles agua o encargándose de encontrar a los padres de niños que se habían perdido en la confusión.

Sé que esa fue la experiencia personal de mi padre. Le golpearon con culatas de rifle por intentar ser amable. Recuerdo verle volver con sangre seca en la cara; me acuerdo de que mi madre intentó limpiársela. Al día siguiente tenía que salir otra vez. Escribe:

> Al amanecer del viernes 30 de octubre, a la mayoría de los judíos los embutieron en vagones de ferrocarril. Separaban a las familias. Empezó a llegar un número cada vez mayor de judíos expulsados de sus ciudades.
> La zona de la estación, sin embargo, era demasiado pequeña para absorber todas las llegadas, de modo que a algunos los mandaron a la ciudad, para ser deportados junto con los judíos de Tomaszów a su destino desconocido.
> A algunos de ellos los mataron a tiros. A otros los metieron en fábricas vacías. Los judíos locales querían darles comida y agua, pero los ucranianos se lo impidieron.

El 30 de octubre, los trenes de ganado desde Tomaszów Mazowiecki transportaron a más de siete mil quinientos judíos a Treblinka. Todos fueron gaseados y luego quemados en piras abiertas.

El apocalipsis descendió sobre el gueto al día siguiente, nuestro *sabbat*. Nos despertamos al amanecer con un coro de culatas de rifles que abrían a golpes la puerta.

Habían venido a por mí. A por una niña de cuatro años.

Nos dirigían a *selektion*.

Selección.

Una palabra tan escalofriante como Treblinka.

¿Y qué significaba pues?

La vida o la muerte.

4

El pulgar de Calígula

Gueto judío, Tomaszów Mazowiecki, en la Polonia central
ocupada por los alemanes, 31 de octubre de 1942

Cuatro años

*P*or si no habíamos captado el mensaje la primera vez, nos lo repitieron en polaco y en yidis. Los soldados aullaban por unos megáfonos. Estaban gritando las órdenes que todos los judíos temían.

—*Alle Juden raus. Alle Juden raus.*

Unas palabras llenas de maldad. Los guardias sabían lo brutal que iba a resultar aquel día. Tenían sus órdenes. Por muchas veces que hubiesen matado antes, se estaban mentalizando para derramar más sangre. Creaban confusión y pánico, rompiendo nuestra resistencia para hacer más fácil llevarnos adonde ellos querían.

Mamá tuvo tiempo de ponerme un abrigo para protegerme del frío. Salimos a trompicones al patio, pasamos por debajo de un arco y salimos a la calle. Estábamos rodeados de guardias con uniformes de distintos colores que nos gritaban órdenes desde todas las direcciones. Sus ojos estaban llenos de odio y de cansancio por tanto grito. Algunos se inclinaban hacia atrás, tirando de los collares de sus perros de ataque para refrenarlos. Los perros olían nuestro miedo colectivo. Sus mandíbulas babeantes querían probar a qué sabía el terror. Estaban ansiosos por regodearse en él. Sus garras resonaban en los adoquines, llenos de frustración. Esos perros espantosos, terribles. Gruñendo, ladrando. Inmisericordes.

Andando por los adoquines de la calle Krzyżowa, me sentí más pequeña que nunca. Todos los soldados eran mucho más altos que yo. A través de los ojos, medio cerrados, examiné a los que nos atormentaban. Intenté no girar la cabeza, para evitar atraer la atención del muro de calaveras con casco, con los dientes desnudos, como una jauría de lobos, cuyos rostros se contorsionaban escupiendo bilis.

Yo no sabía qué tipo de armas llevaban los soldados. Solo sabía que me parecían más peligrosas que los rifles que chasqueaban y las pistolas que explotaban. Todo el rato, los soldados hacían girar sus armas de lado a lado con un movimiento de barrido. Yo temía que abrieran fuego en cualquier momento. Me parecía que las armas venían a apuntarme a mí directamente. Resultaba terrorífico para una niña de cuatro años. Y ahora, habiendo releído la contribución de mi padre al libro *Yizkor*, entiendo lo que estaba presenciando: «Todos los judíos del gueto fueron expulsados de sus hogares hacia los patios, donde los esperaban la policía judía y la Gestapo, los ucranianos y la Policía Azul armada con metralletas como si fueran a una batalla».

Ahora sé que la Policía Azul a la que se refería mi padre eran los oficiales de policía polacos, o «asesinos de uniforme», como los ha etiquetado el historiador Jan Grabowski, un profesor de estudios del Holocausto de la Universidad de Ottawa.

Los únicos oficiales que no llevaban armas de fuego eran los policías judíos, como mi padre. «Desde las casas llegaban cada vez más judíos, custodiados por policías judíos. Esos judíos habían recibido severas advertencias del comandante Pichler», escribe.

La unidad de policía del Reich de Pichler incluía a antiguos soldados que eran miembros del partido nazi y estaban afiliados a las SS. Eran tan brutales como cualquier soldado fanático de las tropas de asalto que odiase a los judíos.

Lo que me parece obvio, por el testimonio de mi padre, es que Pichler les dijo a los policías judíos que habría consecuencias muy graves si desobedecían las órdenes de ayudar a congregar a sus compañeros judíos. Porque entonces mi padre escribe: «Y, por tanto, un policía judío tenía que escoltar a su propia familia, si no quería que los mataran en el acto». Debió de ser desgarrador para él.

Manteniendo las armas a la altura de la cintura, los soldados nos apuntaban y nos ordenaban que nos alineásemos. Nos organizaban como si fuéramos a marchar en un desfile. Teníamos que quedarnos muy quietos y no mover ni un músculo. Yo me mantuve quieta y era consciente del ruido de unos pies mal calzados que se movían, de conversaciones nerviosas y de nuestra respiración fuerte debido al miedo y el cansancio. De repente me estremeció el ruido áspero y discordante de los disparos de unas armas de fuego.

«Los tiros sonaron muy cerca, cayeron las primeras víctimas y hubo muchos heridos, que gritaban pidiendo ayuda», escribe mi padre. Y sigue:

> Los judíos arrojaron sus mochilas y fardos, y se alinearon en filas de cinco, formando veinte o veinticinco filas, y así, bajo guardia armada, marcharon hacia el antiguo hospital de la calle Wieczność, dejando tras ellos a los muertos y los heridos, que se quedaron atrás, incapaces de mantener aquella marcha forzada.

Bajamos por la calle Kryżowa y giramos hacia la derecha, cuando llegamos al final. Otros niños lloriqueaban. Yo no. Mamá me había enseñado muy bien. Algunos iban en brazos de sus padres, y tenían una visión muy clara de la carnicería. Yo estaba rodeada de gente más alta que yo, pero a través de los huecos veía cadáveres en el suelo. La sangre corría por encima de las losas. Oía a la gente gemir mientras pasaban junto a los cuerpos de alguien a quien reconocían. Mi padre sigue explicando la historia:

> Niños que no encontraban a sus padres los llamaban a gritos, otros eran arrancados de los brazos de sus padres. En las calles adyacentes resonaban los gritos y los sollozos. Los que marchaban iban tropezando con los cuerpos de sus seres queridos, y los asesinos alemanes o ucranianos les asestaban una lluvia de golpes en la cabeza con las culatas de sus metralletas.

Yo temblaba, andando con mi madre, cogida de su mano. Me aterrorizaba que me separasen de mamá. Ella era mi protectora. No recuerdo dónde estaba exactamente mi padre, pero ahora me doy cuenta de que debía de estar muy cerca, justo por fuera de la columna que iba avanzando. Deseé que estuviera a mi lado, cogiéndome la otra mano. La experiencia era terrorífica para mamá y para mí. También tuvo que ser espantosa para mi padre. Estar separado de nosotras, sabiendo que nos íbamos a tener que someter a los malvados caprichos de la Gestapo, y que él no podía hacer nada… Estaba allí, odiando tener que someterse a los alemanes, pero haciendo todo lo posible para salvarnos y, al mismo tiempo, dejar testimonio. Por su lenguaje, es evidente que no paró de llorar mientras escribía:

> La calle se llenó de sangre. Y quedaron atrás más víctimas. Los maridos eran separados de sus mujeres, los niños buscaban a sus padres. Sangre, gritos y lágrimas; aun así, la marcha continuaba. Los caminantes llegaron al patio del hospital y volvieron a alinearse en filas de cinco. Ya solo quedaban veinte filas.

El patio del hospital se llamaba *Umschlagplatz*, literalmente, un lugar para el transbordo o transferencia de carga. Un eufemismo siniestro donde los haya. Desde allí, obligaron a centenares de judíos a dirigirse a la estación de ferrocarril. No recuerdo haber visto el hospital, pero sí me acuerdo claramente de la marcha hasta un cementerio. Mi padre vuelve a ser testigo: «No lejos del patio del hospital, en la calle Wieczność, donde estaba situada la pequeña iglesia, tuvo lugar una inspección concienzuda, y los soldados de la Gestapo examinaron una y otra vez los documentos que permitían a los judíos permanecer en el gueto y trabajar para los alemanes».

Era una parte más del temido proceso de selección. Por aquel entonces, mi padre estaba con nosotros, para asegurarse, como escribió antes, de que no nos mataban en el acto. Nos alineamos junto a la iglesia, detrás de una pared de ladrillo que era más alta que yo, esperando para pasar la *Selektion*.

Qué ironía que los impíos miembros de la Gestapo buscaran una iglesia como ubicación donde emitir su juicio. San Wenceslao era una iglesia católica de madera, pequeña, rústica y enjalbegada, con el tejado picudo y una cúpula en forma de cebolla por encima de la nave donde habría tenido que estar el altar. A cada lado de la iglesia se encontraban unos senderos simétricos.

Interrumpiendo el paso se encontraba un oficial uniformado, sentado ante una mesa, comprobando los documentos de la gente para determinar si estaban calificados para trabajar y valía la pena conservarlos. Por el momento. Mi padre iba en cabeza. Mamá estaba tras él, agarrándome entre sus brazos. Yo envolvía los míos en torno a su cuello. Recuerdo perfectamente la tensión eléctrica en el aire, mientras nos íbamos acercando al oficial seleccionador. Mamá estaba aterrorizada. Su pecho subía y bajaba, y notaba cómo latía su corazón. Otras dos niñas se agarraban a su falda, por detrás. Eran mis primas. Una tenía cuatro años, igual que yo. La otra tenía cinco. Eran hijas de mi tía, la hermana de mi madre. Ella les indicó que se unieran a mamá justo antes de que se la llevara la Gestapo. Mientras la apartaban a empujones, mi tía rogó a mamá que salvara a sus niñas. Todos estábamos de pie detrás de otra familia.

—*Papiere!* —gruñó el nazi.

El hombre que teníamos delante en la cola tendió sus documentos. El oficial hojeó una serie de tarjetas de identidad en las que aparecían impresos distintos sellos del Tercer Reich.

—Solo tiene documentos para cuatro —dijo—. ¿Por qué veo a seis personas?

—Me llevo a mi hermana menor y a su hijo —replicó el hombre—. Son fuertes y trabajarán bien.

—Pero solo tiene papeles para cuatro personas, ¿por qué se lleva seis? —insistió el oficial.

El hombre se alteró mucho e intentó apelar a la razón del guardia. Su voz tenía el acento de la desesperación:

—Pero *Herr Oberleutnant*, están buscando gente para que trabaje, ¿verdad? Por favor, señor, déjenos pasar. *Bitte*.

—¿Me toma por tonto? *Lügner!* [mentiroso] —gruñó el oficial de la Gestapo.

Levantó el pulgar y gruñó, haciendo girar su muñeca hacia la izquierda.

—*Links*.

«Izquierda».

La izquierda significaba la muerte. *Rechts*, o derecha, significaba la vida.

El hombre dio un respingo consciente de la sentencia. Pero se serenó y dirigió a los cinco miembros de su familia a través de la puerta, y cogió el camino de la izquierda. Los vi caminar junto a la iglesia, a lo largo del camino de piedra, más allá de un pequeño grupo de árboles. Allí se sentaron en el suelo, acurrucados y ateridos, con el resto de los condenados, los judíos que se dirigían al tren de los vagones de ganado, y como sabemos ahora, hacia el campo de exterminio de Treblinka.

El oficial de la Gestapo miró a la familia por encima de su hombro, y luego nos miró a nosotros. Desde mi punto de observación privilegiado, en brazos de mamá, miré hacia abajo al hombre uniformado, envuelto en su grueso abrigo, cómodo y caliente, mientras todos temblábamos de miedo y de frío por el clima polaco. Yo no veía sus ojos, pero, cuando inclinó la cabeza para mirar a mis padres, vi a la perfección la insignia de su gorra. Era un pájaro de un aspecto muy raro, pensé. Ya lo había visto antes, pero nunca tan de cerca. Había una calavera de plata, sonriente, y unos huesos cruzados junto al brillante pico de su gorra, por encima del cual se veía el *Reichsadler*, el águila imperial de la Alemania nazi.

Hitler se había apropiado del emblema heráldico del antiguo Imperio romano. Sus conquistas territoriales se reflejaban en muchas de las romanas. Pero él había adornado su águila imperial con una esvástica, degradando así el legado civilizador de Roma.

El oficial de la Gestapo sentado a la mesa ante nosotros era un bárbaro moderno, inmaculado con su traje nazi a medida. Emulaba a Calígula, el despótico emperador romano del siglo I, que usaba el pulgar para dictar el destino de los gladiadores derrotados. ¿Cuántos Calígula uniformados más se encontrarían sentados a la mesas junto a los *shtetls* y guetos de toda Europa Central, decidiendo con un movimiento de un dedo quién atravesaba la puerta de la vida, para convertirse en trabajador esclavo, y quién debía ir a la izquierda, hacia los vagones de ganado que los transportarían directamente al infierno?

—*Wie viele?* [«¿Cuántos?»].

Mi padre no dijo nada. Mamá también dudó un momento, y luego cogió aire. «Tres», dijo, echando la mano hacia atrás y apartando a sus sobrinas.

—*Rechts* —replicó el oficial, con un movimiento del pulgar.

Mi padre abrió la marcha. Mamá me dejó en el suelo.

—Coge la mano de papá —dijo.

Hice lo que me decía mi madre e inmediatamente noté una sensación de seguridad procedente de la enorme y cálida mano que envolvió la mía. Pasamos andando por la puerta de hierro, y cogimos el camino hacia la derecha del oficial, hacia un pequeño cementerio. Juntos, mamá, papá y yo anduvimos hacia el cementerio.

Miré hacia atrás y vi a mis dos primas pequeñas que se quedaban solas, hasta que alguien se las llevó. No las volvimos a ver.

El oficial de la Gestapo ni siquiera había mirado los documentos de mis padres. Era una ilustración abominable de que solo podíamos tomar decisiones malas o decisiones aún peores. ¿Cómo iba a saber mi madre que el nazi no examinaría los documentos? ¿Por qué no los había comprobado? Normalmente eran muy minuciosos.

Mamá había tomado una decisión rapidísima, como el rayo. No tenía tiempo de considerar todas las opciones. Todos los cálculos que hizo se basaron en el instinto. Y, por encima de todo, desde el principio del Holocausto hasta su mismísimo final, la consideración principal de mamá fue mi supervivencia. Y la de mi padre también. Gracias a ellos, yo formé parte del puñado escaso de niños judíos de Tomaszów Mazowiecki que sobrevivieron a la Shoah.

Con apenas cuatro años, no comprendía el significado de la conversación entre mis padres y el nazi. Tiempo después, sin embargo, cuando tuve la edad suficiente para comprenderlo, mamá se deshizo en lágrimas y me habló del oficial de la Gestapo sentado a aquella mesa.

—Ni siquiera abrió los documentos. Yo maté a las niñas de mi hermana. Las obligué a apartarse de mí. ¿Cómo podré olvidar sus caras? Yo las maté.

Fue un momento fundamental en la vida mi madre; de aquel lugar jamás volvió. Hasta el día de su muerte se sentía atormentada por preguntas como: ¿y si hubiese dicho que éramos un grupo de cinco, en lugar de tres? ¿Estarían todavía vivas? Pero ese día no había tiempo para pensar en la sentencia de muerte que había caído sobre mis primas. Su prioridad era asegurarse de que sobreviviéramos a las más que peligrosas horas que seguirían.

5

El cementerio

Gueto judío, Tomaszów Mazowiecki, en la Polonia central
ocupada por los alemanes, 31 de octubre de 1942

Cuatro años

*H*abíamos pasado el primer proceso de selección, pero aún no estábamos a salvo ni mucho menos.

En el cementerio, mamá debió de sentirse muy sola. Tras procurar que pasáramos junto al oficial, mi padre tuvo que dejarnos y volver a la deportación de los judíos de Tomaszów Mazowiecki. Condujeron a la gente a la estación de ferrocarril. Les quitaron los zapatos y todas sus posesiones; luego los apelotonaron en vagones de ganado.

Mi padre escribe que, al final de aquel día, unos seis mil judíos habían sido expulsados del gueto. En un solo día, los nazis transportaron casi a la mitad de los judíos de nuestra ciudad en su último viaje.

Éramos solo un componente más de la operación Reinhard, la enfermiza creación de Heinrich Himmler, jefe de las SS y uno de los principales arquitectos del Holocausto. La operación Reinhard estaba destinada a conseguir la aniquilación física de todos los judíos que vivían en la Polonia ocupada. Finalmente, fue responsable del asesinato de aproximadamente dos millones de niños, mujeres y hombres, la mayoría de ellos judíos polacos.

La logística de la operación Reinhard se diseñó con una precisión espeluznante. A aquellos que eran demasiado viejos, enfermos o frágiles, los tiroteaban mientras estaban todavía en el gueto o iban de camino a la estación. Esos asesinatos respondían a que el funcionamiento fluido de los campos de exterminio requería que las víctimas fueran capaces de caminar desde los andenes a las cámaras de gas por sí solos. A aquellos que no podían hacerlo los mataban sin más dilación. *Ordnung muss sein…*, tiene que haber orden. La eficiencia y la meticulosidad alemanas en todo su despreciable esplendor.

La primera selección, donde se llevaron a mis primas, a sus padres y a la mayor parte de la familia de mi madre, no fue la última. Los alemanes continuaron reduciendo el número de personas que consideraban que podían ser trabajadores útiles. En el libro *Yizkor*, mi padre habla de al menos dos selecciones más. La primera fue el *sabbat* 31 de octubre. Papá escribe que aquellos que tenían documentos de trabajo fueron detenidos un tiempo en una fábrica, antes de volver a enviar a algunos de ellos al patio del hospital, una de las diversas escalas antes de la cámara de gas.

De alguna manera, mamá y yo, que solo tenía cuatro años, sobrevivimos a ese proceso. El tiempo ha emborronado mi memoria, y no recuerdo haber estado en la fábrica. De modo que el testimonio de mi padre en el libro *Yizkor* es la guía más precisa de lo que ocurrió. Él pinta las imágenes que yo no podría ni siquiera empezar a transmitir. «Al día siguiente hubo una tregua en las muertes», escribe, y luego sigue:

> Sin duda, los asesinos estaban cansados, después de una noche de derramamiento de sangre. Quizás algunos fueran a la iglesia para rogar por el éxito de su trabajo. Pero lo más seguro

es que fueran a la taberna a emborracharse y a coger fuerzas para el día siguiente. Sin embargo, la vigilancia en torno a las verjas de alambre de espino se intensificó para evitar las huidas.

En este punto, estoy bastante segura de que mi padre está haciendo una referencia a sí mismo. Uno de los deberes principales de un policía judío era custodiar el perímetro del gueto, para evitar que los internos huyeran. Los nazis usaban a los policías para distanciarse de sus víctimas y hacer más fáciles sus propias vidas. Si realmente obligaron a mi padre a actuar como centinela junto a la verja de alambre de espino que encerraba a los restantes judíos del gueto, solo puedo imaginar la angustia que tuvo que soportar. Cada segundo debió de ser un campo de minas ético y moral. Probablemente solo consiguió resolver el dilema de ser policía porque aquello era lo que ayudaba a sobrevivir a su familia más cercana, aunque simultáneamente se viera obligado a escoltar a sus amigos, a sus vecinos y a otros familiares hacia la muerte.

La tensión y el horror en los que se veían sumidos los que seguían en el gueto desafían toda posible descripción. Sin embargo, todavía esperaban que el espíritu del mal se abatiría y que se les permitiría seguir vivos.

Sin embargo, tales esperanzas quedaron en nada el martes 2 de noviembre de 1942, cuando los acontecimientos del *sabbat* anterior se repitieron todavía con «mayor crueldad y energía». Como escribe mi padre:

Chillando como bestias salvajes y con la muerte en los ojos, los alemanes empezaron a sacar a todos los judíos de sus casas en la fría mañana de aquel incipiente invierno. La gente anciana y débil, hombres, mujeres y niños, todos fueron alineados en filas. Horrible era la visión de los niños de cuatro y cinco años, separados de sus padres, enfrentándose a sus asesinos. Así, los niños judíos fueron hacia el patio del hospital, de camino hacia su aniquilación.

Fue entonces cuando tuvo lugar otra selección:

Los alemanes inspeccionaron los permisos de trabajo ya autorizados de los judíos y decidieron quién se quedaría en el gueto y a quién deportarían. Una vez más, separaron a las mujeres de sus maridos, y a los hijos de sus padres. Cada grupo permanecía aparte, y pobre de aquel que intentara unirse a otro grupo. Un golpe en la cabeza de la culata de un rifle eliminaba cualquier deseo de volverlo a intentar.

Como en aquel entonces era muy pequeña, no recuerdo exactamente la secuencia de los acontecimientos. No estoy segura de si lo que me ocurrió en el cementerio tuvo lugar el 31 de octubre o el 2 de noviembre, pero, fuera cuando fuese, es algo que quedó grabado en mi memoria.

Se nos ordenó que nos arrodillásemos, y yo me arrodillé al lado de mamá. Al cabo de un rato, pude moverme y sentarme en su regazo. Ella se inclinó hacia mí y me animó con su voz, suave y amable.

—Tola, todo irá bien mientras no llores ni te muevas. Quédate quieta, todo lo quieta que puedas.

En el cementerio se oían disparos y gritos de terror y de dolor. A nuestro alrededor, una masacre. Mamá se agachó todavía más y me sujetó aún más fuerte. Tenía la cara casi tocando el suelo. Notaba el peso de mamá en mi espalda. Aunque ella era delgada, resultaba muy pesada para mí. Yo no veía lo que estaba pasando. Me pitaban los oídos. Los soldados debían de haber disparado con esas nuevas armas terroríficas que había visto antes, mientras andábamos por las calles. Disparaban las balas mucho más rápido que los rifles. El cuerpo de mamá se movía y se agitaba involuntariamente con cada estallido. Unos espeluznantes gritos acompañaban el chasquido metálico de las armas. El olor químico de los cañones flotó en el aire y me llenó la nariz.

Todo el rato, aunque pasé mucho miedo, mamá intentaba tranquilizarme. Hizo lo que pudo para ser mi escudo físico y psicológico. Su frágil cuerpo se interponía entre mí misma y un puñado de balas nazis. Los alemanes eran caprichosos. La más ligera irritación y los dedos en el gatillo se movían y apretaban. Mamá se estaba haciendo pequeña e insignificante. Noté su ansiedad mientras intentaba no atraer la atención hacia sí misma y, por tanto, hacia mí. Me consolaba mucho estar en su regazo. Su contacto siempre hacía que me sintiera segura.

Todavía noto los latidos de su corazón. Es como si hubiera pasado ayer mismo. Su cuerpo temblaba por el miedo y la angustia de saber que su hermana y sus sobrinas iban a morir, si no estaban muertas ya. No emitía sonido alguno, a pesar de que sin duda estaba gritando por dentro por el dolor de su rápida decisión. Su hermana habría visto cómo mamá quitaba las manos de sus hijas de su falda. Mamá se resistía a llorar en voz alta, pero notaba que sus lágrimas caían sobre mi rostro.

Cuando aquellos espantosos días regresan a mi memoria, vuelvo a sentir aquella gran admiración por mi madre. La imagen que guardo y que idolatro no es solo la de mi propia madre defendiéndome, sino la de una madre universal cumpliendo el deber primigenio de salvar a su hija, a cualquier coste. Desde el momento de la creación, una mujer lleva a sus hijos en el alma, así como en su vientre, y se sacrificaría a sí misma de buen grado para asegurar que la vida continúa para ellos.

Hitler intentó erradicar a los judíos exterminando a sus hijos. De modo que mi madre no solo estaba intentando preservar a su propia familia salvándome, sino que luchaba por mi supervivencia como un acto de desafío en nombre de su pueblo. Enfrentados a la aniquilación total, un solo niño podía ofrecer a la raza judía un salvavidas. Mientras estábamos allí refugiadas en el cementerio junto a la iglesia de San Wenceslao, mamá nunca podría haber imaginado que al final del Holocausto ciento cincuenta miembros de su familia habrían perecido, y que la única persona que quedaría para contar su historia sería yo.

Cada día de mi vida la honro. Veo a mi madre, Reizel, en gran medida como a la matriarca Raquel del Antiguo Testamento, que protegió y lloró por sus hijos y se convirtió en icono universal de la maternidad. Como madre simbólica de una nación, Raquel lloraba por los hijos de Israel, cuando fueron enviados al exilio; las lágrimas de mamá que cayeron sobre mí en aquel cementerio eran tan poderosas como las suyas.

Por aquel entonces me sentí aliviada de que mi mamá me estuviera protegiendo. Recuerdo aquel alivio, junto con los sonidos del genocidio. Cerrojos de las armas bien engrasadas, las balas que se alojaban en las recámaras. Insultos guturales y maldiciones antes de cometer los asesinatos. Y desvaneciéndose en la distancia, el rítmico jadeo de una locomotora que poco a poco se dirigía hacia el norte.

¿Por qué no me dispararon? En aquel momento creí que era un milagro haber sobrevivido a la carnicería. El tiroteo pareció durar eternamente. Intenté aislarme de aquel ruido y deseé que cesara el fuego. Y entonces lo hizo. El repiqueteo fue cediendo. La sensación de estar ahogada y ensordecida fue pasando. El silencio resultaba estremecedor. Mis oídos tardaron un tiempo en aclimatarse a aquel silencio, aunque el cementerio no estaba del todo silencioso. Oía quejidos y llantos, y gente que intentaba ahogar sus gemidos. Seguía sin poder ver nada, pero notaba un dolor horrible que se extendía entre los supervivientes.

Al cabo de un momento noté que mi madre se relajaba y se levantaba un poco. Yo ya no estaba tan aplastada.

—Han dejado de disparar, Tola. Ya no tienes que tener miedo —susurró mamá—. Ya no van a disparar más. Han matado a suficiente gente.

¿Cómo lo sabía? No sé, pero el caso es que tenía razón. La masacre había terminado.

Los pinchazos del hambre agravaban el dolor que sentía por haber permanecido en una posición fija. Apenas podía ponerme en pie cuando, al final, se nos ordenó que nos incorporásemos. Miré a mi alrededor y capté el olor de la sangre, débil y extrañamente metálico. Había cuerpos por todas partes. Muchísimos muertos, en posturas antinaturales. Entre ellos, niños a los que reconocí. Pero recuerdo que mamá y yo íbamos como flotando en una neblina mientras volvíamos al gueto bajo vigilancia y en medio de la oscuridad de mediados de otoño; pasábamos junto a montones de cadáveres.

No lejos de allí, mi padre era testigo del valor de una sobrina de mi madre. Se llamaba Pess25 Pinkusewicz. A Pessska se le había permitido quedarse en el gueto porque estaba en posesión de un permiso de trabajo autorizado. Pero ella corrió hacia un soldado de la Gestapo y le dijo que quería quedarse con sus padres y el resto de su familia. Mi padre escribió que el soldado de la Gestapo advirtió a Pessska de que su petición significaba «un ascenso al cielo por la chimenea».

Pero Pessska ignoró su advertencia y entre lágrimas repitió su ruego, aun sabiendo que el alemán le estaba diciendo la verdad. Mi padre debió de estar cerca cuando el soldado abrió la puerta, porque oyó que el alemán le gritaba a Pessska:

—Ve, gansa estúpida.

«Sus ojos, llenos de lágrimas, estaban radiantes —escribe mi padre—. Abrazó a su madre y a su padre, y gritó: "¡Que sea en el cielo, pero juntos!"».

Aquel alemán en particular fue sincero sobre el destino de los judíos, pero los que estaban a cargo del gueto buscaban subterfugios para que les resultara más fácil amontonar a la gente en los trenes. Unos carros tirados por caballos se dirigían a la estación cargados con el equipaje que a los deportados se les decía que podían llevar con ellos, una medida destinada a engañarlos y que pensaran que iban a un campo de trabajo, para luego robarles sus pertenencias.

Mi padre escribió a continuación:

> Entre los que marchaban iba Bracha, la panadera, con su hija en brazos. Notó que le fallaban las fuerzas y le susurró algo al policía judío que la escoltaba (a quien conocía de días anteriores). Este le cogió la niña y la puso en el carro.
>
> Marchando junto a Bracha se encontraba Regina Pakin, de la familia Stern…
>
> Regina llevaba a su hija de tres años, Marilka. La pequeña también conocía al policía, le dijo:
>
> —Ponme también en el carro. Estoy muy cansada.
>
> El policía entonces puso a Marilka en el carro, pero de inmediato un guardia le dio un golpe en la cabeza con su metralleta y la sangre le corrió por todo el cuerpo.

Estoy segura de que mi padre está hablando de sí mismo, porque recuerdo claramente que volvió a nuestro apartamento cubierto de sangre. Tuvo suerte de escapar con vida.

> El alemán amartilló su arma, pero en ese momento lo llamó otro soldado. El policía, con sus últimas fuerzas y con la ropa empapada de sangre, continuó escoltando el carro hasta la estación.
>
> Así los judíos de Tomaszów fueron marchando, sin saber adónde, cogidos de la mano de algún miembro de su familia, con los ojos llenos de odio hacia sus asesinos. Estaban rodeados de guardias armados. Los rostros de sus conciudadanos polacos se mostraban contentos. Y, sin embargo, parecía que no se creían todavía la calamidad que estaba a punto de caer sobre ellos. Ni

siquiera aquellos que estaban exhaustos física y mentalmente mostraban señales de angustia.

Mi padre describe que, en una «orgía de sangre», los alemanes y los ucranianos obligaron a meterse a ciento veinte judíos en cada vagón de ganado. No había agua ni provisiones para las necesidades humanas:

Cuando parecía imposible meter a más judíos en el vagón, los «ayudaban» con una violencia y crueldad indescriptibles a golpes de látigos y culatas de rifles en la cabeza, hasta que el último se había apretujado en el interior. Entonces cerraban bien los vagones, y un soldado se colocaba en el techo, con el arma preparada por si alguien intentaba escapar.

Tales fueron las escenas de horror en la estación de Tomaszów aquel día; familias separadas, padres e hijos buscándose frenéticos entre sí. Los carniceros ucranianos ni por un momento dejaron de fustigar a sus víctimas. Los policías judíos de la estación tampoco escapaban de su atención. También les pegaron sin misericordia, les aplastaron el cráneo con las culatas de sus fusiles, y después los arrojaron a los vagones para compartir los sufrimientos de sus compañeros judíos.

Al final de aquel día, unos ocho mil judíos más habían sido apiñados en vagones de ganado y enviados a la muerte. Centenares murieron asesinados en el acto. A lo largo del curso de esos tres días, transportaron a unos quince mil judíos a las cámaras de gas de Treblinka. El número exacto de muertes nunca se confirmó. La mayoría de los registros de la época establecen simplemente que centenares de personas fueron asesinadas durante la liquidación del gueto de Tomaszów Mazowiecki.

Sentada en mi casa de Nueva Jersey, leyendo el libro *Yizkor*, volvía a revivir la Polonia ocupada, y notaba el corazón herido al recordar a mi padre, que dejó testimonio de lo que había visto con sus propios ojos. Registró las últimas palabras conocidas del rabino Gedaliahu Shochet, una de las personas más devotas del gueto. Escondía su barba canosa detrás de un pañuelo, por temor a que los alemanes desenvainaran sus bayonetas y se la cortaran, junto con la piel de debajo.

El rabino Gedaliahu se puso de pie en el patio del hospital y vio a los satánicos alemanes empujando sin misericordia a los enfermos a los camiones, mientras otros caían víctimas de sus balas. Y los alemanes, con las caras inflamadas por el alcohol, corrían por las filas y golpeaban las cabezas de sus víctimas con las culatas de sus rifles. Y la sangre fluía y fluía.

Mi padre escribe que mientras exterminaban a su alrededor a toda su comunidad, el rabino se quitó el pañuelo y se cubrió la cabeza con él, como hacía al rezar en la sinagoga. «De repente —escribe mi padre—, levantó la cabeza hacia los cielos y exclamó: "Y tú, Señor del universo, sentado en lo más alto, ¿ves todo esto y permaneces callado?"».

Qué impresionante que un rabino se volviera hacia su dios y lo condenase. No resulta sorprendente que su fe se viese sacudida hasta los cimientos. La brutalidad del Holocausto nos llevó a algunos a concluir que Dios no existía, pues no intervenía. Pero, en el osario de Tomaszów Mazowiecki, otro rabino, Emanuel Grossman, mantenía que había que culpar a los humanos, porque Dios les había dado el poder de la elección individual. Grossman tenía el mismo nombre que mi abuelo paterno, aunque no estoy segura de que tuviera ninguna conexión con nosotros a través de la sangre.

Leer el libro *Yizkor* en yidis es para mí una experiencia mucho más potente que la versión en inglés, traducida por Morris Gradel, un lingüista muy dotado que murió en 2010. El yidis es más preciso, y oigo la cadencia de las palabras que se usaron en aquella época; me reconecta con la agonía de un 2 de noviembre de 1942, cuando mi padre oyó la súplica final del rabino Grossman, como se describe más abajo.

Mi padre escribe que, cuando el rabino Grossman caminaba con su familia a la estación, «su habitual confianza había fallado, aunque su rostro no mostraba señal alguna de la lucha que se libraba en su interior»:

> Creía que nuestros enemigos perecerían, pero todas sus esperanzas se habían derrumbado. Aun así, no mostraba su desesperación. Exhortaba a sus hijos: «Id, hijos míos, salvad la vida, pero recordad siempre que debéis seguir siendo judíos, y tenéis que decirle al mundo lo que nos hicieron los asesinos alemanes».

No sé si los hijos del rabino sobrevivieron o no. Lo dudo. Pero mi padre se tomó sus palabras muy a pecho y cumplió su deber dando testimonio y relatando con detalles bastante gráficos la naturaleza de los crímenes de los nazis en Tomaszów Mazowiecki.

Mi padre ya no está aquí para relatar la historia, pero yo sí. Siento que me pasó el testigo. Hablo en nombre del rabino Emanuel Grossman y de su familia, y ahora estoy pasando el testigo a mis propios hijos, a mis nietos.

El mismo día, después de la deportación, el resto de los judíos recibió la orden de reunirse, según las notas de mi padre. No recuerdo estar allí. Sin embargo, leyendo su relato, parece claro que la multitud de supervivientes del gueto debía de incluirnos a mamá y a mí. Nos permitieron vivir porque los nazis consideraban que todavía les podíamos resultar útiles. Después de obligarnos a presenciar el genocidio que estaba teniendo lugar, los alemanes agravaron aún más nuestro dolor obligándonos a limpiar la masacre que ellos mismos habían perpetrado. A punta de pistola, tuvimos que limpiar la escena del crimen para cumplir la máxima de los nazis: no dejes testigos, no dejes huellas.

«Había manchas de sangre claramente distinguibles en las casas, la sangre de judíos ancianos y enfermos, que habían sido incapaces de abandonar sus camas o no habían querido hacerlo, y los asesinaron en el acto», escribe mi padre en el libro *Yizkor*. «En las mesas había platos con sopa que los judíos no tuvieron tiempo de comer, y tazas de té que no se habían bebido».

A mis cuatro años, no podía procesar las imágenes que veían mis ojos. No existe duda alguna de que estaba traumatizada por la brutalidad de lo que estaba presenciando, pero me duele el corazón por mi padre. Creo que su tormento era más profundo. Él vio los mismos crímenes de guerra que yo, y muchos más, de muy cerca, pero comprendió mucho mejor que yo la magnitud de lo que había tenido lugar. Él esperaba que su posición le permitiera salvar a más familiares y amigos. Por el contrario, tuvo que permanecer quieto, indefenso, mientras los asesinaban delante de él. «Una vez más, hubo escenas desgarradoras», evoca:

> Los judíos que quedaban, burlados, despojados y abatidos, buscaban en vano a otros miembros de su familia, y no sabían lo que les había ocurrido.
>
> Los alemanes, que habían declarado que no separarían a las familias, los habían engañado de la manera más cruel. Después de una noche de horror, los judíos que quedaban se sentían como ramas desgarradas de un árbol lleno de vida. Una espantosa sensación de soledad los abrumó.
>
> ¿Cómo podrían pasar la noche siguiente? ¿Cómo podrían enfrentarse al sol de la mañana? Algunos de ellos eran mayores, pero la mayoría, jóvenes. No obstante, habían crecido en un santiamén. Ahora eran todos huérfanos. Todos solitarios, desolados.

Según los archivos del consejo judío, mi padre dejó de recibir su paga de policía a partir de aquel día. Pero a él y a otros miembros del Servicio de Orden Judío los obligaron a eliminar los restos de los asesinados durante la liquidación del gueto principal. En conjunto, unos doscientos cincuenta cuerpos yacían retorcidos en apartamentos, sobre los adoquines y en el cementerio. Los policías judíos estaban escoltados constantemente por los militares alemanes, mientras se llevaban los cadáveres de amigos, parientes, vecinos y desconocidos por un igual, y los enterraban sin ceremonia alguna en el cementerio judío de Tomaszów Mazowiecki.

Sus esqueletos aún yacen allí. Entrelazados. En algún lugar, bajo el mantillo. Pisoteados por muchos pies. No hay lápidas en sus tumbas, pero se les recuerda. Si van allí, bajen la vista y piensen en ellos. Quizá puedan rezar para que no vuelva a ocurrir nunca más.

6

El bloque

El gueto pequeño, Tomaszów Mazowiecki, en la Polonia central
ocupada por los alemanes, invierno de 1964

Cuatro años

$\mathcal{N}$uestro mundo se había encogido. Los judíos supervivientes de Tomaszów Mazowiecki vivían confinados en cuatro calles: Wachodnia, Pierkarska, Handlova y Jerozolimska. Ahora éramos prisioneros en el gueto pequeño conocido como «el Bloque». Éramos unos novecientos, incluidos mamá, papá y yo. Una verja de alambre de espino nos sellaba y nos separaba de los edificios que comprendían el gueto antiguo, mucho más grande. Nos custodiaban alemanes, ucranianos y polacos. De sus hombros colgaban las metralletas que habían regado el suelo de la iglesia de San Wenceslao con la sangre de nuestro pueblo.

El extremo norte de Jerozolimska era la única salida y entrada oficial. Era el portal hacia el mundo exterior. Como sabíamos todos ya, desde allí había una caminata de unos tres kilómetros hasta las vías del tren... y la extinción.

—Supongo que no nos dejarán volver a nuestros edificios —le susurró mamá a papá, mientras marchábamos escoltados por unos guardias hacia nuestros nuevos alojamientos.

»No podemos volver a los antiguos edificios. Supongo que nos van a matar de una manera distinta —dijo ella.

El sonido de los motores de vapor y las locomotoras a media distancia provocaban miradas de preocupación entre los adultos. Pero por el momento se habían restablecido los horarios normales del ferrocarril. Los trenes no eran para nosotros. Un silencio inquietante cayó sobre las cuatro calles del gueto. La muralla de sonido que producían quince mil personas había desaparecido hacia el horizonte, en dirección a Treblinka. Una sensación de conmoción y depresión colectiva descendió sobre aquellos que todavía respiraban.

A lo largo de los días y semanas siguientes, quedó claro que aquellas almas nunca volverían. Nuestros guardias no nos hablaron de su destino. Se filtraban noticias porque a algunos artesanos judíos, como carpinteros y pintores, se les permitía trabajar fuera del alambre de espino, escoltados por policías.

Lo que mi padre escribe en el libro *Yizkor* es importante:

> De vez en cuando, un trabajador del ferrocarril polaco, que se encontraba brevemente con judíos fuera del gueto, les decía que a los judíos deportados los habían llevado primero a Malinka (una ciudad cercana) ¡y desde allí directamente a la aniquilación!
>
> Y cuando los que habían escuchado esas palabras volvían al gueto e informaban de lo que les había dicho el polaco, nadie quería creerlos. Decían que era solo una broma de algunos polacos antisemitas. Después de todo, semejantes cosas resultaban increíbles para cualquier persona cuerda. ¿Era posible? ¿Cómo iba a ocurrir algo así? ¡¿Quemar a seres vivos?! ¿Quemar a ancianos, a mujeres y a niños? ¡No! ¡No! ¡No! ¡Imposible!

Los alemanes eran los maestros del engaño. Querían que los judíos supervivientes creyeran que los deportados seguían con vida. En sus horas finales, antes de morir asesinados, a algunos se les obligaba a escribir cartas o postales a sus parientes diciendo que eran felices y estaban sanos, trabajando en un rincón distante del Tercer Reich.

Mi padre recordaba que la gente del Bloque había oído el rumor de que una mujer del último tren a Treblinka había escrito una carta en la que contaba que trabajaba en una granja en Alemania y que sus hijos estaban con ella. Nadie podía confirmar ese rumor, pero querían creerlo. La esperanza que proporcionaba era suficiente para mantenernos a todos en un estado de negación. Los supervivientes se negaban a creer en las implicaciones de la matanza que habían presenciado con sus propios ojos. Estaba más allá de su comprensión que los nazis se propusieran asesinarnos hasta que la raza judía se extinguiese.

Recordando todo esto, me doy cuenta de que la mayoría de la gente del Bloque sufría la «ilusión del indulto», un estado mental identificado por Viktor Frankl, un eminente neurólogo y psiquiatra judío oriundo de Viena, en su libro *El hombre en busca de sentido*, que escribió después de sobrevivir a tres años interno en varios campos de concentración, incluido Auschwitz.

Frankl escribe: «El hombre condenado, inmediatamente antes de su ejecución, tiene la ilusión de que puede ser perdonado en el último minuto. También nosotros nos agarrábamos a cualquier pequeña esperanza y creíamos hasta el último momento que no sería tan malo».

En el libro *Yizkor*, mi padre cuenta algo similar: «... los judíos se engañaban a sí mismos y se iban acostumbrando a su rutina diaria, conservando en su corazón la esperanza de que vendrían tiempos mejores».

Para mamá y para mí, tal rutina diaria consistía en ir al *Sammlungstelle*. La traducción literal es «punto de recogida». Qué eufemismo más increíble para un almacén de todos los artefactos personales, fotos, imágenes, libros y reliquias familiares de una comunidad entera que había desaparecido. Su interior contenía quince mil historias personales que se extendían durante varios siglos. Sus corbatas, sombreros, jerséis, calcetines, zapatos, trajes, camisas y faldas desprendían un perfume intensamente individual y persistente. El trabajo de los que habían quedado consistía en categorizar y seleccionar las posesiones de los judíos asesinados, arrojarlos en grandes montículos en el suelo de una fábrica abandonada, empaquetar los artículos en cajas y despacharlas a Alemania. Los cuerpos de los propietarios habían desaparecido. Sus pertenencias los siguieron rápidamente. Antes de que pasara mucho tiempo, era como si esas personas y sus familias nunca hubieran existido.

A los nazis les obsesionaba no desperdiciar ningún material útil. Como sabemos ahora, ni siquiera los cuerpos eran sacrosantos para el Tercer Reich. No solo nos humillaban mientras respirábamos, sino que sujetaban nuestros restos a la indignidad final, después de habernos asesinado. La manera en la que se deshacían de los cuerpos judíos desafiaba todos los preceptos de nuestras tradiciones religiosas. Los judíos están obligados a enterrar un cadáver lo más cerca posible del momento de la muerte. Esta obligación compasiva se aplica a los criminales ejecutados, a los caídos en un campo de batalla, a todo ser humano. Que se te niegue el entierro es un insulto muy grave. Sin duda, esa es una de las razones por las cuales, en los campos de exterminio, los nazis profanaron a las víctimas de las cámaras de gas. Usaban nuestro pelo para rellenar colchones. La rapaz máquina de guerra alemana exigía que no se desperdiciara ningún recurso. Afortunadamente, en los *Sammlungstelle* se nos requería procesar posesiones, y no restos humanos.

Mientras cumplíamos con nuestras obligaciones, los alemanes que no nos estaban custodiando saqueaban los hogares vacíos dentro del gueto, que antes era mayor. Echaron abajo las paredes y desfondaron los techos en una voraz búsqueda de joyas, monedas de oro o cualquier otro artículo de valor escondido por los deportados. Mientras registraban lo que suponía que eran casas y pisos vacíos encontraron a personas que eran demasiado viejas, frágiles o estaban demasiado enfermas para moverse, o no habían conseguido encontrar en sus primeros registros. Esos pobres judíos fueron asesinados en sus propias camas. Una vez recogido cualquier objeto de valor, prendieron fuego a las propiedades. Leer el relato de mi padre, testigo presencial, resulta estremecedor:

Las ventanas rotas daban a las casas el aspecto de personas ciegas con los ojos arrancados. La tranquilidad de la muerte reinaba sobre las casas… y, sin embargo, clamaba a los cielos. Silencio. Silencio y muerte empapaban el aire, pero en medio del silencio se oían aún los llantos de un niño pequeño, arrancado repentinamente de su cama. Las camas de los padres también guardaban secretos; todavía estaban calientes, las almohadas húmedas con las lágrimas de madres que lloraban apretadas a ellas para no añadir más pena y angustia a la que ya sufría la familia.

Los guardias no me obligaban a acompañar a mamá al *Sammlungstelle*, pero yo me quedaba a su lado todo el día, todos los días, mientras juntas íbamos rebuscando entre las posesiones. Yo tenía demasiado miedo para quedarme sola en mi habitación. Un día, mientras separábamos la ropa de niño y la de niña, un artículo de ropa captó mi atención.

—Me gusta ese jersey —le susurré a mamá.

Hablé en voz baja para no atraer la atención de los guardias que nos vigilaban, con las armas dispuestas. El jersey era blanco, adornado con unas perlas falsas blancas y rosas.

Mamá me lo quitó de las manos, lo dobló y lo puso en una mesa, encima de una pila de otras prendas de ropa similares. Me miró, con sus ojos de un verde intenso, y levantó las cejas. No hicieron falta palabras. Yo tenía muy claro que no debía protestar. Mamá no me habló hasta que volvimos a nuestra habitación en el Bloque.

—Tola, ese jersey que tú querías perteneció antes a otra niña de cuatro años como tú. Ella ya no está aquí. Y pronto también todas esas ropas desaparecerán.

No necesité más explicaciones. A partir de entonces nunca más quise quedarme ninguna otra prenda de ropa. Mientras trabajábamos junto a otros supervivientes del gueto, mi madre me inculcó la idea de que debía aprender a estar satisfecha con menos.

El *Sammlungstelle* fue una placa de Petri donde mi fuerte voluntad y mi sentido de la autodisciplina echaron raíces y prosperaron. Mi joven mente captó la idea de que tener menos era un hecho, simplemente. En nuestra extraña guerra, la capacidad de una niña de soportar las privaciones era algo muy valioso. Al final, en mi caso, quizá supusiera la diferencia entre la supervivencia y la muerte.

Sin embargo, la breve conversación con mi madre no fue solo una lección sobre el materialismo y las posesiones, sino que me entregó un mensaje mucho más profundo sobre nuestra propia existencia. Cada hora, cada día, los alemanes iban minando nuestra autoestima y nuestro propio ser. Lo que querían era desmoralizarnos y quebrar nuestro espíritu. Todas las acciones que emprendían estaban destinadas a obligarnos a adoptar un estado de aquiescencia, para que aceptásemos su definición de nosotros como seres infrahumanos. Mi madre me enseñó que es importante honrar a nuestros muertos. En ausencia de lápidas conmemorativas, al menos podíamos tratar sus posesiones con dignidad y respeto. Ella me estaba infundiendo el principio de que, incluso en el más sombrío de los tiempos, no debíamos perder nuestra propia humanidad, sensibilidad y sensación de autoestima. Mi madre me animaba a ser una *mensch*, una persona de integridad y honor. Fue una lección que me tomé muy a pecho.

Por tanto, aunque después aparecieron un par de preciosas botas rojas debajo de un montón, conseguí resistirme. A pesar de imaginarme a mí misma llevándolas, las puse en una pila de zapatos de niña. Ayudaba a organizar la ropa. Si encontraba una falda, la ponía en el montón de ropa de niña. Lo mismo hacía con los zapatos y ropa de niño. Pasé varios meses de mi vida como trabajadora esclava de cuatro años de edad. Si hubiese habido paz, habría estado en la guardería. Pero ¿qué era la paz? Yo solo había conocido la guerra. Estaba recibiendo una educación en la escuela más extraordinaria de la vida y la muerte.

No podía dejar de comprender el significado de los artículos que nos rodeaban. Eran pruebas de unos crímenes de guerra espantosos. Pero no surgió de ello ninguna investigación. ¿Llevarían alguna vez ante la justicia a los perpetradores? ¿Seríamos los siguientes en morir? Todas esas preguntas flotaban en aquel patio, mientras las mujeres trabajaban en silencio. Sin embargo, no siempre les era posible contener sus emociones. De vez en cuando alguna se echaba a llorar en voz alta, cuando reconocía una prenda de ropa que había pertenecido a su madre... o a un hijo. No obstante, seguía seleccionando. Detenerse habría sido como llamar a que te ejecutaran. Estábamos atrapadas, y el dolor no tenía vía alguna de escape. Nuestra vida de trabajo continuó durante un plazo ininterrumpido de siete meses.

Hace algunos años, no recuerdo exactamente cuándo, pero en algún momento de la última década, recibí un cheque por correo del Gobierno alemán en Berlín. Era de dos mil dólares, y era una reparación por el tiempo que había pasado como *Zwangsarbeiter*, es decir, trabajadora esclava. La cifra era ridícula. Un insulto. No hay cheque lo suficientemente grande en este mundo para compensarme por lo que soporté o por las imágenes que presencié en el gueto.

Cuando tenía cuatro años, mis horizontes se limitaban al Bloque y al *Sammlungstelle*. No era consciente de los cambios que había habido en nuestro entorno después de la deportación. Pero mi padre lo vio todo. Gracias a su testimonio, parece obvio que nuestros perseguidores se relajaron un poco tras sus esfuerzos asesinos de finales de octubre y principios de noviembre de 1942. De repente había mucha más comida. Para aquellos que entraban en contacto con los polacos fuera del alambre de espino, incluso era posible intercambiar ropas o artículos domésticos por comida.

Fue entonces cuando comí huevos por primera vez. Su sabor y su textura supusieron una revelación. Qué diferencia con el huevo frito hecho de sopa de piel de patata. Aquello era celestial. La yema era mi parte favorita. Como golosina, mi madre a veces mezclaba azúcar y leche y una yema de huevo, y lo batía formando una mezcla que era también un bálsamo excelente para la garganta irritada. En yidis se conoce como *gogl mogl*. Los italianos tienen algo similar llamado *zabaglione*. Los huevos tenían un poder transformador que convertía la vida en algo inconmensurablemente mejor y me levantaban el ánimo. No solo saboreaba la yema al pasar por mis papilas gustativas, sino que me producía un enorme placer contemplar a mi madre preparando el huevo, anticipando su saludable sabor. Después de haber consumido hasta el último pedacito, yo me recreaba con el sabor que me quedaba en la boca y la calidez que provocaba en el estómago. Los huevos hicieron que apreciara más la comida. Para una niña hambrienta, aquella sopa de piel de patata era el combustible que combatía el proceso del cuerpo devorándose a sí mismo, pero entonces los huevos representaban el amor... y siguen haciéndolo hoy en día. Porque mi madre me preparaba los huevos con amor. Y yo lo notaba. Cuando se te niega el sustento durante tanto tiempo, la comida asume un significado casi espiritual.

Actualmente tengo una relación especial con la comida. Para mí es algo sagrado, y nunca la doy por supuesta. Los huevos siguen siendo mi plato favorito. Si me siento triste, disfruto mucho con unos huevos fritos solo por un lado, con la yema hacia arriba.

Aunque tener acceso a una alimentación mejor implicó una diferencia en nuestro bienestar físico, a finales de 1942 el estrés psicológico seguía siendo extremadamente opresivo. Todavía estaba prohibido abandonar el Bloque sin autorización. Como elemento disuasorio, los alemanes decretaron que, si alguien escapaba, otro preso moriría de un disparo. En ese ambiente, los novecientos supervivientes de Tomaszów Mazowiecki descubrieron algo así como un nuevo objetivo y reconocieron que la solidaridad resultaba esencial. Las barreras de clase y de riqueza que nos separaban previamente se rompieron y solo quedó una rabia compartida porque el mundo nos hubiera abandonado. Muchos se volvieron hacia el alcohol para ahogar su dolor. Algunos contemplaron el suicidio, pero decidieron no hacerlo porque nuestra extinción era, según mi padre, «el objetivo de los carniceros nazis».

«Por tanto —escribe mi padre—, a pesar de todo el sufrimiento y las lamentaciones, ¡no podíamos cumplir el deseo de los asesinos! ¡No podía haber rendición, nada de someternos a sus deseos! ¡Y quizá consiguiéramos tener éxito y ver vivos a nuestros seres queridos, y muertos a nuestros asesinos!».

¿Era una simple ilusión o una auténtica declaración de intenciones? Fuera cual fuese el sentido de las palabras de mi padre, nuestra comunidad ya no aguantaba y no podía soportar muchas cosas más. «La moral, la integridad, la santidad de la vida familiar, todo empezaba a desintegrarse», escribe papá.

Hombres solitarios buscaban la compañía de mujeres solitarias, y las mujeres buscaban la compañía de los hombres. La vergüenza y la modestia desaparecieron. Si la vida y el mundo eran libertinos, ¡larga vida entonces al libertinaje! ¿Quién sabía lo que nos iba a traer el mañana? Mientras estés vivo, ¡vive la vida plenamente! ¡Después de todo, no sabías si ibas a vivir al día siguiente!

Según los estándares de conducta anteriores de los judíos, ciertamente, parecía que una nube de inmoralidad estaba engullendo a un número significativo de los habitantes del gueto. Pero ¿cómo podía culparse a nadie por buscar una caricia tierna, cuando nuestra existencia pendía del hilo más delicado?

Pero no todo el mundo abandonó sus antiguos valores. Los judíos más observantes de la religión se negaron a sucumbir a aquella permisividad. No querían avergonzar a sus antepasados, tal y como ellos lo veían, de modo que se agarraron a la esperanza de que, como quedaban pocos judíos que resultasen trabajadores productivos, los alemanes dejarían en paz el gueto. Y, efectivamente, lo hicieron, hasta que sonaron las campanas a finales de 1942 y dimos la bienvenida a 1943.

7

Enterrados vivos

Gueto pequeño, Tomaszów Mazowiecki, en la Polonia central
ocupada por los alemanes, 1943

Cuatro años

Alemanes y polacos celebraron la llegada de 1943 emborrachándose como una cuba. De hecho, a primera vista, tal vez fuera un año nuevo feliz.

Pegados en las paredes de todo el gueto había grandes carteles que ofrecían lo que parecía una salida a la cautividad. Vaya cambio. Normalmente, los carteles se usaban para comunicar nuevas normas y regulaciones de los alemanes, con la advertencia de que el castigo para su desobediencia sería la ejecución sumaria.

Ahora, los alemanes agitaban la perspectiva de un paraíso ante los judíos supervivientes de Tomaszów Mazowiecki. Los carteles hablaban de la posibilidad de que los trasladaran a Tierra Santa. Se instaba a que se apuntase cualquiera que tuviera parientes en Palestina y desease participar.

Mi padre recuerda que esas noticias provocaron un apasionado debate entre los supervivientes. «Los ánimos se caldearon y estallaron las disputas», escribe.

Algunos pensaban que era otro de los muchos engaños de los alemanes, y se mostraban en contra. Otros creían que la promesa de establecernos en Palestina era totalmente factible, como parte de un intercambio de prisioneros que estaban negociando los alemanes y los británicos, que en aquellos tiempos eran los responsables de administrar Tierra Santa.

Como solía ocurrir en el gueto, prevaleció la ilusión. Las voces escépticas fueron acalladas, y la gente empezó a apuntarse a montones. La demanda aumentó cuando los alemanes dijeron que el permiso para viajar se extendería no solo a los que tenían parientes en Palestina, sino también a los que tuvieran amigos y conocidos allí.

«Al cabo de un día o dos, los alemanes anunciaron que la lista estaba completa, de modo que los judíos empezaron a sobornarlos con joyas y oro y *protektsia* (dinero de protección) para poder estar en la lista —escribe mi padre en el libro *Yizkor*—. Los "afortunados" que estaban apuntados empezaron de inmediato a hacer las maletas, dispuestos para emprender el viaje a Palestina».

De alguna manera, mi padre consiguió incluir nuestros nombres en la lista. Como familia, nos sentimos eufóricos. Por primera vez desde hacía años mis padres transmitían una sensación de optimismo real. Al fin había una oportunidad de escapar a los crímenes en masa, a la humillación y al hambre, y desplazarnos a un lugar que mamá y papá contemplaban como la utopía. Palestina representaba la cima de sus sueños. El aire melancólico que invadía nuestra habitación en el Bloque se evaporó. Yo me alimentaba de la felicidad de mis padres. No sabía qué era Palestina, ni dónde estaba, pero comprendía que significaba la seguridad. Cuando mis padres eran felices, yo era feliz. Pero ese estado de ánimo no tardó en mudar a uno de desesperación y pánico.

No estoy demasiado segura de que en aquel momento mi padre siguiera siendo policía. Según los registros supervivientes del *Judenrat,* su último salario se lo pagaron antes de las deportaciones a Treblinka. Pero estuviera o no en la nómina de la policía, su habilidad para captar noticias continuaba siendo tan aguda como siempre. Detectó que la *Aktion* de Palestina era una trampa alemana. Aquellos que se habían apuntado habían sido engañados: su destino era otro campo de trabajo, o quizás incluso algo peor. Nuestra familia y todos los demás corrían un peligro inminente.

Mi padre entró en nuestra habitación con una expresión terrible.

—He conseguido sacarnos de la lista —le dijo a mi madre, que lloraba con desesperación—. Pero ha sido realmente difícil.

Luego salió de nuevo por la puerta, diciendo que tenía que advertir a otras personas de que intentaran también quitar sus nombres. Estaba claro que alguien se aprovechaba del pánico que corría como la pólvora por el Bloque. Leyendo con mucho cuidado su relato en el libro *Yizkor,* ahora comprendo que tuvo que sobornar a alguien con el poco dinero que le quedaba. Así, explica, «los intermediarios a los que antes se había sobornado para que incluyeran a la gente en la lista ahora pedían nuevos sobornos para "sacarlos" de ella y sustituirlos con otros nombres».

La realidad hizo su aparición al amanecer del 5 de enero de 1943. Rodearon el gueto fuerzas ucranianas y alemanas. Mi padre recuerda que subieron en carros y camiones a varios centenares de judíos. Los alemanes mantenían la farsa de que los llevaban a todos a Palestina.

Según la *Encyclopaedia of Camps and Ghettos, 1933-1945,* publicada por el Museo Conmemorativo del Holocausto de Estados Unidos, unos sesenta y siete judíos de Tomaszów Mazowiecki se dispusieron a ir a Palestina. Primero los transportarían a Viena, luego a Turquía y después a Tierra Santa; los intercambiarían por prisioneros de guerra alemanes. Tristemente, la mayoría no consiguió avanzar más de once kilómetros por carretera, hasta la pequeña ciudad de Ujazd. Allí, a la sombra de un fantasmal castillo en ruinas del siglo XVII, tirotearon a varias docenas de judíos. A los demás los llevaron a las cámaras de gas de Treblinka.

Sin duda, nuestra pequeña familia había tenido mucha suerte de escapar con vida, igual que aquellos a los que mi padre consiguió avisar. Él estaba muy abatido por no haber podido advertir a más gente. A partir de aquel momento, sin embargo, mi padre se vio completamente impotente para subvertir el inexorable progreso de los nazis hacia la liquidación final del gueto.

Mamá y yo continuamos nuestra rutina diaria de seleccionar, amontonar y empaquetar ropa en el *Sammlungstelle*. Ahora se añadían también a las pilas las pertenencias de las víctimas del engaño de Palestina.

La monotonía se vio interrumpida una mañana de marzo, muy temprano, cuando nos despertaron con los gritos habituales que tanto temíamos.

—*Alle Juden, raus*.

Nos ordenaron que nos alineáramos a lo largo de Pierkarska, una de las cuatro calles del Bloque. Colocaron una cesta delante de nosotros, y un oficial de la Gestapo se dirigió bruscamente a nosotros. Teníamos que llenar la cesta con todas las joyas y artículos valiosos que todavía poseyéramos. Y no era una petición.

Casi se podía tocar la sensación de inquietud que se extendió por la multitud. Los alemanes sabían que la gente era reacia a entregar posesiones que le podían ser útiles en el futuro para intercambiarlas por comida, o incluso por la propia vida.

De repente, los soldados sacaron a cuatro hombres de las filas al azar y les pegaron un tiro. Aquello tuvo el efecto deseado. A una orden de los alemanes, el resto de los judíos volvieron a sus casas y sacaron cualquier pequeña pertenencia de valor que tuvieran en sus escondites. Pronto se llenaron todas las cestas. Por supuesto, la gente valoraba más la vida que los bienes materiales. Pero la pérdida del dinero, joyas, oro o plata resultaba debilitadora. Eliminaba la posibilidad de comprar un camino hacia la seguridad cuando se avecinase el espectro de una muerte súbita y próxima. La nube de depresión que se cernía sobre el Bloque se oscureció aún más.

Sin embargo, los ánimos se elevaron un poco cuando llegó Purim, unas cuantas semanas más tarde. Tradicionalmente, Purim, uno de los festivales más alegres del calendario judío, conmemora la supervivencia de los judíos en el siglo v, cuando sus gobernantes persas intentaron exterminarlos. Algunos describen Purim como el equivalente judío del carnaval, cuando se supone que celebramos la familia, la unidad y el triunfo sobre la adversidad. En ese momento de la ocupación alemana, después de tres años y medio, especialmente tras los seis meses últimos, la idea de vencer a nuestros opresores estaba en el reino de la fantasía. Aun así, el festival nos dio unos ánimos que necesitábamos mucho. Como escribe mi padre: «20 de marzo de 1943. Hoy es la víspera de Purim, un día cálido y soleado. Incluso el trabajo de seleccionar y separar las pertenencias de los judíos se lleva a cabo con un espíritu más ligero».

Había un «deje de festividad», continúa, siguiendo la lectura tradicional del pergamino sagrado de Esther (una judía que se convirtió en reina de Persia y es una heroína celebrada en el judaísmo). El pergamino cuenta que Esther, junto con uno de sus primos, consiguió frustrar un complot para destruir a los judíos urdido por Haman, un visir o alto funcionario de la corte persa.

«De todos modos, esta noche todo será olvidado —escribe mi padre—. Los supervivientes del gueto se reunirán en buena armonía, comerán un poco, beberán un par de vasos, incluso puede que canten, y a lo mejor, durante una hora o así, se olvidará la carga de nuestra tragedia».

Pero a las cinco de aquella tarde llegó un camión ante la puerta del gueto y un oficial de policía alemán gritó: «*Aufmachen ihr dreckige Juden-schwein*» («Abrid, asquerosos cerdos judíos»).

Meister Pichler entró en el gueto y presentó a los policías judíos una lista de nombres. Les dijo que todos los que estaban en ella debían reunirse inmediatamente, ya que los iban a enviar a un campo de trabajo. La persona más importante de la lista era el doctor Efraim Mordkowicz, un auténtico héroe del gueto que había hecho milagros durante la ocupación. A pesar de la escasez de suministros médicos y del asesinato de tantos colegas suyos, había trabajado incansablemente para curar a los enfermos y aliviar el sufrimiento de sus compañeros judíos, especialmente durante la epidemia de tifus.

El doctor Mordkowicz llegó debidamente al punto de reunión, con su hija de nueve años, Krisza, que se agarraba a él con una mano; llevaba un paquete con sus pertenencias en la otra. Se volvió al jefe de policía Hans Pichler y le preguntó dónde iban. Se me heló la sangre al leer la descripción de mi padre en el libro *Yizkor*:

> Pichler exclamó, sarcásticamente: «Os están enviando a un lugar de descanso». La pequeña Krisza preguntó entonces, lacrimosa: «¿Y por qué nos tienen que mandar hoy precisamente?», pues había invitado a sus amigos [a celebrar el Purim] aquella misma noche. «Quizá podríamos posponer nuestro viaje hasta mañana…». Pichler le puso la mano en la cabeza, y ella notó que era la mano de un asesino; soltándose de golpe, se agarró lloriqueando a su padre. Mientras tanto, todos los que figuraban en la lista habían llegado ya y los estaban cargando en el camión, con su equipaje. Había veintiuno.

Entre ellos se encontraban los únicos médicos que quedaban en el gueto, los pacientes del hospital improvisado, varios policías judíos y los últimos miembros supervivientes de la *intelligentsia* de Tomaszów Mazowiecki.

La procesión se dirigió al cementerio. Empujados por golpes de las culatas de los rifles, las víctimas saltaron del camión, que se había detenido ante una fosa abierta (para evitar llamar la atención, la habían cavado unos polacos). De inmediato, Pichler ordenó a los desgraciados judíos que se quitaran la ropa. Entonces resonaron en el cementerio unos gritos terribles. Dos mujeres, Yazda Rejgrodska y su hermana, se negaron, y una de ellas empezó a luchar con sus asesinos. Las dos mujeres echaron a correr hacia la verja, gritando. Krisza también se echó a llorar desconsoladamente, y empezó a dirigirse a la verja.

Justo entonces apareció Johann Kropfitsch, el famoso policía austriaco que había matado a tantos niños. «Kropfitsch, conocido por su rasgo sádico de disparar a la cabeza a niños pequeños, le metió una bala en la cabeza a la pequeña Krisza, y así ahogó de inmediato sus lágrimas. Los otros carniceros empezaron a disparar a los judíos que estaban de pie al borde de la fosa».

Pichler y otros dos nazis corrieron detrás de las dos hermanas, abrieron fuego con pistolas y las mataron. Mi padre presenció la reacción de los alemanes: «*Die verfluchten Hunde haben die Kleider verseucht*» («Esas malditas perras han manchado sus vestidos»).

«Unos trabajadores polacos rellenaron las fosas —recuerda mi padre—. Después se decía que la tierra que quedaba encima de las tumbas se movió durante algún tiempo tras los asesinatos».

Yo soy uno de los últimos vínculos vivos que quedan con el doctor Mordkowicz y su hijita, Krisza, que tenía cinco años más que yo, así como con las otras diecinueve personas que asesinaron aquel día. Solo unas pocas horas después de que enterraran vivos a algunos de ellos e intentaran volver a salir a la superficie, yo estaba trabajando con mi madre en el *Sammlungstelle*, seleccionando las ropas como de costumbre. Entre ellas encontramos dos vestidos manchados de sangre y embadurnados de barro del cementerio judío. Los reconocimos.

Esa matanza ha pasado al folklore de Tomaszów Mazowiecki como la *Aktion* nazi del Purim. Era un recordatorio, por si necesitásemos alguno, de la naturaleza arbitraria de la ocupación alemana.

Durante semanas la vida seguía una rutina monótona; de repente, se veía puntuada por un espasmo de violencia sádica. La tensión subió un mes más tarde, a mediados de abril, cuando, a ciento diez kilómetros de distancia, los rebeldes judíos que estaban en el interior del gueto de Varsovia empezaron su heroico combate contra las fuerzas de élite alemanas. Los soldados que nos custodiaban temían que la rebelión se extendiese a otros guetos. No tenían de qué preocuparse en Tomaszów Mazowiecki. Estábamos apelotonados en cuatro calles, completamente rodeados. Habían registrado nuestras habitaciones múltiples veces. Los alemanes ya tenían que saber que no teníamos armas. ¿Con qué los íbamos a atacar? Sin embargo, continuaban abriendo fuego si alguien era lo bastante valiente como para aventurarse más allá del alambre de espino.

Todo el tiempo, en el *Sammlungstelle*,, trabajábamos sin descanso clasificando las ropas. Las montañas de posesiones habían ido disminuyendo.

Pronto no quedaría nada. Esas ropas eran la única razón para que continuáramos existiendo. Las pertenencias de los muertos nos mantenían vivos. ¿Qué ocurriría cuando el almacén estuviese vacío y nuestro trabajo hubiese terminado? ¿Qué sería de nosotros?

En mayo de 1943 ya no hacía falta que todo el mundo se presentara a trabajar. Eso significaba un peligro para aquellos que eran improductivos y no realizaban ningún trabajo esclavo para el Tercer Reich. La sensación era que había algo nuevo en el horizonte. La experiencia nos enseñaba que los cambios en nuestras circunstancias nunca eran buenos.

El ánimo sombrío se exacerbó más aún por el hedor a basura en descomposición. Con aquel calor tan impropio de la temporada, las moscas se arremolinaban en torno a las pilas de basura. Más allá del alambre de espino, hacia el horizonte, el mundo estaba repleto de color, y la naturaleza se ponía su ropa de verano. Su belleza era un festín para los ojos. Sin embargo, al mismo tiempo, acentuaba la hondura de nuestra desesperación.

Por aquel entonces quedaban unas setecientas personas en el gueto. El número disminuyó aún más cuando despacharon a pequeños grupos al campo de trabajo de esclavos de Bliżyn, a ochenta kilómetros al sudeste.

El 30 de mayo se anunció que se iba a producir otra selección. La misma palabra *Selektion* nos producía una ansiedad profunda. Sabíamos por aquel entonces que a menudo significaba una sentencia de muerte. La Gestapo declaraba que se iba a seleccionar a treinta y seis personas para que se quedaran. Leyeron los nombres en voz alta. Los tres estábamos en la lista, mamá, papá y yo. Por aquel entonces, yo era demasiado pequeña para darme cuenta de lo que significaba, pero fue un momento terrorífico para mis padres y las otras treinta y tres personas. Temían que nos disparasen de inmediato, o que nos llevasen a una fosa y nos ejecutaran allí.

El resto del gueto, unas seiscientas cincuenta personas, volvieron a empaquetar algunas pertenencias esenciales. Escribe mi padre:

Las madres arrancaron a sus hijos de un sueño profundo, los vistieron a toda prisa y los bañaron con sus lágrimas calientes. Sabían que dejar aquel lugar significaba un futuro mucho más incierto aún. La gente corría a reunirse con sus familiares, con amigos, y se ayudaban a hacer el equipaje los unos a los otros, y se agarraban los unos a los otros como para decirse adiós.

Sonó un silbato penetrante que ordenaba a todos los del gueto que se reunieran en el *Appellplatz*, el punto de reunión. La aprensión se propagaba entre las filas de la gente. Volvieron a leer en voz alta los nombres de los treinta y seis y nos apartamos a un lado. Los alemanes ordenaron a las seiscientas cincuenta personas que quedaban que empezasen a desfilar hacia la estación de ferrocarril.

«¿Por qué nos dejan a nosotros?», empezó a gritar la gente que nos rodeaba, mientras la columna de judíos pasaba por las puertas del gueto por última vez. «El grito era tan fuerte que penetraba en el aire como un cuchillo, un grito que llegaba hasta los cielos, un grito directo desde el corazón de las madres —escribe mi padre—. Te dejaba helado hasta los huesos».

Pichler sonrió y ordenó a nuestro grupo que le siguiera hasta la *Sammlungstelle*. Nos empujaron hacia un edificio y nos encerraron dentro. La puerta la custodiaban guardias con casco y metralletas. A los alemanes les encantaba aterrorizarnos.

«Todos los que estaban dentro esperaban que en cualquier momento los llevaran al cementerio y les pegaran un tiro», escribe mi padre.

No recuerdo cuánto tiempo estuvimos encerrados en el almacén, pero recuerdo que se oían disparos no lejos de allí. Ahora me doy cuenta de lo que era. Los alemanes iban de piso en piso, de habitación en habitación, en las cuatro calles del Bloque, matando a cualquiera que todavía estuviera escondido, o demasiado enfermo para moverse. Aquellos que murieron asesinados ese día se habían quedado porque no podían enfrentarse a la perspectiva de ser amontonados en un vagón de ganado hasta extinguirse: habían decidido morir en un entorno familiar.

Después de que las armas de fuego dejaran de disparar, los guardias abrieron la puerta y nos dimos cuenta de que nos habíamos salvado. Nos habían encerrado porque querían que pensáramos que éramos los siguientes, y también porque no querían que hubiera testigos.

Muchos de los judíos que lean esto asentirán sabiamente en este momento, pensando: «Ya sé por qué sobrevivieron: *gematria*».

La *gematria* es una forma judía de la numerología en la cual cada letra hebrea tiene un valor numérico. De ese modo, determinadas palabras se cree que poseen un poder místico. Una palabra clave aquí es *chai*, que significa «vida». El valor numérico de *chai* es dieciocho…, por tanto, existe una tradición judía de hacer regalos de, digamos, dieciocho dólares, o múltiplos de dieciocho, como buen presagio para la vida. Treinta y seis (dos veces dieciocho) es un número especialmente afortunado. Representa dos vidas.

Quizá fuera una coincidencia que eligieran a treinta y seis personas del gueto aquel día, o quizás estuviese implicado un poder más elevado. ¿Quién sabe? Sea como fuere, los que estábamos en aquel almacén tuvimos una segunda oportunidad en la vida.

Como uno de los pocos niños que escaparon al asesinato en mi ciudad natal, no puedo negar que soy increíblemente afortunada. Sin embargo, lo que siguió no fue ningún privilegio, ni mucho menos.

La Gestapo nos ordenó limpiar las cuatro calles del Bloque. Por dentro y por fuera. Teníamos que eliminar todas las pruebas de que allí había tenido lugar un crimen de guerra. Lo más importante de todo es que no hubiera ningún rastro de carne o de sangre. Teníamos que conseguir que pareciera que los judíos se habían ido muy ordenadamente, sin haberles hecho ningún daño, por si la Cruz Roja, o alguna otra organización supuestamente neutral, empezaba a hacer preguntas difíciles. Pero dudo de que los alemanes hubieran permitido acceder a los guetos a la Cruz Roja Internacional. Lo más probable es que las propiedades se preparasen para que los polacos o los alemanes las ocuparan, como parte del plan de Hitler que pretendía asegurarse de que toda la población del Tercer Reich era enteramente aria.

Las tareas que yo tenía que realizar, mientras me aproximaba mi quinto cumpleaños, eran cosas que ningún niño debería a hacer nunca, y yo no podía apartar los ojos o esconderme. Aún hoy en día, imágenes de las semanas siguientes siguen persiguiéndome; mientras rebuscaba en mi memoria para escribir este libro, aquellos recuerdos me mantenían en vela. Durante casi ochenta años he tenido una pesadilla recurrente, en la que voy andando entre cadáveres. Ese sueño siempre me despierta sobresaltada, después de lo cual no puedo dormir más, ya que mi mente se ve empujada de vuelta a Tomaszów Mazowiecki.

No podíamos transportar a las víctimas de asesinato al cementerio judío y que pudieran descansar eternamente en terreno sagrado. Los enterramos junto a los edificios donde habían sido asesinados. Mi padre cavó las tumbas, y luego sacamos los cuerpos de las camas y los suelos donde los habían matado, los llevamos escaleras abajo por el empedrado y los echamos a una fosa poco honda.

Yo ayudé como pude. Levantaba un brazo, o una cabeza, o un pie, mientras mi madre y mi padre luchaban para mover los cadáveres y arrojarlos a sus rudimentarias tumbas. Alojado en mi mente se encuentra el hedor de la muerte provocado por el calor del principio del verano, y la expresión de agonía en los rostros de los cadáveres. Pero a lo que me agarro, en medio de toda aquella depravación, es a la humanidad de mis padres, que trataban los cuerpos con toda la dignidad que se merecían. Por primera vez en casi cuatro años de asesinatos masivos, mi padre consiguió pronunciar el *Kaddish*, la plegaria tradicional de duelo por los muertos, ante las mismas narices de los guardias, que ahí estaban, con sus metralletas dispuestas. Fue otro acto de desafío.

—Exaltado y santificado sea su nombre —entonaba mi padre.

—Amén —respondía mi madre en un susurro.

—En todo el mundo de su creación, según su voluntad. Que venga su reino, se lleve a cabo su redención y se aproxime la llegada del Mesías.

—Amén.

—En vuestra vida y en vuestros días, y en vida de toda la Casa de Israel, con prontitud, y digamos amén.

—Amén. Que su gran nombre sea bendito por siempre y para toda la eternidad —susurraba mi madre.

—Que su gran nombre sea bendito por siempre y para toda la eternidad. Bendito y alabado, glorificado, exaltado y ensalzado, honrado, adorado y loado sea el nombre del ser sagrado, bendito sea.

—Amén.

—Por encima de todas las bendiciones, himnos, alabanzas y consolaciones que se pronuncien en el mundo, y digamos amén.

—Amén.

—Que haya abundante paz de los Cielos, y una buena vida para nosotros y para todo Israel, y digamos amén.

—Amén.

—Él, que hizo la paz en su Cielo, que haga también la paz para nosotros y para todo Israel, y digamos amén.

—Amén.

Mis padres rezaban aquella oración mientras echaban tierra a paletadas encima de los cuerpos, y los guardias no eran conscientes de que se estaba cumpliendo una importante tradición judía. Estoy segura de que, en esos momentos, mi madre y mi padre pensaban en sus padres y en otros miembros de la familia que habían muerto asesinados. Quizás hubieran recitado el *Kaddish* en la privacidad de nuestras atestadas habitaciones, primero en el gran gueto, y luego en el Bloque. No estoy segura. Pero nunca antes había oído aquella oración. Y eso a pesar de que, por la parte de mi madre, descendía de un largo linaje de estudiosos teológicos hasídicos. Yo no tenía ni idea de lo que estaban diciendo y haciendo mis padres (aunque reconocía lo conmovedor que resultaba), cosa que demuestra lo difícil que era practicar nuestra fe durante la ocupación. Me parece extraordinario que mi primera experiencia consciente de un ritual religioso judío fuera después de un crimen de guerra, en presencia no del rabino, sino de soldados nazis, que podrían habernos matado sin pensarlo dos veces. Mirando hacia atrás, me parece asombroso que alguien pudiera alabar a Dios en un tiempo como aquel.

Cuando acabaron los enterramientos, fuimos al interior de las casas. Lavamos todas las manchas de sangre. Recogimos fragmentos de hueso. Limpiamos las cocinas. Barrimos los suelos. Desinfectamos los cuartos de baño. Hicimos las camas. No debíamos dejar rastro alguno, bajo pena de muerte. Yo estaba siempre al lado de mis padres, ayudándolos en todo lo que podía.

Nos costó tres meses sanear la escena del crimen de los nazis. Acabamos la primera semana de septiembre, tres días antes de mi quinto cumpleaños.

—Hemos sobrevivido a nuestra utilidad —oí que le susurraba mi madre a mi padre—. No nos queda nada que hacer. Ahora estamos condenados. Seguro que nos matan.

Cuatro años más tarde de septiembre de 1939, cuando habían entrado en Tomaszów Mazowiecki, los alemanes habían cumplido la declaración de intenciones del movimiento nacional socialista de Hitler. Habían limpiado étnicamente a los judíos del todo. Una comunidad vibrante y muy culta que existía desde hacía más de doscientos años se había extinguido por completo.

Los alemanes tenían una frase para expresarlo.

Tomaszów Mazowiecki estaba ahora *Judenrein*. Limpia de judíos.

Solo doscientos judíos de Tomaszów Mazowiecki sobrevivieron al Holocausto. Después de la guerra, algunos regresaron a sus antiguos hogares para intentar encontrar a parientes perdidos. Sin embargo, los recuerdos de lo ocurrido eran tan oscuros que todos acabaron estableciéndose en otros lugares.

Con todo, hoy en día, todavía encontramos cierta presencia judía en la ciudad: en el cementerio judío, lleno de maleza, donde yacen tantos parientes míos, y en los jardines del Bloque, en esas cuatro calles, Wachodnia, Pierkarska, Handlova y Jerozolimska. Es un lugar que odio, por lo que ocurrió allí. No obstante, para mí, ese diminuto rincón del mundo será siempre tierra sagrada.

8

El campo de la muerte amarilla

Campo de trabajo de Starachowice, en la Polonia central
ocupada por los alemanes, otoño de 1943-verano de 1944

Cinco años

*E*l golpe en la puerta de la culata de un rifle, acompañado por una retahíla de órdenes en alemán, exigía nuestra plena atención.

—Os trasladamos. Podéis coger solo una maleta. Tenéis que estar en el *Appellplatz* dentro de cinco minutos. Deprisa.

Habían venido a por nosotros otra vez. Los esperábamos. Pero, aun así, sentimos una descarga eléctrica. Todos nos retorcíamos como si nos hubieran electrocutado. Después de cuatro años de ocupación, teníamos muy pocas pertenencias. Aun así, mis padres metieron ropas y otros artículos importantes en las maletas todo lo rápido que pudieron.

Salimos por la puerta sin mirar atrás, y nos dirigimos hacia el punto de reunión. Los otros supervivientes que quedaban en Tomaszów Mazowiecki aparecieron en la calle con aspecto aprensivo. ¿Qué ocurre? ¿Era eso el final?

Más allá podía ver un camión de plataforma del Ejército alemán con una cubierta de lona; escupía negros gases del tubo de escape mientras el motor permanecía al ralentí. La puerta trasera estaba bajada. Íbamos andando deprisa por el empedrado y yo levanté los ojos hacia mi padre, que intercambió una mirada ansiosa con mi madre.

Jamás había estado dentro de un camión, pero los había visto desde la ventana. Miré de nuevo a mi madre. Su rostro la delataba. Habían visto esa misma escena desarrollarse ante sus ojos muchas veces desde que se formó el gueto, y solo raramente los deportados alcanzaban el destino que mencionaban los alemanes. Los nazis eran unos mentirosos. Aunque enviaban a la gente a la muerte, siempre hacían que pareciera que los judíos iban a un lugar mejor. Ofreciéndoles un poco de esperanza, les era más sencillo proceder con su matanza industrial con relativamente poco escándalo. La esperanza era cómplice del asesinato.

Mi madre se subió a la caja del camión primero. Mi padre le tendió las maletas. Y luego me levantó a mí y me puso en brazos de mi madre. No había demasiado espacio debajo de la lona. Los asientos en forma de banco estaban ocupados por otros supervivientes del gueto y soldados equipados para la batalla. Tuvimos que sentarnos en el suelo, encima de nuestras maletas. Otros soldados que nos custodiaban levantaron la portezuela trasera. Nadie dijo nada mientras colocaban de nuevo en su lugar los cerrojos con sus cadenas que cerraban la parte trasera del camión. Mis padres se miraron entre sí e intentaron no mirar a los ojos a los alemanes.

Era la primera vez que yo estaba al otro lado del alambre de espino. La curiosidad me abrumaba mientras íbamos rebotando por la calle. Ahora sé que nos dirigíamos hacia el sol. Íbamos hacia el sudeste. Desde mi lugar privilegiado, encima de la maleta, acurrucada al lado de mi mamá, apenas veía por encima de la puerta trasera, pero me atraía ver el paisaje mientras la ciudad de Tomaszów Mazowiecki desaparecía detrás de nosotros. Había campesinos trabajando en los campos, cargando paja en unos carros tirados por caballos. Por aquel entonces yo no comprendía qué estaban haciendo, ni sabía que aquel era el aspecto que tenía la vida normal. Tales eran los límites de la experiencia de una niña en el interior del gueto.

Después de avanzar un rato, noté que mis compañeros pasajeros exhalaban un suspiro de alivio colectivo. No sabía por qué había cedido la tensión. Pero ahora sí que lo sé. Nos llevaban más allá del cementerio judío. Y no nos habíamos parado. Quizás aquella vez los alemanes estuvieran diciendo la verdad. Tal vez sobreviviéramos a aquel día. Y nos despertáramos al siguiente. Quizá nos estuvieran llevando realmente al destino establecido: Starachowice.

Seguimos rebotando arriba y abajo encima de nuestras maletas, en solemne silencio. Mis compañeros pasajeros iban de duelo. Habían dejado atrás el hogar de su niñez, a padres, esposas, hijos y amigos asesinados, algunos de ellos sin tumba conocida, aunque sus cuerpos yacían cerca de las tumbas de generaciones de antepasados suyos, en el cementerio judío. ¿Volverían alguna vez para colocar piedras encima de las tumbas, como hacen los judíos para indicar que no olvidan a sus muertos? Nos estaban exiliando de nuestra historia. Un pueblo que pierde su pasado se enfrenta a un futuro desolador.

Yo me sentía afortunada. Aún tenía a mi madre y a mi padre. Me apreté mucho contra mi mamá, buscando consuelo en su aroma y en la forma familiar de su cuerpo. Una sensación de seguridad y el hipnótico ronroneo de las ruedas me acunó hasta que me dormí. Una vez me desperté de golpe, y mi madre me dio un trozo de pan.

Después de dos o tres horas viajando a un paso tranquilo, nuestro recorrido llegó a su fin. Desde la parte de atrás del camión vi a unos soldados cerrando unas puertas de seguridad detrás de nosotros; cuando nos adentramos más en el campo, el panorama de nuestra nueva prisión se reveló ante nosotros. Estaba rodeada por unas verjas de alambre de espino muy altas, igual que aquellas que rodeaban el gueto en Tomaszów Mazowiecki. Pero unas altas torres de vigilancia en posiciones estratégicas en torno al perímetro lo hacían significativamente distinto. Las vi de inmediato. Los puntos de vigía que había en la parte superior estaban equipados con unas armas mucho más grandes de las que jamás había visto. Los guardias, parapetados en sus puestos de vigilancia, tenían los ojos sobre nosotros mientras íbamos avanzando.

—¿Ves esas torres y esas armas, Tola? —susurró mi madre—. Desde ahí, los guardias pueden verte. Debes comportarte siempre de tal manera que no te disparen.

—Sí, mamá.

El camión se detuvo en medio de una plaza abierta.

Después de desmontar, todos los que íbamos en el camión fuimos repartidos por aquel nuevo y siniestro campo de trabajo. Un guardia con una metralleta nos condujo a nuestro alojamiento. Después de tres años viviendo en unas habitaciones sórdidas y superpobladas, no teníamos ni idea de lo que podíamos esperar.

Nos habíamos acostumbrado a que nuestras condiciones se deterioraran constantemente, de modo que fue una agradable sorpresa descubrir que nos habían dado una habitación para nosotros solos.

Y aún más asombroso era el hecho de que, por primera vez en mi vida, tenía mi propia litera. Estábamos en el barracón de las familias. Al parecer, a los judíos se les proporcionaban unos alojamientos razonables porque eran los mejores trabajadores de las fábricas, más productivos que los civiles polacos a los que obligaban a trabajar allí. También nos informaron de que la calidad de nuestra comida mejoraría.

¿Qué lugar era aquel tan extraordinario? ¿Por qué sus condiciones eran mejores que las que había en Tomaszów Mazowiecki, a solo cien kilómetros de allí?

Dentro de la ciudad de Starachowice había cuatro campos de trabajo que proporcionaban trabajadores para un complejo armamentístico e industrial en expansión. Era un componente crítico de la maquinaria de guerra nazi, que suministraba un tercio de todas las municiones para todas las ramas del Ejército alemán. Había una enorme planta de acero, conectada a una amplia gama de líneas de producción que manufacturaban casquillos para la artillería y bombas, granadas de mango y balas de diversos calibres. El aire estaba muy contaminado por los hornos y los productos químicos que eran parte integral de la industria del armamento. El humo de las chimeneas se veía acompañado por el chirrido en baja frecuencia de la maquinaria pesada. La guerra quizás estuviera muy lejos de Starachowice, pero allí no había mucha paz que digamos. La sala de máquinas de la agresión alemana jamás descansaba. No había forma de escapar a su sempiterno zumbido.

En ese momento, el factor más crítico para mi familia era que mi madre y mi padre fueran útiles. Quizá fueran trabajadores esclavos, pero su habilidad en el trabajo nos confería un escudo protector, aunque sin garantía alguna.

Con el beneficio de la visión retrospectiva de casi ochenta años, ahora es posible decir que la actitud de los alemanes que dirigían Starachowice nos proporcionó un salvavidas. Eran mucho más pragmáticos que los nazis de Berlín, comprometidos ideológicamente con la aniquilación completa de los judíos. La preocupación principal de los directores de Starachowice era cumplir los objetivos de producción y asegurarse de que los suministros de munición para la *Wehrmacht* (el Ejército alemán) se mantenían.

Después de la victoria del Ejército Rojo en Stalingrado unos meses antes, las fuerzas alemanas estaban ocupadas en una acción de retaguardia muy debilitante. La confianza soviética iba en aumento, así como las tasas de producción en la industria de las armas comunista. La tasa de desgaste, a lo largo del Frente Oriental, de mil trescientos kilómetros de largo, donde los dos poderosos chocaban, era atroz. La cantidad de munición que necesitaban los alemanes requería un reabastecimiento constante.

Así pues, la sencilla lógica de Starachowice era que las fábricas de munición requerirían un suministro constante de trabajadores para mantener las líneas de producción operativas. Si enviaban a gran número de trabajadores a las cámaras de gas, la producción fallaría, igual que lo haría el ejército alemán.

Por tanto, tenía sentido mantener vivos a los judíos. En aquel pequeño rincón del Tercer Reich éramos muy afortunados de que hubiera algunos alemanes influyentes lo bastante atrevidos como para desafiar a los fanáticos de Hitler.

Pero eso no significa que estuviéramos a salvo. En absoluto. Ahora nos encontrábamos aislados de nuestros amigos de Tomaszów Mazowiecki. Allí sabíamos en quién podíamos confiar: llevábamos toda la vida entre ellos. Disponíamos de una red en la que podíamos apoyarnos. Aquí, en cambio, éramos unos desconocidos, igual que todos los demás. Teníamos que andar con mucho más cuidado. Los guardias que rodeaban Starachowice y estaban apostados en las torres eran voluntarios ucranianos. Se habían unido a las fuerzas nazis por su propia y libre voluntad, porque compartían su odio patológico hacia los judíos. Es más, los ucranianos incluso eran mucho más fanáticos que algunos alemanes. No dudarían en matarnos si se les daba la menor oportunidad.

Mientras deshacíamos el equipaje y nos instalábamos, mamá estableció las normas para asegurarse de que yo seguía con vida.

—Tu padre y yo estaremos fuera la mayor parte del día. Trabajaremos en la fábrica de munición. Tú te quedarás sola, y serás responsable de tu propia seguridad. Durante el día, alguien te dará algo de comer, y nosotros te daremos algo más cuando volvamos por la noche.

Iba a ser una experiencia radicalmente nueva. Nunca había estado sola. No conocía a nadie, aparte de Rutka, una de mis amigas de Tomaszów Mazowiecki, que estaba entre aquellos a quienes habían llevado a Starachowice. Pero no tenía ni idea de dónde se alojaban ella y su familia. Resultó que durante todo el tiempo que estuvimos prisioneros en el *Arbeitslager* (campo de trabajo), no vi ni una sola vez a Rutka. Así de grande era.

La noche del 5 de septiembre de 1943, yo podía haber dormido sola por primera vez en mi vida. Pero no me atreví, así que me metí en la cama con mis padres.

A la mañana siguiente, antes de irse a trabajar, mamá me repitió las normas sociales de Starachowice.

—Tienes que hacer todo esto que te digo. Si no lo haces, los alemanes te matarán. ¿Lo entiendes?

—Sí, mamá.

—Apártate siempre a un lado cuando pase junto a ti un alemán. No corras, solo apártate a un lado.

—Sí, mamá.

—Hagas lo que hagas, no los mires a los ojos. No debes hacerlo. Mira a otro sitio. Por ejemplo, su cinturón. No más arriba. Y si llevas la cabeza tapada con un pañuelo o un sombrero, tienes que quitártelo. Y lo último de todo: tienes que llevar las manos a la espalda, cogidas entre sí. ¿Lo has entendido? ¿Estás segura?

—Sí, mamá.

Para asegurarse de que esa conducta de sumisión se arraigaba en mí como una segunda naturaleza, practicaba conmigo cada día antes de dirigirse a la fábrica. Me despertaba a las cinco de la mañana y fingía que era un alemán que entraba haciendo ruido en la habitación, como si llevara unas botas. Yo hacía exactamente lo que ella me había enseñado: me apartaba de su camino, inclinaba la cabeza y me ponía las manos a la espalda.

Entonces mis padres me daban un beso y se subían a uno de los camiones que los esperaban. La fábrica donde trabajaban estaba a media hora de distancia. Apenas había amanecido, y yo no volvía a verlos hasta muy tarde por la noche.

Podría haberme quedado sola en el barracón, pero el silencio me asustaba. Todos los adultos se habían ido a trabajar; al principio, yo no veía ni oía a ningún otro niño. Aquel lugar parecía totalmente vacío. Así que salía fuera, porque me sentía más segura, aunque los ucranianos me vigilaban desde las torres. Otros niños habían tomado la misma decisión. No vi a muchas niñas, pero sí que vi a un grupo de niños que corrían y jugaban a juegos bruscos, bajo la mirada de los guardias.

Cuando intenté unirme a los juegos de los chicos, solo me aceptaron si yo hacía de judía. Todos ellos eran judíos y siempre querían ser los nazis. (Los niños suelen identificarse con el agresor, y habiendo estado expuestos a semejante conducta, no resulta sorprendente que los chicos quisieran replicar el poder y la supremacía de los alemanes). Al ser niña y más pequeña, nunca tuve la oportunidad de hacer de nazi. Y como no podía luchar, siempre era la víctima. Fingían que unos palos eran rifles, y yo tenía que correr todo lo rápido que podía, y ellos me perseguían, haciendo ruido de disparos y gritando: «Alto, sucia judía. Si no, te mataremos».

Si me cogían, me golpeaban suavemente con unos palitos. A veces, uno de los chicos se dejaba llevar, se olvidaba de que era solo un juego y me hacía daño. Entonces yo salía huyendo y me escondía entre los barracones, y esperaba hasta que mis padres volvían a casa. O bien me iba corriendo a nuestro edificio y me escondía debajo. Pero pronto se me olvidaba el dolor. Yo prefería estar fuera con los otros niños y arriesgarme a recibir algún golpe. Era más importante para mí tener una relación, la que fuera, que no tener ninguna. En ese momento, prefería estar asustada que estar sola. Los psicólogos dirían que presentaba las características de alguien que tenía una relación abusiva. Pero eso, en lo que respecta a describir mi vida en aquellos tiempos, es solo un eufemismo.

Representar nuestras tribulaciones diariamente en nuestros juegos nos ponía más hambrientos de lo habitual. A veces, durante el día, alguien nos daba algo de comida. Solía ser un trozo de pan o algo de sopa. Pero nunca resultaba bastante, y teníamos hambre constantemente. Solíamos dirigirnos a un edificio donde había una cocina, y rebuscábamos en los cubos de la basura. Raramente encontrábamos algo comestible, pero si lo hacíamos, lo devorábamos. Pero al final del día de trabajo yo estaba segura siempre de que iba a comer algo. A mis padres les daban de comer durante su turno en la fábrica. La dirección alemana quería que sus esclavos mantuvieran altos sus niveles de energía. Y mamá siempre guardaba algo para mí.

Mientras tanto, íbamos representando nuestras fantasías de niñez bajo la mirada vigilante de los guardias ucranianos en sus torres. Aunque parecían amenazantes, nunca vi que abrieran fuego. Pero existían recordatorios frecuentes de que la frontera entre la vida y la muerte en Starachowice se encontraba en el filo de la navaja.

Cierto día convocaron a todo el mundo del campo a la plaza central, la *Appellplatz*. Había altavoces en todo el complejo, y el tono de la voz áspera que hizo el anuncio no dejaba lugar a dudas. La asistencia era obligatoria.

—Voy a llevarte y te demostraré lo que puede ocurrirte si no sigues las normas —me dijo mamá—. Y lo hago porque yo no puedo estar aquí para cuidarte. Tienes que cuidarte tú sola.

Centenares de personas entraron arrastrando los pies en la plaza, con aire nervioso. Me agarré a la mano de mamá lo más fuerte que pude. Los ojos de todo el mundo estaban clavados en una mujer atada a un poste con una cuerda. Tenía las manos sujetas a la espalda.

Llevándose un megáfono a la boca, un oficial uniformado explicó la naturaleza de su «delito». A ojos de los alemanes, la mujer había roto una de las normas fundamentales del campo de Starachowice. No había mostrado el debido respeto.

La mujer había tenido la audacia de enfrentarse cara a cara con un soldado alemán dentro del campo. Había mantenido el contacto visual y se había negado a cederle el paso. Como niña, me sentí escandalizada de que una adulta no hubiera seguido las normas tan bien como mi mamá, y se hubiera comportado mal. Solo había una sentencia posible para un acto de desafío tan obstinado.

Mamá me apretó la mano y susurró:

—¿Recuerdas lo que te he enseñado? Mira.

La mayoría de las madres habrían instado a sus hijos a apartar la vista, o les habrían tapado los ojos con la mano para protegerlos y que no vieran más atrocidades. Pero mi mamá no. Aquellos eran tiempos extraordinarios, y mamá estaba haciendo todo lo posible para mantenerme con vida. Intentaba enseñarme que todos los actos conllevan consecuencias, y yo tenía que verlo por mí misma, para comprender la realidad del mundo en el que habitábamos.

Vi al oficial acercarse a la mujer. Sacó la pistola de su funda y le disparó en la cabeza a bocajarro. Ella se derrumbó y cayó al suelo. Su marido y sus tres hijos chillaron y corrieron sollozando hacia su cuerpo, que yacía contorsionado alrededor del poste. Los cuatro cayeron al suelo junto a ella, balanceándose hacia delante y hacia atrás y llorando histéricamente. La multitud se dispersó y los dejó con su dolor.

Me volví hacia mi madre y susurré:

—Mamá, ¿me prometes que obedecerás todas las normas?

Ella asintió y replicó:

—Y tú también lo harás.

Aquella noche el silencio descendió sobre el campo mientras la gente pensaba en la ejecución y en lo que ello conllevaba. También allí, aunque los judíos fueran útiles como trabajadores esclavos, en última instancia resultaban prescindibles.

A lo largo de los meses que siguieron cada vez volvía menos gente a casa desde las fábricas. Había accidentes industriales en la fábrica de acero. Algunos morían en las plantas de armas, por la exposición a productos químicos tóxicos.

—Algunos trabajadores son descuidados —decía mamá—. Inhalan polvo amarillo que destruye sus pulmones. Hay que estar siempre en guardia, incluso en el trabajo.

Recuerdo que la llamaban la «muerte amarilla». Ahora comprendo que las víctimas fueron envenenadas por TNT, el componente explosivo de las bombas y los proyectiles. Probablemente poco podían hacer los trabajadores esclavos para protegerse de aquellas sustancias químicas, más allá de taparse la cara con un trapo húmedo.

Casi cada noche mis padres tenían una conversación similar: mientras fueran cuidadosos y resultasen útiles, los mantendrían con vida. Pero ¿cuánto duraría eso?

El tiempo pasaba muy despacio en Starachowice. Llegó un invierno largo y helado, y se fue. Mi rutina no parecía variar nunca. Lo más importante para nosotros como familia era que todavía seguíamos vivos y juntos, aunque mis padres pasaban la mayor parte de sus horas de vigilia en la planta de la fábrica.

El mayor inconveniente era nuestra hambre creciente. La cantidad de comida que nos daban empezó a menguar. Yo no tenía forma de medir el tiempo, aparte de una sensación innata de cuándo esperaba que me alimentasen. Mi estómago era un reloj muy fiable. Esperaba con ansia la hora de la comida, cuando Rivka, una mujer judía embarazada que vivía en los barracones familiares, nos proporcionaba unas pequeñas raciones de sopa y pan. Normalmente, después de comer volvíamos a nuestros violentos juegos de «Atrapa al judío».

Sin embargo, una tarde, en la primavera de 1944, cuando yo tenía unos cinco años y medio, Rivka nos mantuvo con ella mucho más rato. Recuerdo bien aquel día. Era soleado y cálido. En el suelo, junto a nuestra mesa, Rivka había construido una cocina improvisada colocando un cuadrado de ladrillos cubiertos con un trozo de hojalata. Tenía el espacio suficiente para hacer un pequeño fuego con papel y ramitas. Teníamos un plato de campaña cada uno, en el que ella puso algo de harina. Mezcló otro poco de harina y agua en su propio plato y formó una masa sencilla. Luego vertió la cantidad justa de agua en nuestros platos y dijo: «Ahora haced lo mismo que he hecho yo. Procurad que la harina esté húmeda, y la masa quede lo más suave posible».

Todos los niños siguieron sus instrucciones. Recuerdo la sensación de alegría de que nos enseñaran algo nuevo, y que tenía los dedos pegajosos.

—Ahora aplastad bien la masa con los puños, hasta que quede lo más lisa posible. Con las manos id quitando cualquier bulto. Tiene que ser lo más plana que podáis.

Entonces nos enseñó a coger un tenedor y a hacer unos agujeros en la masa.

—Niños, tenéis que hacerlo lo más rápido posible. Deprisa.

Todos respondimos a la urgencia en su voz. Supuse que nos empujaba a ir rápido porque lo que estábamos haciendo era ilícito. Por el rabillo del ojo veía las torres de vigilancia. Sus metralletas apuntaban en nuestra dirección. Tenía miedo de que los soldados nos hiciesen daño si no trabajábamos lo suficientemente rápido.

Por turnos, Rivka puso cada uno de los platos de campaña encima de las llamas. La masa se cocinaba muy rápido, y el producto final olía deliciosamente. Yo quería regodearme con el mío de inmediato.

—Y ahora, niños, ya sé que os estáis muriendo de hambre —dijo ella—, pero no podéis darle ni un bocado. Bajo ninguna circunstancia. Lo que tenéis que hacer es llevarlo a casa, a vuestros padres, y compartirlo esta noche. ¿Lo entendéis?

Aquello sí que resultaba complicadísimo, porque Rivka tenía razón: me moría de hambre. Sin embargo, por aquel entonces, obedecer era una suerte de segunda naturaleza para mí.

Como de costumbre, mis padres volvieron al barracón familiar muy tarde. Quizá fueran las diez o las once de la noche. Yo me había dormido agarrada a mi creación. Me despertaron suavemente.

—Mirad lo que he hecho para vosotros —dije, henchida de orgullo.

Mi padre rompió la galleta en tres trozos iguales, y luego pronunció una oración. Mi madre se echó a llorar.

—Ah, es la primera noche de Pascua —sollozaba.

Mamá había trabajado tan duro en la fábrica de armas que había perdido la noción del tiempo.

—¿Te acuerdas de la Pascua del año pasado? —le preguntó a mi padre.

—Sí —respondió él—. Fue el día que empezó el levantamiento del gueto de Varsovia.

—Cuántas cosas han ocurrido desde entonces —dijo mamá—. Sencillamente, no puedo creerlo.

—Y no teníamos *matzah* para repartir —apuntó mi padre—. Pero todavía teníamos familia y amigos. Gracias, Tola, por este maravilloso y delicado regalo.

Las lágrimas corrían por las mejillas de mamá, al pensar en la pérdida de su familia y en las celebraciones de Pascua del pasado.

La Pascua es una de las festividades más importantes del calendario judío. Cada primavera celebramos que Moisés encabezó la huida de Egipto de los hijos de Israel después de doscientos años de servidumbre. La esencia de esa historia es la liberación, y el *matzah* simboliza las penalidades de la esclavitud y la huida del pueblo judío hacia la libertad. Lo llamamos el pan de la aflicción.

La Pascua, durante los años del Holocausto, fue especialmente emotiva. Resulta duro imaginar cualquier otro tiempo en la historia entera del pueblo judío en que su simbolismo evocara más dolor.

Cuando miro atrás, me doy cuenta de que mientras dejaba que el pan ácimo se deshiciera en mi boca, saboreando el sabor y la cápsula de tiempo que estaba creando, comprendí que determinados alimentos tienen un significado espiritual que trasciende la noción de combustible para el cuerpo.

Por primera vez en mi vida estaba comiendo algo que era combustible para el alma. Cuando Rivka nos dijo que nos diéramos prisa no era porque los guardias fueran a dispararnos, aunque, si hubieran sabido lo que estábamos haciendo, quizá se habrían sentido tentados. Era porque la tradición judía dicta que el proceso de hacer el *matzah* se concluya en solo dieciocho minutos, desde el primer momento en que se prepara la masa hasta el momento en que se hornea. Estábamos replicando la experiencia de nuestros antepasados, todos esos siglos antes: por aquel entonces, los ingredientes del *matzah* eran las únicas provisiones que tenían los judíos, y no tenían tiempo de dejar que su masa levase, mientras preparaban la huida. El mensaje es que confiaban en que Dios los proveyese. Y no les falló.

Preparar *matzah* en tiempos de guerra, bajo las mismas narices de los guardias, era una lección con diversas capas de significado que ha permanecido conmigo toda mi vida. No solo fue un acto de autodeterminación y sedición, sino que Rivka también estaba inculcándonos dignidad y autorrespeto. Los alemanes nos estaban exterminando, pero, mientras hubiera niños que comprendieran las tradiciones que formaron nuestra identidad, nuestro pueblo tenía la oportunidad de renacer algún día, en el futuro.

El 7 de abril de 1944, en los barracones familiares de Starachowice, rodeados por alambre de espino, torres de vigilancia y fascistas ucranianos de gatillo fácil, mis padres se preguntaban cuánto tiempo más tendríamos que soportar aquella esclavitud. Mientras mi pequeña familia se acababa las últimas migas de nuestro *matzah* en lo más profundo y oscuro de la Polonia central ocupada, la pregunta que flotaba en el aire era: ¿cuándo nos liberará Dios del mal de los nazis? Pero no se esperaba que fuera de inmediato.

De hecho, la vida estaba a punto de volverse mucho más precaria. Y yo era el canario en la mina de carbón que detectaba que el aire se estaba volviendo tóxico. Entonces no me daba cuenta, pero las largas horas que pasaba separadas de mis padres me ayudaron a endurecerme para la vida callejera. Estaba desarrollando un núcleo interno autosuficiente e independiente. Era muy observadora, y mi radar para detectar posibles problemas mejoraba a cada día que pasaba. Poco sabía yo que aquellas habilidades pronto se volverían inestimables.

Vagando con relativa libertad dentro de los confines del alambre de espino, empecé a darme cuenta de que la gente desaparecía. Paseaba por las zonas familiares, buscando amigos con los que jugar, y descubría que cada vez había más habitaciones vacías. La mayoría de las puertas estaban abiertas de par en par, y cuando entraba dentro, comprendía lo que había ocurrido. El gueto me había aleccionado bien. Veía los muebles abandonados, los juguetes, la ropa, y sabía que toda esa gente nunca volvería.

De vez en cuando encontraba algo de comida que se habían dejado. Me la comía, pero no tocaba nada más. Me preocupé mucho cuando fui en busca de una de mis amigas más íntimas, al otro lado de la plaza principal, y no la encontré a ella ni a su familia. Los otros alojamientos que quedaban cerca también permanecían silenciosos. Les di la noticia a mis padres cuando volvieron a casa aquella noche.

—Ya lo sabía —me dijo mi madre, jadeando—. Probablemente, se han llevado a toda la calle. Los rumores de la *Selektion* deben de ser ciertos.

—Tenemos que encontrar un escondite —apuntó mi padre.

Unos pocos días después, a primera hora de la mañana, justo cuando ellos tenían que empezar su turno en la fábrica de municiones, oímos que los SS estaban reuniendo a los niños de los barracones familiares.

—Rápido, que vienen. Tienes que esconderte —gritó papá.

Vi que abría una trampilla que había creado en el techo. No me había dado cuenta de que estaba allí. La había camuflado con unas perchas y ropa colgada. Papá se puso de pie en una cama, me levantó y me empujó por el agujero entre el techo y el tejado inclinado. Miré hacia abajo y vi que mamá se metía también apretadamente por la trampilla, empujada desde atrás por mi padre.

En cuanto ella hubo subido, él cerró la trampa y arregló de nuevo las ropas que quedaban debajo. Me acurruqué en el regazo de mi madre y ella me puso la mano encima de la boca. No sabía que su mano pudiera tener tanta fuerza. Me sujetaba la cara como si la tuviera metida en un cepo.

—Tola, tienes que quedarte muy callada —dijo—. Es esencial. No hagas ningún ruido. Si lo haces, las dos moriremos.

Gruñí una respuesta indescifrable. Entonces oí que se abría de golpe la puerta de nuestro barracón, junto con la terrorífica mezcla de ruido de botas que recorrían el suelo, órdenes guturales y armas amartilladas. Mi padre había cerrado la trampilla justo a tiempo.

A través de las delgadas tablas del techo, oí que los soldados le gritaban.

—Te hemos dicho que salieras. ¿Por qué estás aquí todavía? ¡Fuera!

—Sí, ya voy.

Oímos que papá salía de la habitación. De repente, el estampido de una detonación a través del techo. Noté que una rociada de balas pasaba silbando en torno a mi cuerpo. Algunas de ellas dieron en las vigas del tejado, por encima de mi cabeza. Yo quería gritar, pero mi madre me había apretado la mano con tanta fuerza encima de la boca que no habría podido emitir ni un solo sonido, aunque hubiese querido.

La respiración de ella era lenta y tranquila. Exhalé en sincronía con mi madre. Al final oímos que los soldados salían de la habitación y mamá relajó su presión. Se veía una rendija de luz a través de una madera podrida del tejado, y pude mirar hacia la plaza. Vi claramente a unos soldados que empujaban a los niños y los metían en camiones. Creo que eran de las SS, ya que parecían iguales a las tropas de la masacre de la iglesia de San Wenceslao, en Tomaszów Mazowiecki.

Vi a los niños con los que jugaba. Todos tenían en torno a mi edad: cinco, seis, siete años. Era la *Kinderselektion*. La selección infantil. Era su momento de morir porque los nazis estaban liquidando el campo, y no tenían sitio para niños. Lo estaban haciendo *Kinderrein*. Limpio de niños.

Las madres suplicaban en vano cuando las separaban de sus hijos. Todavía oigo sus gritos si cierro los ojos y recuerdo mentalmente aquella escena. Algunos padres intentaban meterse en los camiones con sus hijos. Con las armas levantadas, los soldados los obligaban a retroceder. Los padres luchaban por la vida de sus hijos contra toda probabilidad.

Hay una imagen que nunca olvidaré. Una madre estaba forcejeando con un soldado. En medio se encontraba un bebé. La madre agarraba la parte superior del cuerpo del niño bajo los brazos, mientras aquel bruto de uniforme tiraba de las piernas del crío con todas sus fuerzas. Ninguno de los dos cedía. Ejercieron tanta fuerza que el bebé acabó desmembrado.

Arrojaron los trozos del cuerpo del bebé al camión. Era lo más horrible que había visto en mi vida, y me ha producido pesadillas hasta hoy. Aunque he hecho lo posible por bloquear esa imagen, vive alojada en lo más profundo de mi cerebro. Nunca hablé de ese incidente con mi madre, para intentar mantenerlo a raya, pero sigue volviendo a mí y me persigue.

El infanticidio es el acto de guerra más despreciable. Los alemanes estaban imitando a los imperios más malvados desde el principio de los tiempos, que aplastaban el espíritu de sus enemigos y sus esperanzas de futuro asesinando a sus hijos.

El grito de la madre fue lo más espantoso que he oído en mi vida. Yo sabía que se suponía que tenía que permanecer callada, pero ante semejante barbaridad, mi autocontención falló. Como siempre, mamá iba un paso por delante y apretó la mano aún con más fuerza, ahogando el grito que me salía a la garganta.

Fui mirando por el hueco del tejado hasta que la redada hubo terminado. Tendría que haber apartado los ojos, pero algo en mi interior me obligaba a presenciarlo. Las discusiones y los lamentos en una mezcla de alemán, polaco y yidis parecían interminables, pero solo iba a haber un resultado. Los camiones se alejaron y, no mucho después, estallidos distantes de fuego de metralleta perforaron el aire de finales del verano. Mis compañeros de juego cayeron en una fosa común excavada por sus propios padres aquella misma semana. Mi padre había estado entre ellos. No solo le obligaron a cavar una tumba para sus padres, sino que a punta de pistola tuvo que cavar también una tumba para su hija. Yo. Pero de alguna manera consiguió engañar a la muerte. Una vez más. Los nazis nos usaban para enterrar a nuestra propia gente. Para mí, Polonia no es nada más que una fosa común para los judíos.

Finalmente, cuando la conmoción hubo amainado, mi padre volvió a nuestra habitación. Abrió la trampilla del espacio del tejado y nos ayudó a bajar a mamá y a mí. Yo tenía la cara negra y azul por lo mucho que me había apretado mi madre. Los cardenales me duraron semanas.

El asesinato en masa de los niños de Starachowice cambió mi modo de vida de inmediato, y la luz desapareció de mi mundo.

—Tola, ya no puedes volver a jugar fuera —me dijo mi mamá—. Es demasiado peligroso para ti. Ya has visto lo que les ha pasado a los otros niños.

Yo era más prisionera que nunca. Durante horas y horas interminables, permanecía en confinamiento solitario en lo que conocía como la «habitación oscura». Semejante privación sensorial es durísima para un adulto, así que imaginen lo que sería para una niña de cinco años y medio que se ha visto expuesta durante más de cuatro años a matanzas a su alrededor. Una niña cuyas experiencias vitales eran muchísimo peores que el vuelo de cualquier fantasía pesadillesca que pueda conjeturar la mente.

Al día siguiente, vi brevemente el amanecer de un día de verano a través de la puerta abierta, cuando mis padres se fueron a su turno de trabajo en la fábrica de munición. Sabía que no los volvería a ver hasta mucho después de que se hubiera puesto el sol. Mi madre puso una manta tapando la ventana. Ni un atisbo de luz penetraba en aquella oscuridad. Yo recibí estrictas instrucciones de permanecer lejos de la ventana.

—Los guardias podrían ver tu sombra en la manta si te acercases demasiado a la ventana —me explicó mamá—. Bajo ninguna circunstancia puedes tocar la manta o asomarte fuera. Tiene que parecer que la habitación está vacía, que no hay nadie en casa. Debes ser invisible. ¿Prometes que me obedecerás?

—Sí, mamá.

—Vale. Sé valiente. Te traeremos algo de comida cuando volvamos.

Después de abrazarme, con lágrimas en los ojos, cerraron la puerta y aquel atisbo de amanecer desapareció. Yo cogí el trozo de pan que me habían dejado y me lo comí. Todavía era temprano, y me sumergí en un sueño pesado.

Cuando me desperté, empecé a preocuparme por lo que podía ocurrirme si mis padres no volvían. Nadie me encontraría. Quizás acabase muriendo de hambre. Contemplé aquella alternativa. ¿Qué pasaría si los alemanes hacían un registro y me descubrían? Yo sabía cuál sería la consecuencia. Ese pensamiento solo bastó para mantenerme apartada de la ventana.

Me quedé sentada en mi litera, debatiendo conmigo misma. Me convencí de que mis padres nunca me abandonarían. Estaba segura de su amor incondicional. Pero luego me acordé del polvo amarillo que los trabajadores inhalaban a veces, así como de las historias que contaban mis padres sobre sus colegas que sucumbían a la muerte amarilla. ¿Qué me ocurriría si ellos no tenían cuidado y acababan envenenados en la fábrica? Había tumbas cerca de la fábrica donde enterraban a las víctimas del polvo. ¿Volvería a ver a papá y a mamá? Las preguntas daban vueltas a tal velocidad en mi mente que me sentía mareada.

No tengo ni idea de cuántos días pasé sola con mis miedos en la oscuridad, mientras el verano resplandecía en Starachowice. Mi aislamiento pudo durar semanas. Yo ansiaba el sonido de otros niños, solo para tranquilizarme y pensar que no estaba completamente sola.

Aunque permanecía en silencio, me esforzaba por escuchar el mundo que quedaba más allá de la manta de la ventana. No oía voces ni risas ni llantos de otros niños, ni palabras de las madres. Empecé a preguntarme si todos los demás niños judíos del mundo estarían muertos. ¿Era yo la única que quedaba en toda la Tierra? Si era así, tenía que sobrevivir.

En mis momentos de mayor valentía, me convencí de que era mejor estar sola. Ya no tenía que jugar a «atrapa al judío» con aquellos chicos tan brutos. No tenía que salir corriendo, asustada. No tenía que soportar las palizas de sus armas de palo. Me convencí de que era afortunada por no ser una de las niñas que estaban en los camiones y a las que se habían llevado y no habían vuelto nunca más. El sonido regular de metralletas en la distancia reforzaba mi argumentación. Pero la soledad me abrumaba siempre. Mi mente empezaba a divagar. Las cosas se volvían irreales, y yo me veía separada de mis circunstancias. Ya no estaba asustada ni preocupada. Dividía las cosas por zonas.

Ahora sé que el término clínico para lo que me estaba pasando es disociación. La mente activa un mecanismo protector cuando una persona es incapaz de soportar una situación. La persona se siente desconectada de sí misma y del mundo que la rodea. Es una forma de lidiar con el estrés o con un trauma. En los casos más extremos se convierte en un desorden de la personalidad que puede durar años. Pero yo creo que la afección que me aquejaba, por aquel entonces, duró poco. Mis instintos de supervivencia eran muy fuertes, ya a aquella edad, de modo que tenía los recursos mentales para manejar la realidad cuando realmente importaba.

Sobresale un día en particular. Por una vez no estaba en confinamiento solitario. Mi madre se había quedado en casa, no sé por qué motivo. Antes de la *Kinderselektion* solía hablar vivamente con mis padres cuando estábamos juntos en nuestra habitación. Desde los crímenes había aprendido a hablar muy bajito, porque oficialmente no existía. Mamá y yo hablábamos entre susurros cuando oímos que se acercaba un ruido de botas. Dejamos de hablar de inmediato. Para nuestro horror, llamaron a la puerta. Por un momento, mamá quedó paralizada por la indecisión. El soldado llamó otra vez, menos paciente en esta ocasión. Mamá no tenía otro remedio, sabía que tenía que abrir la puerta.

Sin que me dijera nada, supe lo que tenía que hacer. Salté tras ella e intenté esconder mi perfil detrás de su falda, manteniendo los brazos pegados al costado y respirando lo más flojo que pude. No recuerdo la naturaleza de la conversación en el umbral, pero siguió durante un tiempo agónicamente largo. Noté el alivio de mi madre cuando el soldado se dio la vuelta y ella pudo cerrar la puerta. Aún no sé si realmente yo estaba oculta a la vista, o si el soldado me vio y decidió no dar parte. De todos modos, fue otra situación apurada.

Al día siguiente, mamá tampoco fue a trabajar. Le pregunté por qué y me dijo:

—Están cerrando el campo.

Me sentí más animada. Al menos podría abandonar la oscuridad. Saboreé la idea de salir por el umbral por la mañana y disfrutar del calor del sol en la cara, y de la brisa en el pelo.

Entonces el radar se puso en marcha. Noté que mi madre estaba inusualmente callada. Había empezado a hacer el equipaje, con la maleta pequeña. Examiné su cara. Sus ojos no se centraban en las ropas, sino en una imagen que tenía dentro de la cabeza. Parecía asombrada, conmocionada. Estaba claro que el cambio inminente en nuestras circunstancias no era benigno.

—¿Adónde vamos? —le pregunté.

—A Auschwitz.

9

Hacia el abismo

*Campo de trabajo de Starachowice, en la Polonia central
ocupada por los alemanes, sábado 29 de julio de 1944*

Cinco años

$\mathcal{D}$espués de casi cinco años de ocupación alemana en Polonia, vinieron a por nosotros con los trenes del ferrocarril de la muerte de Europa. El Ejército Rojo se estaba desplazando desde el este, y no tardarían mucho en encontrarse a una distancia asombrosamente corta de la fábrica de municiones de Starachowice. Los alemanes la cerraban y trasladaban la producción cerca de la madre patria. Los estaban empujando y apretujando. Y ellos a nosotros.

—Vamos a tener que dejar que la vean —dijo mi padre, con la ansiedad reflejada en su rostro—. No podemos mantenerla oculta más tiempo.

—No podemos hacer nada más —replicó mi madre—. No creo que nos hagan nada ni a nosotros ni a ella. ¿Por qué se iban a preocupar ahora, cuando vamos a Auschwitz?

Yo sabía que mis padres estaban hablando de mí. Notaba que el terror cundía entre ellos, mientras intentaban hacerse a la idea de que aquella vez estaban atrapados. Habíamos tenido una racha extraordinaria de buena suerte, mejor que otros millones, pero ahora, como trabajadores esclavos, mis padres habían llegado a su fecha de caducidad. Para ellos, y, por tanto, para mí, solo podía haber un resultado: el viaje de una sola dirección que habían emprendido otros millones.

Yo ya había oído antes el nombre de Auschwitz. Sabía que estaba repleto de connotaciones malignas. La gente decía aquella palabra con una combinación de miedo y respeto. Usaban el mismo tono cuando pronunciaban los nombres de Treblinka o Majdanek, otro campo de exterminio al este de Starachowice donde se estimaba que perecieron ochenta mil personas. Yo era lo bastante lista para saber que cuando la gente iba a aquellos sitios desaparecía. Pero nadie parecía saber cómo. Había oído conversaciones entre susurros, donde se mencionaba la palabra «gasear». Pero no sabía lo que significaba. Y mamá me había enseñado que, si obedecías las reglas y no hacías ninguna estupidez, como mirar a un oficial de las SS a los ojos, sobrevivías. Por tanto, ir a Auschwitz no podía albergar más horrores para mí. Llena de la inocencia y el optimismo de la niñez, creía que nos las arreglaríamos bien.

Cualquier cosa, incluso Auschwitz, era mejor que permanecer en la oscuridad en una habitación a solas durante semanas sin fin, sin poder siquiera mirar por la ventana, más allá de la manta. Además, el día era precioso. Mamá me había cepillado el pelo color castaño claro, que ahora me llegaba por debajo de los hombros. Me había hecho una raya en medio y había formado dos trenzas que me caían a la espalda. Yo notaba su peso al rebotar detrás de mi cabeza mientras salía de nuestro edificio en el campo de trabajo. Era la primera vez desde hacía meses que estaba fuera.

Mamá seguía haciendo sus tareas dentro. Había llenado la única maleta pequeña que se nos permitía llevar. Había seleccionado ropas, algunos otros artículos esenciales y unas pocas fotos pequeñas en blanco y negro de su familia, que guardaba con mimo. No importaba adónde fuésemos, mamá siempre llevaba a su familia con ella.

Mamá realizó la última tarea antes de irnos. Cogió una escoba y barrió el suelo. Estábamos a punto de viajar al lugar más mortal del planeta, y ella limpiaba una habitación a la cual nunca volveríamos. ¿Por qué hacía semejante cosa? ¿Encontraba terapéutico el hecho de barrer? ¿Tenía que hacer algo para distraer su mente del viaje que estábamos a punto de emprender? No, yo creo que lo hacía por mí. Intentaba transmitir un aire de normalidad. Estaba mostrando una considerable compostura en un tiempo de un estrés inimaginable.

Mamá estaba aparentando serenidad para el beneficio de su marido y de mí. Las mujeres son el pegamento que une a las familias. Cuando ellas se resquebrajan, las familias se deshacen. Esa imagen de mamá con una escoba permanecería en mi recuerdo para siempre. Ella lo hacía siempre todo para mi beneficio, cada minuto de cada oscuro día.

Los soldados llegaron demasiado pronto. Mis juegos al sol concluyeron. Los tres empezamos a dirigirnos a pie hacia el ferrocarril. Desde todos los rincones del campo, agarrando sus pequeñas maletas, otros presos salieron también de sus barracones y fueron en la misma dirección, como si se vieran atraídos por alguna fuerza magnética. Algunos iban solos. Otros iban con sus cónyuges. Busqué otros niños, pero no había ninguno. Quizás estuviera destinada a ser la última niña judía de toda la Tierra. De repente quise ser invisible. Después de todo, se suponía que yo no existía.

Sin embargo, ninguno de los guardias que cubrían nuestro progreso con sus metralletas pareció sentir sorpresa o preocupación alguna al ver que una niña solitaria andaba suelta por allí. A mis padres les preocupaba atraer la atención, pero, en realidad, los soldados parecían aburridos más que cualquier otra cosa.

El traslado ocurrió según lo planeado. No hubo ningún drama. Los judíos se estaban dirigiendo obedientemente hacia la negra locomotora que resoplaba y expulsaba vapor y cenizas hacia un cielo polaco sin nubes.

A lo largo de los años me he preguntado a menudo por qué no me dispararon en el acto. Probablemente supusieron que al cabo de unas horas todos nos habríamos convertido en cenizas y se dijeron: «¿Por qué desperdiciar una bala?».

Después de caminar durante unos quince minutos quizá, nos acercábamos al tren; mi valor flaqueó. Lo que me afectaba no era ver los vagones de ganado que se extendían interminablemente detrás de la locomotora. El poder de las armas ya lo conocía: tenían todo mi respeto, pero no me intimidaban.

Lo que me ponía nerviosa eran los perros. Esos pastores alemanes. Debajo del pelaje no tenían más que músculo. Estaban delgados porque los mantenían hambrientos. Los perros tiraban de sus correas, desnudando los dientes y jadeando y salivando por el calor. No querían otra cosa que correr libres. Olían nuestro miedo y querían regodearse con él. Cuando uno ladraba, todos se ponían a ladrar, y no se detenían nunca. Me silbaban los oídos por el interminable sonido de sus gruñidos.

No me atrevía a mirar a los ojos a ninguno de los soldados que rodeaban los vagones de ganado, pero observé sus expresiones desde ángulos oblicuos. Estaban facilitando el genocidio; sin embargo, sus caras no demostraban asomo alguno de pena o de empatía por las tristes criaturas que tenían ante ellos; ni un rastro de vergüenza de que sus honores de combate incluyeran conducir a indefensos esclavos a unos vagones que apenas eran aptos para el ganado. Pero, por supuesto, su conciencia (si es que por casualidad tenían una) disponía de una cláusula de escape. Ellos se limitaban a seguir órdenes.

Mamá me cogió y yo envolví las piernas en torno a ella. Al agarrarme, el pecho de mi madre subía y bajaba. Levanté la vista hacia mi padre, para tranquilizarme, y vi algo que nunca antes había visto, excepto cuando ayudó a sus padres a ir hacia su propia muerte: estaba llorando. Me besaba el pelo y susurraba que fuera buena. Con las lágrimas corriendo por sus mejillas, se despidió de mamá con un beso. Estaban convencidos de que los enviaban al olvido. Además, por si fuera poco, tenían que separarse por primera vez desde 1936, cuando se habían casado.

Los alemanes pusieron fin a su despedida. A todos los hombres se les ordenó que se desplazaran hacia los vagones de ganado que iban en la parte final del tren. Un soldado se acercó a mi padre, le clavó un cañón de arma en las costillas y le obligó a unirse a ellos. A todas las mujeres (sus esposas, madres, hermanas, sobrinas) se las obligó a embarcar en los vagones de ganado que estaban más cerca de la locomotora. Esa fue mi primera experiencia de la segregación entre hombres y mujeres.

Nos dirigimos hacia un vagón que tenía una puerta de madera abierta de par en par. Era demasiado alto para mí. Mamá me levantó y subí al interior. Ella me siguió. Estaba vacío, más allá de una mujer sentada en el suelo con la espalda apoyada en un lateral del vagón. Nos sentamos a su lado.

Una expresión de sorpresa transformó su rostro. Era como si algo se le hubiera aparecido.

—¿Tiene una hija? —preguntó en un tono que indicaba que tal cosa era imposible—. ¿Puedo tocarla?

Mi madre asintió. Suavemente, la mujer me cogió la cara entre las manos. Había reverencia, amabilidad y un dolor profundo en sus ojos.

—¿Cómo ha conseguido salvar a una niña? —preguntó. Las lágrimas corrían por su rostro—. Yo perdí a mis tres hijos. Solo tenían diez, siete y cuatro años. Me los quitaron por la fuerza en la última selección. Nunca más los volveré a ver. Lo sé.

Mi madre se inclinó hacia ella y la abrazó en silencio. Otras mujeres que subían al vagón de ganado interrumpieron su abrazo. Seguían llegando. Las tres, la madre desconsolada, mamá y yo, tuvimos que ponernos de pie para dejar espacio, debido a la cantidad de mujeres en el interior del vagón. A medida que crecía el número, el vagón se oscurecía. Mi madre señaló un recipiente grande que había en un rincón, y que se suponía que era una letrina. Era la única concesión a nuestras necesidades corporales. No nos proporcionaron ni agua ni comida. Estábamos en pleno verano, y Europa Central en aquella época era como un horno.

Metieron a más mujeres. Quizás hubiese unas ciento cincuenta almas en el vagón cuando los alemanes consideraron que estaba ya lo suficientemente lleno. Un guardia corrió la puerta por sus raíles. Se cerró con un ruido ominoso; el sonido de un cerrojo y una cadena confirmaron que nos habían encerrado dentro. Resultaba imposible escapar. Lo único que podíamos hacer era mover un poco los pies unos centímetros a cada lado de nuestra posición. Al ganado no se lo habría tratado nunca tan inhumanamente. Les habrían dejado más espacio.

Nos engulló la oscuridad. La única iluminación procedía de una pequeña ventana con barrotes que había a un lado, junto al techo. Puñados de manos se alzaban hacia los diminutos rayos de luz. Yo no veía el color de la carne. Las manos de las mujeres eran siluetas. Revoloteaban como una bandada de cuervos. Cuando arrancamos, se alzó un coro de chillidos.

A medida que el tren fue ganando velocidad, aumentaron los quejidos. Algunas mujeres rezaban en voz alta. Otras, cansadas de suplicar a Dios en vano, aullaban. Estoica como siempre, mamá mantenía sus pensamientos enterrados en su interior. De vez en cuando pronunciaba palabras de ánimo, pero yo no entendía lo que estaba diciendo. El traqueteo rítmico de las ruedas, el crujido de los costados del coche, como de ataúd, los aullidos sufrientes de las mujeres y las notas discordantes del silbato de la locomotora ahogaban su voz.

Kilómetro tras kilómetro nos balanceábamos todas a la vez, mientras el tren pasaba temblando por los puentes y tomaba las curvas. Todo el mundo en aquel vagón luchaba para permanecer en pie. Cuando alguna se encorvaba, unas manos anónimas llegaban hasta ella para sujetarla. No nos conocíamos entre nosotras, pero nuestra hambre y sed colectiva nos ligaban, igual que nuestro sufrimiento y el tiempo que nos quedaba, fuera el que fuese. Nuestra solidaridad era silenciosa. No había necesidad de palabras. Nuestra humanidad seguía intacta, y en lo posible, compartíamos un poco de nosotras mismas con las vecinas, para aliviar nuestra carga. Un gesto por aquí, un movimiento a un lado por allá.

Mientras tanto, la temperatura iba en aumento. Se me llenó la nariz de olor a sudor y a miedo. Tenía la ropa empapada del sudor de los cuerpos que me impulsaban hacia arriba. Gracias al cielo, mi madre no me había obligado a llevar el abrigo que había guardado en el equipaje. Habría muerto de un infarto.

Yo jadeaba, ansiando agua, pero no había. Nunca había pasado tanto calor, ni había estado tan sedienta en toda mi vida, y no tenía ni idea de si podría beber cuando llegásemos a nuestro destino. Además de la deshidratación, los pinchazos del hambre eran terribles. Imágenes de comida flotaban por delante de mis ojos, tentándome. Mi madre permanecía indefensa a mi lado. No podía hacer nada para mejorar las cosas. Intenté aunar toda mi voluntad y convencerme de que podía arreglármelas, de que era lo bastante fuerte.

Apoyé la cabeza en la espalda de la mujer que tenía delante. Debí de quedarme dormida allí, de pie. Era físicamente imposible sentarse: no había espacio suficiente. Fue una suerte que la mujer aceptase que la usara como almohada. Me sentía como si estuviera suspendida en el espacio. Tenía una sensación de ingravidez. Las personas estaban tan apretadas entre sí que nuestros cuerpos parecían incapaces de moverse según nuestra voluntad.

Intenté decirle a mamá que tenía que ir al baño, pero ella no me oía. De todos modos, el rancio olor que se propagaba por el vagón me decía lo que debía hacer: lo mismo que el ganado, nos lo hicimos encima.

Aunque solo tenía cinco años, acepté la situación como si fuera el destino. Había oído decir que muchas otras personas completaron un viaje similar; pensé que, simplemente, había llegado nuestro turno.

La tensión de permanecer de pie, aplastadas, todas juntas, con el movimiento incesante, era agotadora. El viaje pareció interminable, y los pocos rayos de sol que penetraban por aquella ventanilla con barrotes, muy arriba, nunca parecían llegar hasta mí. Estaba desesperada por que el tren se detuviera y terminase nuestro viaje.

Como estábamos en el punto culminante del verano, el día era largo, pero al final la oscuridad de la noche reemplazó a los últimos rayos de la luz de la tarde. No poder ver me proporcionaba algo de respiro del trauma que sin duda estaba soportando. Aun así, los quejidos y llantos se intensificaron con la oscuridad. Como si necesitara que me recordasen que nos dirigíamos a un lugar terrible.

Volví a un estado mental que ya había experimentado cuando me encontraba sola en nuestra habitación en Starachowice. Empecé a flotar de nuevo, y mis emociones me desconectaron. No sé cuánto tiempo viajamos ni cuánto tiempo dormí. Entré en ese estado intermedio entre el sueño y la conciencia donde tu mente pierde la perspectiva, las líneas duras de la realidad se emborronan y una nada fluctuante y unas imágenes silenciosas y movibles que están en desacuerdo con los sonidos a tu alrededor acribillan tu cerebro.

Todavía seguíamos avanzando cuando amaneció. Nuestro viaje parecía haber durado ya una eternidad. En realidad, fueron unas treinta y seis horas antes de que el tren fuera menguando su marcha y se detuviera con una sacudida; luego, aquella gran exhalación de vapor. Oí el sonido de alguien manipulando un cerrojo de acero. Unas ásperas órdenes en alemán, rasposas como una lija, nos abrumaron.

De repente, una luz cegadora.

10.

Adiós, papá

Campo de exterminio de Auschwitz II, más conocido como Birkenau,
en el sur de la Polonia ocupada por los alemanes,
domingo 30 de julio de 1944

Cinco años

𝐴 mis ojos les costó un par de segundos adaptarse a aquel brillo. Apareció como una raja de cielo azul por encima de las cabezas en silueta de las mujeres, a través de la puerta del vagón de ganado abierta. Los gritos de terror de las viajeras se mezclaban con las órdenes guturales que no necesitaban traducción.

—*Raus, raus, raus. Alle Juden, raus. Schnell.*

Ahí estábamos. Al fin. En Birkenau. La parte más mortal del enorme complejo de Auschwitz. Ya habíamos llegado a los topes. Un pequeño patio de maniobras del ferrocarril, que para un millón cien mil judíos constituía el final de la línea y el final de su mundo.

Todas las vías de la Europa ocupada serpenteaban hacia ese andén. Todo lo que habíamos soportado mis padres y yo durante los cinco años anteriores conducía precisamente a ese momento. A partir de allí, como iba a averiguar enseguida, solo había un corto paseo de unos centenares de metros hasta el crematorio II y el III, cada uno de ellos con una cámara de gas adjunta. La eficiencia alemana en su faceta más despreciable.

Aquel caos era una cosa endemoniada; para una niña, resultaba imposible comprender aquello. Parpadeando ante la dura luz del sol y jadeando debido a la sed, las mujeres bajaron del tren de Starachowice. Las vi hacer una mueca cuando los alemanes les gritaban. Entonces llegó mi turno. Mi madre me ayudó a bajar al andén: con cinco años y diez meses, entré en el corazón del sistema de creencias nazi. Ciento cincuenta mujeres hambrientas, deshidratadas, aterrorizadas, desorientadas, desconsoladas… y yo. Para los alemanes, los pasajeros de mi vagón de ganado eran el símbolo de toda la maldad. Y ahora nos llamaban las cámaras de gas del campo de exterminio de Birkenau. Todos los seres humanos que se agolpaban en el andén eran mucho más altos que yo, pero, volviéndome hacia la izquierda, pude ver un grupo de chimeneas de ladrillo muy robustas, de unos nueve metros de alto, que expulsaban un humo negro y de olor repugnante. A mi derecha estaba la Puerta de la Muerte, un portal de ladrillo rojo construido por encima de un arco, a través del cual los trenes llegaban a la estación término más detestable que ha conocido jamás el mundo.

Justo por delante, hasta donde podía alcanzar la vista, se extendían los barracones durante kilómetros, casi hasta el horizonte. El campo era tan grande como una ciudad de tamaño mediano. En un momento, estaba destinado a contener más de ciento veinte mil prisioneros. Eso era tres veces el tamaño de Tomaszów Mazowiecki.

Mamá llevaba agarrada su pequeña maleta en una mano y mi mano en la otra, allí de pie las dos en medio de un torbellino de miedo y confusión. A nuestro alrededor había soldados con cañones, gritando órdenes. Pero yo me centré en los perros que ladraban y salivaban, y que eran tan altos como yo.

—Mamá, me van a comer los perros. Me van a matar.

—No, no lo harán, Tola. No te tocarán. Están entrenados para matar, pero solo si echas a correr. Y nosotras no vamos a correr, ¿verdad?

—No, mamá.

—Entonces no tienes que preocuparte por nada.

Las mariposas que habían revoloteado en mi estómago desaparecieron. Me sentí tranquila. Mamá siempre me decía la verdad. Y yo la creí. Ella me diría lo que iba ocurriendo, y, desde luego, eso sería lo que sucedería. Así pues, confié en ella. Como siempre, su serenidad me tranquilizaba cuando yo flaqueaba.

Volví a mirar los perros de nuevo para intentar calcular su tamaño. Los soldados los tenían sujetos con unas correas tensas. Llevaban también bozal, y me dije a mí misma que me quedaría tan quieta que ni siquiera se imaginarían que pudiera echarme a correr.

Entonces mi madre me dijo algo que hizo que me quedara inmóvil.

—Tola, tengo que dejarte unos minutos.

No supe cómo reaccionar, me quedé en silencio.

—Tengo que buscar a tu padre. He de averiguar qué le ha ocurrido. Quédate justo aquí, y no te muevas. No te muevas nada. Sujeta la maleta. No dejes que nadie te coja la maleta. ¿Me entiendes? ¿Podrás hacerlo?

—Vale, mamá. Claro que sí.

—No te preocupes, iré todo lo rápido que pueda.

Tras decir esto se sumergió entre la multitud y avanzó por el andén hacia la parte de atrás del tren. Yo la perdí de vista momentáneamente, y noté un pinchazo de angustia. Entonces, a través de aquella masa bullente, la volví a ver con mi padre. Quise echar a correr y unirme a ellos, pero me quedé muy quieta, como mamá había insistido en que hiciera. Mis padres se abrazaban y besaban; hablaban mirándose fijamente.

Cuando lo pienso, todavía me asombra la apuesta que hizo mi madre y la confianza que puso en mí. Allí estaba yo, sin haber cumplido todavía los seis años, sola en el lugar más peligroso del mundo, entre una multitud de gente confusa y aterrorizada, rodeada de asesinos, a merced de los SS y solo a unos pocos cientos de metros de la cámara de gas más cercana.

Me concentré en la maleta y agarré su asa como si me fuera la vida en ello. Yo tenía un trabajo que hacer. Proteger la ropa de mi familia y nuestras pocas posesiones, esa era mi misión. Me concentré en ella con todas mis fuerzas. Estaba asustada, pero tener una responsabilidad me concedió valor. Nadie iba a cogerme la maleta. Recuerden que yo era la niña que, a los tres años, estaba dispuesta a pelearse con un alemán para salvar su abrigo de piel blanca favorito.

Intenté convertirme en una estatua. Me esforcé mucho, porque los perros me miraban. Por el rabillo del ojo vi batallones de personas que iban con unos horribles uniformes de rayas, y que se subían a unos vagones de ganado. Sus ojos captaban la tragedia que se vivía ante sí, pero mostraban una indiferencia total. Ni rastro de ninguna emoción. Esas personas habían visto demasiadas cosas. Nada ya podía conmocionarlos.

Sacaron los cuerpos de quienes habían muerto por el camino, sacaron los cubos-letrina y, como en trance, limpiaron los suelos de madera.

Se suponía que los trabajadores tenían que dejar los vagones presentables para ser reutilizados, ya que el tren partiría pronto hacia otro gueto o campo a recoger más carga humana. Debían eliminar toda prueba de la crueldad sufrida por las mujeres que me habían mantenido en pie, de modo que los soldados, cuando volvieran a reunir a más gente, lo tuvieran más fácil a la hora de conducir a otro grupo de víctimas destinadas a Birkenau. Esas brigadas de limpieza judías eran otro componente insignificante, pero, sin embargo, esencial para asegurar que el genocidio nazi fluyera fácilmente.

Aunque estaba aterrorizada, me sentía fascinada por la locura desatada a mi alrededor. Era como si estuviera en el ojo de un huracán. Agarrar la maleta de alguna manera me había aislado de la turbulencia que reinaba en el andén. Mientras tanto seguía mirando a mis padres. Se abrazaron por última vez y luego mi padre desapareció. Mi corazón dio un vuelco.

Mamá reapareció a mi lado, sollozando.

—Tola, tú y yo nos quedamos en Auschwitz, pero tu padre no.

De alguna manera, papá había averiguado que lo enviaban a Dachau. Pero primero tenían que tatuarlo en Auschwitz. No lo enviarían a Dachau, que vete a saber dónde estaba y qué era, sin el tatuaje. No conseguí captar la enormidad de lo que me estaba diciendo mi madre.

Pero los golpes no paraban de caer.

—Al mejor amigo de tu padre lo ha estrangulado un hombre que se volvió loco durante el viaje. Pero no te preocupes, que papá está a salvo. Te quiere mucho y te manda besos.

La víctima era Aaron Greenspan, que vivía a una manzana de distancia de nosotros en Tomaszów Mazowiecki. No fue la única persona asesinada en el vagón de mi padre. Otros hombres murieron también en una pelea que tuvo lugar durante el viaje. No había alemanes dentro del vagón que pudieran intervenir, de modo que nadie detuvo a algunos hombres que arremetieron contra otros que les habían causado algún perjuicio en Starachowice. De esos ajustes de cuentas entre camarillas rivales se puede leer en el libro del historiador Christopher Browning *Remembering survival*.

Papá era la persona menos violenta del mundo. Se sintió fatal después de dejar Starachowice, y mamá decía que tenía la cabeza y el cuerpo cubiertos de forúnculos, y un aspecto espantoso. Es muy probable que cogiera una infección debido a una combinación de estrés y por culpa de las condiciones de falta de higiene y de hacinamiento del vagón de ganado.

Tras la desaparición de papá, mi seguridad y mis esperanzas se desintegraron. Él siempre había estado presente en mi vida. Siempre volvía al acabar el día, por muy mala que hubiera sido esa jornada. Ahora esa certidumbre se había evaporado. No obstante, me consolé pensando que al menos estaba vivo y que yo estaba con mamá.

Entonces mamá me volvió a sorprender.

—Desnúdate —me dijo.

—¿Que me desnude?

—Sí, venga, quítate la ropa.

—¿Por qué tenemos que quitarnos la ropa? —pregunté.

—Están buscando a ver si tenemos deformidades o enfermedades. Si nuestros cuerpos no son perfectos, eso será lo que nos ocurra —dijo, señalando el humo que surgía de la chimenea de un crematorio.

No estaba segura de lo que quería decir, pero el tono de su voz era lo suficientemente ominoso y tenía que obedecer. Nos quitamos nuestra ropa manchada junto al tren. Me vi rodeada por montones de mujeres delgadas, pálidas y desnudas, intentando sin éxito proteger su modestia de los nazis que sonreían y las miraban lascivamente.

—¿Qué tal estoy? —pregunté, haciendo una pirueta en el andén, desnuda, junto al vagón de ganado.

—Estás muy guapa. Perfecta —respondió mamá.

—¿Y tú? —le pregunté.

Después de trabajar en la fábrica de munición desde el amanecer hasta el anochecer durante más de nueve meses, mamá estaba de un blanco fantasmal. Apenas había visto el sol en todo ese tiempo. No tenía la piel sana, estaba claro.

—Yo también estoy bien —contestó, aunque sonaba poco convincente.

Mamá empezó a darse palmadas en las mejillas, para dar a su palidez un tinte rosado e intentar pasar la inevitable *Selektion* de salud. Era esencial parecer que eras apta para el trabajo. Un aspecto enfermizo resultaba fatal. Otras mujeres tuvieron los mismos pensamientos y se apresuraron a enrojecerse también la piel.

De repente, me quedé hipnotizada mirando a dos mujeres que habían visto también el humo y habían echado a correr. Iban completamente desnudas. Un alemán les gritó con todas sus fuerzas:

—Halt. Oder wir schießen. [«Alto o disparamos»].

Las mujeres siguieron corriendo. Se oyó el estampido de un arma de fuego y cayeron las dos como muñecas de trapo. Yo estaba horrorizada. Aquellas pobres mujeres sabían exactamente lo que eran las chimeneas. Siguieron su instinto primigenio, que era huir, aunque resultase inútil. Ahora, todos estos años después, me consuela saber que aquellas mujeres murieron al instante. Si hubieran ido a la cámara de gas, les habría costado unos diez minutos asfixiarse. Diez minutos de terror y de esa agonía de intentar respirar y no poder.

Aquella fue una presentación brutal de Birkenau. Sin embargo, los hombres nazis de uniforme que paseaban entre las mujeres desnudas no reaccionaron al tiroteo. Para ellos era solo una anécdota más en su trabajo de asesinato masivo.

Mamá se dio unas palmadas en las mejillas por última vez. Los alemanes comprobaban de cerca el cuerpo y el pelo de todas. Las inspecciones eran íntimas, invasivas y todas las mujeres estaban muy afligidas.

—Buscan armas —susurró mamá—. Incluso una horquilla puede ser un arma.

Los hombres llegaron donde estábamos nosotras. Después de una desagradable inspección, nos aprobaron. Eso sí, nos quitaron la maleta, y todo lo que nos quedaba estaba en su interior. Las fotos. Los últimos recuerdos que teníamos. Todo desapareció. Literalmente, ya no teníamos nada salvo nuestros recuerdos.

Nos enviaron a un edificio junto a la línea de ferrocarril donde nos dieron ropa. A mí me entregaron un vestido largo de algodón gris que me llegaba casi a los tobillos. Los zapatos que me dieron para sustituir los que me habían confiscado eran incómodos. Pero al menos ya no estábamos desnudas.

No tardé en aprender a sentir agradecimiento por esas pequeñas clemencias. Sin embargo, nos esperaban más humillaciones, pues nos ordenaron entrar a otra cabaña de madera pequeña. El suelo estaba repleto de cabello humano. Pelo de todos los colores: castaño oscuro, castaño claro, negro como la tinta, rojo, gris. Pero muy poco pelo blanco. Los ancianos no llegaban tan lejos.

—Mi pobre niña —dijo una mujer que estaba de pie en un banco—. Te voy a tener que cortar las trenzas.

Me levantó al banco y, con dos tijeretazos, mis trenzas cayeron al suelo y quedaron allí como muñones de cuerda de un color castaño claro, en la alfombra multicolor de rizos cortados. Me dio mucha pena. Estaba muy orgullosa de mi pelo, tan largo, que mamá pasaba mucho tiempo trenzando cada mañana. La mujer me pasó las tijeras por lo que quedaba, dejando rayas como de rastrojo. Me asustaba comprobar que, en cada fase de nuestra iniciación en Birkenau, abusaban físicamente de nosotras, nos humillaban y nos menospreciaban.

Aparentemente nos afeitaban el pelo por higiene, para reducir la posibilidad de coger piojos, pero en realidad era otro elemento más de la estrategia psicológica alemana. Mi pelo formaba parte de mi identidad. Nos estaban deshumanizando e intentando desmoralizarnos aún más. Por supuesto, existía también un motivo práctico para que nos esquilaran como si fuéramos ovejas. Querían nuestro pelo para llenar colchones. En Birkenau no se desperdiciaba nada.

Yo no sabía cómo había cambiado mi aspecto. Allí no había espejos. Pero era imposible ocultar lo dolida que me sentía. La peluquera se dio cuenta de mi malestar y me dio un trapo para que me tapara la cabeza. Busqué a mi alrededor a mi mamá, pero no podía identificarla. Su aspecto había cambiado.

Ella también había perdido su pelo castaño oscuro, que llevaba largo hasta el hombro, cortado por las tijeras. Me sentí aliviada cuando mamá me puso la mano en la cabeza afeitada y, con una sonrisa valiente, me cogió la mano.

Nos unimos a una columna de mujeres recién esquiladas y nos dirigimos a un bloque de barracones, con montones de hileras de literas desnudas de madera. Cada litera tenía tres pisos. El mejor sitio donde estar era el de arriba, porque podías sentarte sin golpearte la cabeza. El espacio entre las capas de madera era de medio metro, y la única opción posible era echarte en ellas. Nuestra habitación familiar en el campo de trabajo de Starachowice al menos nos ofrecía algo de intimidad. En cambio, las literas para dormir no podían estar más apretadas.

Aunque todavía había luz solar fuera, el recinto estaba oscuro y daba cierta aprensión. De hecho, así era como imaginaba que sería un establo. Más adecuado para animales que para humanos, era como un granero, no un dormitorio.

A mamá y a mí nos colocaron en una litera central, en medio de la habitación. De todas las posibles alternativas, aquella era la peor. Yo no podía subir, porque la litera estaba demasiado alta para mí, de modo que mamá tuvo que ayudarme y nos sentamos una enfrente de la otra, con una de las piernas de mamá colgando por encima del borde.

Apareció una mujer salida de la nada y le dio una fuerte bofetada a mi madre.

—Ahora estás en Auschwitz —siseó—. No puedes sentarte como quieras.

Aunque no iba armada, me asustó mucho cómo impuso su autoridad. No era alemana, sino judía. Era una *Blokälteste* o «anciana de bloque», una prisionera veterana responsable de iniciar a las recién llegadas. Las otras figuras de autoridad se llamaban *Kapos* (del italiano «capo», que significa «jefe»; la mafia usa esa misma palabra, por el miedo que provoca); los alemanes los nombraban como supervisores.

Mamá se volvió hacia mí y me dio otra lección de supervivencia.

—Vendrán más mujeres y se meterán con nosotras en esta litera. Por desgracia, no la tendremos para nosotras solas, como ocurría en Starachowice. Cuando nos vayamos a dormir, intenta no moverte demasiado, porque molestarás a las demás. Siéntate y échate justo a mi lado; intentaré que estés lo más cómoda posible. Cuando salgas de la litera, baja así, con los pies por delante.

Mamá se bajó de la litera haciendo el menor ruido posible. Parecía que la bofetada no le había afectado y se mostraba ansiosa de no preocupar a la anciana de bloque por segunda vez.

—Parece ser que nos darán de comer dos veces al día. Sopa caliente y un poco de pan.

Me dio un vasito de hojalata, un cuenco y una cuchara.

—Vayas donde vayas, no los pierdas. Estas cosas no se pueden sustituir. Si las pierdes, no te darán comida y te morirás de hambre.

A mamá le preocupaba que alguien nos las robase. Después de todo, eran nuestras únicas posesiones materiales. Me enseñó un sitio en la esquina de la litera donde podíamos esconderlas debajo de varias mantas. Qué triste era que tuviéramos que preocuparnos por la posibilidad de un robo. Pero mamá se reservaba la peor noticia para el final.

—Tola, no podrás ir al lavabo cuando quieras. Las normas aquí son muy duras. Solo puedes ir dos veces al día. Una vez por la mañana y otra vez por la noche antes de apagar las luces. Lo mismo me pasará a mí. Iremos juntas, a la vez.

—Pero, mamá, ¿y si tengo ganas, entre tanto?

—Pues tendrás que aguantarte. Ya aprenderás. Si no lo haces, te castigarán.

De todas las normas, esa era la que más me preocupaba. No estaba segura de poder controlarme. Pero aprendí.

Por aquel entonces ya era la hora de comer. Todas las presas nuevas del barracón se pusieron en fila con sus vasos. Nos dieron un poquito de sopa y un trozo de pan. Yo estaba absolutamente agotada, demasiado cansada para comer. Pero mamá insistió. Y me dio también su ración de pan. Solo entonces, varias horas después de haber llegado a Birkenau, pude beber un poco de agua para apagar mi sed.

Con el paso del tiempo, me he dado cuenta de que fui una de las que tuvo más suerte de las que viajaban en ese tren. Una cantidad desconocida de personas fue directa a las cámaras de gas. Sin embargo, los archivos que sobrevivieron a la guerra muestran que admitieron en Birkenau a 1298 hombres y 409 mujeres de nuestro tren, después del proceso de selección. No todos venían de Starachowice. Algunos fueron escogidos de otros campos de trabajo en el distrito de Radom, en la Polonia central.

Tales detalles pueden encontrarse en un extraordinario libro de ochocientas páginas llamado *Crónicas de Auschwitz*, compilado por un equipo de historiadores supervisados por Danuta Czech, antigua combatiente de la resistencia que fue jefa de investigación del Museo Oficial de Auschwitz.

Gracias a esa minuciosa investigación, descubrí que aquel mismo día de 1944 escaparon cinco prisioneros de Birkenau, cuatro de los cuales acabaron tiroteados durante la persecución.

Toda mi vida me he preguntado por qué no me mataron nada más llegar. Se estima que entraron en el complejo de Auschwitz más de doscientos treinta mil niños. Casi todos ellos murieron asesinados en Birkenau al cabo de unas horas de bajar de los vagones de ganado. A los nazis, los niños no les servían para nada. Eran un estorbo. Carecían de la fuerza física necesaria para convertirse en trabajadores esclavos. Requerían mantenimiento. Costaban dinero. Pero, más que nada, representaban el futuro del pueblo judío. Y cuando crecieran podían ser testigos. Por lo que respecta a los nazis, tenían que ser exterminados. Pero, entonces, ¿por qué a mí no me mataron?

Una teoría es que tuve la buena suerte de llegar en domingo. Como he señalado, uno de los crematorios al final de la línea de ferrocarril estaba funcionando a destajo. Pero como el domingo era día de descanso, la fábrica de asesinatos andaba escasa de personal que nos acompañara a la cámara de gas, y tampoco podían o querían poner en marcha otro incinerador para eliminar los cuerpos.

Otra teoría es que en torno a esa época los nazis sufrían escasez de Zyklon-B, el compuesto de cianuro usado en las cámaras de gas. Otra posibilidad la da el historiador Christopher Browning, en su libro sobre Starachowice, *Recordando la supervivencia*, como he mencionado antes. Citando a varios testigos supervivientes, Browning sugiere que Kurt Otto Baumgarten, uno de los directores más humanos de Starachowice, «había intervenido en favor de sus antiguos prisioneros y enviado una carta con el transporte, asegurando a las autoridades de Birkenau que los judíos de Starachowice eran todos buenos trabajadores».

Pero, si fue ese el caso, ¿por qué tuvimos que pasar por un proceso de selección en el andén?

No hay forma de saber con seguridad qué fue lo que me salvó. Quizá fuese una combinación de todo lo anterior, pero, fuera lo que fuese, estoy muy agradecida por haber sobrevivido ese primer día. A partir de entonces, el desafío fue sobrevivir cada uno de los días siguientes en Birkenau.

Mamá me ayudó a subir a nuestra litera de en medio. Yo me moví con muchísima precaución, intentando no pisar a las mujeres que estaban en la capa de abajo. Mamá subió a mi lado. Aquella noche teníamos la litera para nosotras solas, aunque no siempre sería así. Me acurruqué al lado de mi mamá. Su aroma me consolaba. En sus brazos me sentía segura. Al final, después del peor día de mi vida, me quedé dormida.

11

Negarse a llorar

*Campo de exterminio de Birkenau, en el sur de la Polonia
ocupada por los alemanes, verano de 1944*

Cinco años

$\mathcal{A}$quellos primeros días en Birkenau fueron terroríficos. Aunque mi época solitaria en la oscuridad de Starachowice me había asustado mucho, ciertamente, no resultaba tan intimidatoria. Al menos allí yo estaba sola, y se me ahorraba el contacto cercano con las SS y otros cuerpos policiales. Aquí estaba expuesta a ellos todo el tiempo. Mamá permanecía muy cerca de mí, haciendo lo que podía para protegerme, pero yo estaba convencida de que me vigilaban constantemente. Todos ellos. No había lugar alguno donde esconderse. Y la escala industrial del campo de exterminio, el ruido que generaba, la constante llegada de trenes arrastrando vagones de ganado hacia la cinta transportadora de la muerte…, todo resultaba abrumador. Sentía que podían dispararme en cualquier momento.

El aspecto angustiado de mis compañeras de prisión, su aspecto encogido y la sensación predominante de terror corroían mi espíritu. El miedo es un virus que resulta contagioso e infecta virtualmente todo lo que toca. Es difícil adquirir tal inmunidad, si no imposible.

Aunque solo tenía cinco años, podía detectar que las mujeres que estaban a mi alrededor habían abandonado todo optimismo. Aunque es imposible que yo lo hubiera sabido por aquel entonces, ahora sí sé que mamá y yo llegamos a Birkenau en un momento de máxima tensión. Tras haber aniquilado a más de cuatrocientos mil judíos húngaros, las SS estaban a punto de liquidar el *Zigeunerfamilienlager*, el campo familiar gitano de Birkenau.

El asesinato en masa de gitanos, como se llamaba entonces a los romaníes y a los sintis, llevaba planificado desde hacía dos meses. Se suponía que tenía que ocurrir a mediados de mayo de 1944, pero los romaníes se enteraron de que había un plan para matarlos e irrumpieron en un almacén del campo y se apoderaron de todo lo que pudiera usarse como arma: cuchillos, palas, martillos, picas, palancas y piedras. Entre los hombres romaníes había antiguos veteranos de guerra que no tenían intención alguna de ir tranquilamente a las cámaras de gas: seiscientos de ellos se atrincheraron en un barracón.

Armados con metralletas, los SS rodearon el *Zigeunerfamilienlager* y ordenaron a los hombres que se rindieran y salieran. Ellos se negaron y los SS se retiraron, para evitar el riesgo de bajas. Esta victoria moral, el 16 de mayo de 1944, se celebra como el Día de la Resistencia Romaní.

El desafío de los romaníes perturbó a los nazis. Temían que desencadenara un motín en todo el campo. De modo que se tomaron su tiempo para eliminar a los romaníes, y lo hicieron de una manera furtiva. Para reducir la posible resistencia dividieron a las seis mil personas del *Zigeunerfamilienlager* en grupos más pequeños. El 23 de mayo de 1944 enviaron a más de mil quinientos a otros campos dentro del Tercer Reich. Luego, el 2 de agosto, dos días después de que llegásemos nosotras de Starachowice, un tren vacío paró en el andén, no lejos de nuestros barracones. Los SS ordenaron a otros mil cuatrocientos hombres y chicos romaníes que subieran a bordo. A las siete de aquella tarde, el tren partió hacia el noroeste, iniciando un viaje de seiscientos cuarenta kilómetros. Los romaníes iban destinados a Buchenwald, otro destacado y enorme campo de concentración dentro de las fronteras de Alemania.

Por aquel entonces, mamá y yo estábamos fuera de nuestro barracón, junto con otras presas, tomando parte en el *Appell* de la tarde. Aquel era un acontecimiento que se llevaba a cabo dos veces al día. Cada mañana y cada tarde nos ordenaban que nos situásemos fuera, en fila, y nos contaban. Teníamos que estar todos presentes y en posición de revista; si no, nos obligaban a permanecer de pie fuera, firmes, hasta que los alemanes se sintieran satisfechos. Lloviese o luciese el sol. Eran obsesivos con el recuento. Podían contarnos durante interminables horas.

El *Appell* era siempre una experiencia tediosa, y con frecuencia nos destrozaba los nervios. Al recordarlo tantos años después, me doy cuenta de que cuando pasaron lista aquel día en particular había una enorme tensión. Las SS sabían que los romaníes iban a morir, y estaban nerviosos. Y cuando los guardias estaban nerviosos, los prisioneros sufrían.

Nos dejaron retirarnos, después de pasar lista, y volvimos dentro; entonces los SS hicieron sus movimientos. Con todos los hombres romaníes en edad de combatir encerrados en vagones de ganado y camino del norte, en el *Zigeunerfamilienlager* ahora solo quedaban ancianos y hombres enfermos, así como mujeres y niños. En total, dos mil ochocientas noventa personas vulnerables. Los guardias distribuyeron pan y salami, y les dijeron que los iban a llevar a otro campo. Como parte del ardid, los SS los metieron en camiones y los condujeron a menos de kilómetro y medio, a la cámara de gas junto al crematorio V, rodeado de pinos. Quemaron sus cuerpos en hogueras abiertas.

Entre trescientos mil y medio millón de romaníes perecieron en el Holocausto. Como sucedía con los judíos, no había espacio para ellos en el mundo étnicamente puro de Adolf Hitler. Despreciados como *Untermenschen*, los judíos estaban en la parte más baja de la distorsionada pirámide racial del Führer. Los romaníes estaban justo por encima. Hitler quería que el Tercer Reich estuviese poblado por una «raza superior» de arios, gente de ojos azules y pelo rubio de ascendencia nórdica; había que eliminar a todo aquel que consideraba inferior.

Aunque la raza humana tiene muchas variantes, es más lo que nos une que lo que nos divide. Por amarga experiencia puedo decir que todos olemos igual cuando nos queman. Judíos, romaníes, homosexuales, personas de color…, todos aquellos a quien Hitler intentó erradicar.

Ese olor. Es inolvidable. Solo tengo que cerrar los ojos y, casi ochenta años después, el recuerdo asalta mi olfato. Seguirá conmigo hasta mi último aliento, igual que el miedo y el hambre de Birkenau.

No mucho después de que el campo de los romaníes quedase liquidado, llegó un *Appell* que no puedo olvidar. Tenía las piernas cansadas, llevábamos de pie en el exterior muchísimo tiempo; no tenía ni idea de qué hora era. El sol estaba muy alto en el cielo y no había sombra alguna fuera de nuestro bloque. Debía de ser por la tarde, y supongo que llevábamos allí desde que habíamos comido lo que se suponía que era el desayuno: una bebida caliente indescriptible y un trocito de pan. ¿Cuánto tiempo más tendría que permanecer de pie y quieta?

Todas las mujeres presas del barracón donde yo tenía mi litera con mamá estaban alineadas en filas de cinco. Era uno de los *Appells* más largos. Perdí la cuenta del número de veces que nos había contado nuestra anciana de bloque. Cada vez que contaba, obtenía el mismo número. Eso significaba que no faltaba nadie de nuestro barracón. Pero a lo mejor faltaban prisioneros en alguno de los otros barracones de aquel enorme complejo. Quizás un interno o más hubieran conseguido cavar y pasar más allá de la verja eléctrica, y ya corrían hacia la libertad.

Había una franja de tierra frente a las vallas del perímetro, claramente marcada con unas señales estarcidas con la calavera y los huesos cruzados, y la palabra *Halt*. Si entrabas en aquella zona de muerte, los alemanes no dudaban en dispararte. Querían que muriésemos cuando ellos lo decidieran, no cuando nosotros lo eligiéramos. Varias veces por la noche me despertaban los disparos. Inevitablemente seguían malas noticias.

Las fugas enfurecían a los alemanes, sobre todo porque no querían que llegasen pruebas de sus crímenes a los estadounidenses, británicos o rusos que poco a poco, pero con firmeza, estaban apretando el cepo en torno al Tercer Reich. Un día después de que llegásemos a Birkenau, dejaron colgados en la entrada del campo de los hombres los cuerpos de cinco personas que habían matado a tiros mientras intentaban huir para disuadir cualquier idea de fuga.

Entre las mujeres de nuestro barracón, las fugas provocaban emociones contradictorias. Por supuesto, todas esperaban que los fugitivos escapasen de sus perseguidores y llegaran a un lugar seguro. Era muy valiente, pero también una pérdida de vidas predecible, ya que nunca había muchos que llegaran más allá de las verjas antes de que los matasen. Sin embargo, cuando a nuestro barracón llegaba la noticia de alguna fuga, siempre venía acompañada por una sensación de irritación por que nosotras tuviéramos que pagar el precio. Nos reducían las raciones de comida o, como aquel día, nos obligaban a permanecer de pie en posición de firmes en un *Appell* interminable, cambiando el peso de un pie a otro para evitar los calambres, y agobiadas por si nos sometían a castigos al azar.

Normalmente, en el *Appell*, intentaba quedarme bien atrás, para no llamar la atención. Pero en aquella ocasión me encontré en la fila delantera. Cuando llevábamos ya mucho rato empecé a moverme un poco, aunque sin apartarme de mi posición. Mi error fue volver la cabeza y mirar detrás de mí.

De repente, una guardia se acercó a mí. Era una miembro de las *SS-Gefolge*, que literalmente significa el «séquito de las SS». La mujer era exactamente igual de intimidatoria que sus homólogos masculinos. Incluso resultaba mucho más siniestra, pues llevaba una falda y la insignia nazi en la parte izquierda del pecho de su uniforme.

Esa mujer me sacó de la fila y empezó a darme bofetadas. Me daba golpes en la mejilla con la mano abierta. Primero a un lado, luego al otro. Yo tenía que mantener la cara levantada hacia ella. Sabía que eso era lo que quería. Miré a mi madre, que me miró, pero no dijo nada, pues no sabía cuáles podían ser las consecuencias. Tuvo que mantenerse quieta, aunque ardía en deseos de ayudarme. Pero sabía que no podía interferir. Nos comunicamos con la mirada: «Aguanta».

Los golpes seguían. La guardia SS se empleaba con fuerza. Yo la miraba a la cara: «Podrás pegarme hasta matarme, pero no te dejaré ver lo mucho que duele», pensé.

Me ardían las mejillas por aquel ataque, pero me negaba a llorar. Incluso a esa edad, no tenía intención alguna de ser una víctima. No sabía lo que significaba la palabra resistencia, pero íntimamente la sentía. No me dejaría doblegar; nadie destruiría la médula de mi ser. Ni una sola lágrima para mi maltratadora.

Mi mente usaba aquel mismo mecanismo de resistencia que había encontrado en Starachowice: la disociación. Mientras me llovían las bofetadas, mi conciencia se fue a dar una vuelta y tuve otra experiencia extracorporal. Era como si estuviera flotando por encima del barracón y contemplando la escena desde arriba. Allá abajo, una mujer vestida de negro estaba pegando a una niña judía indefensa y muerta de hambre. La vista de helicóptero ayudaba a entumecer el dolor.

No recuerdo cuánto duró aquella reprimenda. Ella intentaba tirarme al suelo, o al menos hacerme llorar. Pero yo seguía de pie, en silencio. Quería que terminase el castigo, pero no pensaba dejar que lo supiera. Al final se sintió demasiado cansada para continuar. Le miré la mano. Estaba de un rojo brillante. Me picaban las mejillas, que empezaban a hincharse.

—La próxima vez quédate quieta —siseó ella, mientras me volvía a empujar hacia la fila y se apartaba.

Me sentía entumecida. Me quedé muy quieta al lado de mamá. No dijimos nada. No hacía falta. Mi cuerpo estaba agitado por la conmoción de la violencia y el alivio de que hubiese terminado. Solo después de que la mujer se hubiese alejado dejé que mis lágrimas cayesen en silencio. Y continuaron así en mi litera durante el resto del día. Había aprendido una lección importante: como prisionera, nunca tenía que llorar en público, aunque eso implicase que el castigo durase más. Lo único que conseguía con eso era animar a mis torturadores. Ellos se alimentaban con nuestras debilidades.

Durante aquella paliza, no estaba muy lejos de mamá, pero me sentí muy sola. Estábamos atrapadas en una pesadilla. En una pesadilla nada tiene sentido; todo es confuso e impredecible. Así era nuestra guerra. Ni mamá ni yo sabíamos lo que hubiera podido ocurrir si ella hubiera intervenido. A mamá le podían haber pegado un tiro. O a mí. O nos podían haber matado a las dos. No había reglas. E incluso en los casos en que las había, cambiaban de tal forma que nunca podías anticiparlas. Lo único que podíamos hacer era aferrarnos la una a la otra y confiar en la suerte.

Recuerdo vivamente el tiempo que pasé con mamá, el primer mes en Birkenau, aunque fue bastante rutinario y prosaico. Nuestros días nunca empezaban bien porque las noches eran invariablemente duras, y no existía el sueño reparador como tal. Mamá y yo raramente teníamos la litera para nosotras solas, y se nos imponía una constante rotación de compañeras de cama. Toda la estructura de las literas crujía y se movía cuando montones de mujeres se agitaban y se volvían al azar. La gente intentaba ser considerada, pero su pasado conspiraba contra ellas, y a menudo sonaban los gritos cuando algún recuerdo volvía a la vida y las traumatizaba una vez más.

Mujeres cuyas siluetas se volvían familiares durante la noche desaparecían de repente. Nunca sabíamos adónde habían ido. Quizás a otro barracón, o a otro campo de trabajo en el complejo de Auschwitz. O tal vez las habían dormido para siempre en las cámaras de gas que había al final de la línea de ferrocarril. O quizá no hubiesen podido aguantar más y se hubiesen lanzado contra la verja de alambre de espino electrificada que les había quedado más cerca.

Pasábamos horas interminables haciendo cola. Llegar a la letrina por la mañana ponía el control de la vejiga al límite. Cientos de mujeres necesitaban aliviarse al mismo tiempo. La letrina tenía un barracón propio. Una zanja estrecha corría por en medio, cubierta por una serie de tablas de madera levantadas, puntuadas cada varios palmos con agujeros destinados a acomodar a mujeres, no a niñas. El tamaño de aquellos agujeros me angustiaba. Solía agarrarme a las tablas por miedo a caer en uno de los apestosos pozos negros que quedaban debajo.

A veces podía hacer una visita no programada a la letrina. Solía ser por la tarde, cuando nuestra anciana de bloque estaba en su habitación y tenía «compañía». Los alemanes tenían estrictamente *verboten* (prohibido) confraternizar con los judíos, pero la proximidad con la muerte es un afrodisiaco de lo más embriagador. Sin duda, la anciana recibía algo a cambio de sus favores. Quizás unos días más en la Tierra. O bien otra ración de pan. La gente hacía lo que fuera para sobrevivir. Mamá esperaba a que el pestillo de la anciana se cerrase y entonces me decía que corriera a la letrina y volviera.

Si no esperábamos haciendo cola para el pozo negro, la hacíamos para recibir la comida. Allí no había ningún sitio bueno donde estar. Si estabas en la parte de delante, las gachas estaban más calientes que si estabas atrás. Pero si eras de las últimas en recibir el alimento, quizás hubiera más trozos de nabo tibio (o aunque fuese frío) en el fondo de la sopera.

Yo siempre tenía hambre. A pesar de la desnutrición, mi cuerpo seguía creciendo, igual que mi apetito. Mamá intentaba aliviar el dolor dándome su ración de pan. Yo raramente la veía comer. Parecía sobrevivir a base de aire. La vida mejoró un poco cuando la pusieron a trabajar en un almacén de patatas. De vez en cuando robaba una patata, y yo me la comía cruda. Suplementar nuestra dieta de esa manera era peligroso: si la sorprendían con una patata entre los pliegues de su vestido, se enfrentaría a una ejecución sumaria. Pero mamá era astuta y conseguía salir adelante. A veces cambiaba una patata por un trozo de pan, que siempre me daba a mí.

Nuestra rutina apenas variaba. La vida era una sucesión de funciones básicas. Dormir, despertar, letrina, comer, *Appell*. Y otra vez lo mismo. Es extraordinario a lo que te puedes acostumbrar y cuántas penalidades puedes soportar. Los lujos eran cosas pequeñas: un bocado extra de pan podía mejorarte el día, una sonrisa inesperada podía aliviar el sufrimiento durante una hora o más. Aquel era mi mundo, yo lo aceptaba, junto con el hedor sempiterno a carne asada de los crematorios. Incluso a eso me acostumbré.

Sin embargo, el hedor de la letrina era difícil de asumir. Recuerdo una vez que yo estaba que reventaba. Corrí a la letrina y salté a la plataforma de madera. Tenía tanta prisa que me equivoqué al saltar; como era muy pequeña, resbalé hacia atrás a través de un agujero, hacia la porquería. La indignidad y el hedor ya eran lo bastante malos, pero lo peor de todo es que no podía salir. Me había atascado hasta las rodillas, y me veía rodeada de ratas que chillaban y nadaban entre los desperdicios. Mis gritos alertaron a mamá, que no estaba lejos. Se quedó horrorizada. Otras mujeres vinieron a ayudarme. Estuve encajada bajo las tablas de madera durante lo que me pareció una eternidad. Después de varios intentos, las mujeres me agarraron por debajo de los hombros y me sacaron, sana y salva. Mamá me echó agua por encima, pero sin jabón: el hedor se me quedó pegado durante días. Fue horrible.

No mucho después de caerme en la letrina, enfermé. Supongo que había todo tipo de bacterias y gérmenes allá abajo. Me desperté una mañana y comprobé con horror que no veía nada. Una costra sólida de pus me había pegado las pestañas. Frotándome un ojo, conseguí liberarlo un poco.

Luego, un par de días más tarde, me desperté y noté que me ardía la garganta; la tenía completamente seca e hinchada. Parecía que los dientes estaban pegados entre sí y que la mandíbula se había solidificado; así era imposible comer. Empecé a preocuparme. Aunque tuviera solo cinco años, era lo bastante lista para saber que a la gente enferma la mataban. Tenía tanto miedo que ni siquiera se lo conté a mamá. Temía que alguien oyera nuestra conversación y yo desapareciera. Volvía a tener los ojos pegados con pus, y me iba agarrando a las literas para poder desplazarme.

Mamá no tardó en darse cuenta de que no estaba bien. Sin embargo, por primera vez en su vida, no pudo controlar lo que me ocurrió a continuación. Otras mujeres del barracón también advirtieron que estaba enferma y, como estaban débiles y tenían miedo a contagiarse, me sacaron de allí.

12

Sola

Campo de exterminio de Birkenau, en el sur de la Polonia
ocupada por los alemanes, agosto de 1944

Alrededor de cinco años y nueve meses

Cuando me desperté, no tenía ni idea de dónde estaba. Notaba mi cuerpo, veía y oía, pero me sentía extraña. Hacía calor y estaba cómoda. Me encontraba sola en una cama individual. La última vez que estuve consciente no podía abrir los párpados, pero ahora se movían con libertad. Eso era un alivio. Y esa sensación terrible de tener la boca bloqueada también había desaparecido.

—Vaya, por fin te has despertado —dijo una amable voz femenina.

—¿Dónde estoy?

—Estás en la enfermería. Has estado muy enferma, pero ahora te estás curando.

—¿Y mi mamá?

—No está lejos. Tienes que quedarte un poco más en la cama, hasta que recuperes las fuerzas.

No sé cuánto tiempo estuve delirando. Podían haber sido días, tal vez una semana o incluso más. Pero ahora parecía que había superado la crisis. Me había tumbado una combinación de escarlatina y difteria. Ambas eran enfermedades infantiles bastante comunes en la primera mitad del siglo pasado. La fiebre escarlatina es contagiosa, causada por una bacteria, y produce mucha fiebre y dolor de garganta. La difteria también la causa una bacteria. Ataca el sistema respiratorio y la apodan «el ángel estrangulador», porque en los peores casos eso es justamente lo que hace: te asfixia hasta la muerte.

Tenía mucha suerte de estar viva, y por partida doble, pues había sobrevivido a dos enfermedades potencialmente fatales. Y lo más significativo es que también había sobrevivido al hecho de estar enferma. Teniendo en cuenta la costumbre de los nazis de seleccionar a los débiles y enfermos y de asesinar a los niños sin ningún tipo de piedad, estar vivo resultaba sorprendente.

Pero la historia nos ha enseñado que, en las enfermerías de los campos como Birkenau, a menudo el personal eran prisioneros judíos que se habían dedicado a la profesión médica en su vida anterior a la guerra. A pesar de estar siempre amenazados de muerte, las enfermeras y los médicos de los campos mantuvieron el sagrado juramento hipocrático de tratar a sus pacientes lo mejor que les fuera posible. Siempre que estuviera en sus manos, enmascaraban los síntomas de los enfermos, protegiéndolos de sus supervisores nazis, para que, contra todo pronóstico, sus pacientes pudieran salir de las enfermerías y tener al menos una posibilidad de sobrevivir. Era un acto de compasión y de resistencia.

Me quedé en la enfermería una semana más para recuperarme, al cabo de la cual tenía que salir. Me puse el vestido de algodón que me entregaron cuando llegué al campo, pero había perdido aquellos incómodos zapatos. La enfermera me buscó otro par para sustituirlos, y volvió con unos zapatos blancos de caña alta, atados con cordones. Metí los pies en ellos y me puse de pie junto a la cama, perpleja.

La enfermera me miró, burlona.

—No sabes ponértelos, ¿no?

Asentí. Me había puesto el zapato derecho en el pie izquierdo, y viceversa.

—¿Qué edad tienes? ¿Cinco años y medio? Una niña de tu edad tendría que saber cómo ponerse bien los zapatos.

Me enseñó cómo hacerlo. Luego me cogió de la mano.

—Ven, vamos a tu nuevo barracón.

—¿Me vas a llevar con mi mamá? —pregunté.

—No, ahora vas al *Kinderlager.* —Ese era el nombre del campamento de niños.

El corazón me latía a mil. La noticia de que mamá y yo estaríamos separadas me alteró muchísimo. Me había acostumbrado a estar yo sola en el hospital, pero aquello era fácil. La atmósfera era hasta positiva. No comprendía la enormidad de lo que significaba estar totalmente sola.

Pero ahora mi guerra estaba a punto de adoptar un aspecto completamente distinto. No era consciente de que todo lo que había pasado los últimos cuatro años había sido una preparación para aquel momento. Las únicas armas que poseía eran las cosas que había visto y las lecciones que había aprendido. Y tenía mi ingenio, mi capacidad de observación y de autopreservación. No tenía otra alternativa que ser autosuficiente y resistente. Recuerdo que me sentía muy triste por no poder volver con mamá, pero no lloré. No pensaba compartir mis emociones con nadie.

Salimos de la enfermería y nos dirigimos hacia las chimeneas que escupían humo. Me sentí como si todo el mundo me mirase, andando junto a la enfermera con mis zapatos blancos con cordones. No me gustaba el camino que estábamos tomando. Cada vez el olor era más fuerte.

Pero entonces giramos a la derecha, cruzamos una calle y pasamos a través de las vías del ferrocarril, por delante de una locomotora de vapor que se alejaba soltando humo. Llegamos a una verja con alambre de espino con una enorme puerta de madera. La enfermera habló con el guardia, le enseñó un papel y nos dejaron pasar. Yo no sabía dónde estábamos, pero ahora sí que lo sé. Estábamos en lo que había sido el *Zigeunerfamilienlager*, el campo familiar romaní. Anduvimos en línea recta durante unos cinco minutos. Había barracones anónimos a cada lado; parecían una suerte de graneros. Me preguntaba si iríamos muy lejos, porque el campo parecía extenderse hasta el infinito. Sin embargo, después de pasar junto a una lavandería a nuestra derecha, y al lado de una letrina que apestaba por culpa del calor de mediados de verano, a nuestra izquierda, llegamos al destino. El barracón número once en el *Kinderlager*. La enfermera me hizo entrar, se dio la vuelta y se marchó.

Me sorprendió ver cuántos niños había. Quizás hubiera unos cincuenta o sesenta. Uno o dos eran más pequeños que yo, pero la mayoría eran mayores. ¿De dónde salían? ¿Se habían estado escondiendo en el campo? ¿Y si yo no fuera la única niña judía de todo el mundo, después de todo...? ¿Y dónde estaban sus padres? No había ningún adulto en aquella sección. Quizá no estuviera totalmente sola, porque ahora formaba parte de un grupo, pero nada era lo mismo sin mamá a mi lado.

Para mi sorpresa reconocí dos caras familiares de Tomaszów Mazowiecki, y el corazón me dio un vuelco: mis primas Frieda y Rena estaban de pie en la entrada. Tenían cinco y seis años más que yo. En aquel momento me sentí un poco menos sola. Por desgracia para mí no estuvieron mucho tiempo en el barracón. De alguna manera, poco después de mi llegada, sus madres consiguieron sacarlas en secreto del *Kinderlager* y llevarlas a una parte distinta del campo. No volví a verlas hasta después de la guerra.

Sin embargo, al menos había otra amiga de Tomaszów Mazowiecki: Rutka Greenspan, que estaba mucho más cerca de mi edad y al parecer iba en el mismo tren que me trajo a Auschwitz. Fue su padre al que estrangularon en el vagón de ganado, en el viaje del campo de trabajo de Starachowice a Birkenau. Rutka no se lo podía creer cuando entré en el barracón. Me sentía contentísima al verla, y ella también. Nos abrazamos con fuerza. Yo no sabía si ella sabía que su padre había muerto. La forma que tuvo de morir fue tan horrible que decidí callármelo. Intenté ser amable.

Aunque debo confesar que de vez en cuando era un poco cruel. En ocasiones, en mitad de la noche, me despertaba con los retortijones del hambre. Bajaba de mi litera y me subía a la hilera de ladrillos calientes que pasaba por el centro del barracón, y allí me agachaba. Los ladrillos irradiaban calor procedente de una pequeña estufa, y a mí me encantaba notar su calor en mis pies descalzos. Me consolaba. Cuando ya estaba lo suficientemente caliente, me ponía de pie e iba y venía a lo largo de los ladrillos lo más silenciosamente que podía. Me sentía alta y poderosa. Iba de puntillas entre las literas y levantaba los brazos y extendía los dedos, como si fuera una bruja o un monstruo, arrojando un hechizo a los niños que yo pensaba que estaban dormidos. Solo era un juego. Pero más tarde supe que Rutka también solía estar despierta; en ocasiones me había acercado a ella con los brazos extendidos, como un águila nazi. Mi silueta la aterrorizó en Birkenau y fue el origen de sus pesadillas durante las décadas siguientes.

Había otras noches en que me despertaba y me quedaba petrificada. Una vez entraron dos soldados de las SS en nuestro barracón, en mitad de la noche, cuando los demás niños estaban dormidos, y yo, completamente despierta. Contemplé con horror cómo iban de litera en litera mirando a los niños. Jamás conseguí averiguar qué hacían. Pensé que quizás estuvieran buscando gemelos para el Ángel de la Muerte, Josef Mengele, ese doctor nazi de infame recuerdo por llevar a cabo dolorosos experimentos médicos con prisioneros. El laboratorio del doctor Mengele no estaba lejos, separado de nuestro barracón solo por un alambre de espino.

Los niños mayores de nuestro edificio eran conscientes de las atrocidades que se estaban perpetrando a solo unos metros de distancia, y las historias que nos contaban añadían más miedo todavía a la vida en Birkenau.

Oímos decir que Mengele estaba fascinado por los gemelos. Sumergía a uno de ellos en agua hirviendo y al otro en hielo y comparaba sus reacciones. Mengele era un psicópata que abusaba de sus habilidades médicas en la enfermiza persecución de la pureza racial. Llevaba a cabo amputaciones sin anestesia. Inyectaba en los ojos de los gemelos productos químicos, para ver si podía cambiar su color. Mengele estaba intentando crear el perfecto azul ario para la «raza superior» del futuro. Un gemelo se usaba como conejillo de Indias, el otro era el de control. Cuando las pruebas, inevitablemente, fallaban, asesinaba a los dos niños.

Recuerdo que temblaba en mi litera, intentando convencerme de que estaba a salvo de las atenciones de los soldados porque no era una gemela. Sin embargo, permanecía allí echada temiendo que oyesen los latidos de mi corazón y vinieran y se me llevaran, y me mataran, me cortaran a trozos y usaran mi hígado para alimentar a las tropas en el frente.

No estoy sugiriendo que los alemanes fuesen caníbales, pero, como niña de Auschwitz, vi pruebas de las secuelas de las disecciones con mis propios ojos: hubo una época especialmente extraña en que nuestra anciana de bloque nos llevaba de paseo por Birkenau. Se suponía que así hacíamos ejercicio y tomábamos el aire fresco, en un lugar donde la atmósfera no podía haber sido más pútrida. Durante uno de los paseos, me separé del grupo principal y, como era curiosa, abrí la puerta de un pequeño edificio de madera y vi que estaba lleno hasta los topes de partes de cuerpos humanos, y que me miraban unos ojos muertos hacía mucho tiempo. Me quedé muy conmocionada por la experiencia, cerré la puerta de inmediato y pensé: «esto no tiene nada que ver conmigo».

Intenté olvidar lo que había visto. Pero la imagen se quedó grabada en mi cerebro y ha vuelto con frecuencia para atormentarme. De hecho, lo hizo hace bien poco, en diciembre de 2021, cuando estaba absorta redactando el manuscrito de este libro. Me encontré pensando en los actos malvados de Mengele y durante unas cuantas noches fui incapaz de dormir.

Como la mayoría de los supervivientes de Auschwitz, deseaba que Mengele se enfrentase a la justicia después de la guerra. Pero consiguió eludir a los investigadores aliados y finalmente huyó a Sudamérica. Al parecer murió de un ataque al corazón cerca de São Paulo, en Brasil, allá por el año 1979.

Vivir tan cerca de Mengele durante tanto tiempo como lo hicimos nosotros exigía una válvula de escape: el humor. Algunos de los niños de mayor edad de mi barracón se metían con los más jóvenes con una broma especialmente macabra.

—Acabo de ver a tu madre.

—No, no es cierto. No la he visto desde que llegamos aquí. ¿Cómo puedes haberla visto tú?

—¿Te gustaría verla?

—Sí, claro.

—Pues mira ese humo, ahí está ella. Sale de la chimenea.

El humor negro era un mecanismo de defensa para intentar mantener a raya el miedo. Nos sentíamos vulnerables y solos sin nuestros padres. Aun así, un sentimiento de camaradería permeaba el *Kinderlager*. Estábamos unidos por nuestras circunstancias. Pero, al final, yo sabía que solo podía depender de mí misma.

Hoy en día, casi ochenta años más tarde, de vez en cuando experimento una sensación de soledad similar. Aunque esté en el centro de una reunión con mucha gente, todavía siento la ausencia de mi familia. Es un dolor fantasma, como si me hubieran amputado una parte de mí. La sensación sale a la superficie incluso cuando estoy rodeada por mis cuatro hijos y mis ocho nietos, durante festividades como Janucá o Pascua, cuando la familia extensa hace aún mejor la experiencia. Recuerdo entonces que mi madre fue la única superviviente de la familia Pinkusewicz, que perdió a ciento cincuenta miembros durante el Holocausto. Y luego estaban también los padres de mi padre, cinco de sus hermanos y todas sus familias. Todos ellos perecieron. Todavía echo de menos a mi tío James, después de todos estos años.

Yo también moriré un día, cuando salga mi número. Ahora lo único que tengo que hacer es mirar a mi antebrazo izquierdo, y ahí está, el recordatorio constante de quién querían los nazis que fuera: A-27633. Solo un número esperando a que lo gasearan. A lo largo del tiempo, ese tatuaje ha llegado a representar justamente lo contrario de lo que pretendían los nazis. Pretendía deshumanizarme. Reducirme a un número. Marcarme, como si fuera una vaca o una oveja. Por el contrario, me ha dado poder. También ha afirmado mi humanidad personal y mi obligación con aquellos que no fueron tan afortunados. De alguna manera, es un símbolo de mi victoria moral final sobre Hitler y los de su especie.

Solo una vez me sentí violenta por el tatuaje, cuando tenía unos doce años, poco después de llegar a Estados Unidos. Me agarré a una correa de sujeción de las que cuelgan en el metro de Nueva York. Todos los que estaban en el vagón parecían mirarme y concentrarse en mi antebrazo izquierdo. Nadie dijo una sola palabra. Solo miraban el tatuaje. De repente noté un calor espantoso. Quería tapármelo.

No mucho después, fui a una revisión médica como parte de un programa de reasentamiento de refugiados. Junto con otros refugiados, me examinaron para asegurarse de que estaba sana.

—Te voy a hacer un regalo —dijo el doctor—. Voy a quitarte ese número con una pequeña operación de cirugía plástica. No se notará que lo has tenido. Será solo un pequeño corte.

Yo solo tenía doce años. Quizá fuese una refugiada, pero, insolente, me señalé la frente y le dije:

—Aunque el número estuviera aquí, no me lo quitaría. Yo no hice nada malo.

Me enfurecía que el doctor lo hubiese sugerido siquiera. El tatuaje era algo que decía bien a las claras que yo había estado allí, que vi lo que ocurrió.

Conozco a personas que se quitaron los tatuajes cuando eran jóvenes. Todos lo han lamentado. Todavía recuerdo a la joven judía que me hizo el tatuaje unas pocas semanas después de que me llevaran al *Kinderlager*. A la mayoría de los prisioneros los tatuaban en cuanto entraban en Auschwitz. No sé por qué en mi caso no fue así. Quizá la burocracia alemana tuviera sus fallos.

Cuando llegó nuestro turno, tuvimos que ponernos todos en fila. Muertas de hambre y esperando quizás alguna ración extra, algunas chicas se abrieron paso a empujones para estar las primeras de la cola. Rutka, de Tomaszów Mazowiecki, acabó justo delante de mí. Le tatuaron el número A-27632.

La tatuadora tenía diecisiete o dieciocho años. Por aquel entonces, como yo era tan pequeña, me pareció muy vieja. Era muy agradable y cuidadosa, pero la mano le temblaba. «A esta mujer no le gusta nada lo que está haciendo», pensé para mí.

Yo miraba todos y cada uno de sus movimientos. Aquella mecánica me fascinaba.

La aguja dolía un poco, pero concentrarse en lo que ella estaba haciendo ayudaba a disminuir el dolor.

Hoy eso lo harían con una máquina, pero en aquel tiempo no había nada más que una aguja afilada que mojaba en una botella de tinta. Iba hacia delante y hacia atrás, dando pequeños pinchacitos. Cada punto lo hacía por separado. La mujer me hablaba amablemente mientras trabajaba.

—Te haré un número muy bien hecho. Si sobrevives, te puedes poner una blusa de manga larga y nadie sabrá lo que te ha ocurrido. No te avergüences. Busca un trapo frío y húmedo, y te lo aprietas encima del número. Así te dolerá menos. A partir de ahora ya no tienes nombre. Solo tienes número. Apréndetelo de memoria. Es importante.

No mucho después de que me tatuara, la asesinaron. Como otras muchas, pasó diez minutos asfixiándose hasta morir. ¿Por qué la mataron? Después de todo, ella estaba trabajando. Era solo una pequeña pieza de la maquinaria de la guerra, pero tenía, en términos nazis, un empleo útil. Quizá fuese demasiado lenta. Tal vez fuese demasiado amable al desempeñar una función que le parecía claramente despreciable. Para los nazis, la compasión era un crimen que se castigaba con la muerte.

La tatuadora tenía razón. Tuve que aprenderme de memoria el número, aunque no sabía leer ni escribir; ni siquiera conocía los números. Al pasar lista por la mañana y por la noche, cuando se reunían todos los niños, nunca, ni una sola vez, oí que la anciana de bloque pronunciase el nombre de Tola Grossman. Había muchos números que se parecían al mío. Aprendí a oír los números agrupados. Si la anciana gritaba A-27633 y yo no respondía «presente», se detenía y lo repetía. Entonces se enfadaba, y la vida podía volverse mucho más desagradable. Siempre podía aplicar alguna forma de castigo por hacerla enfadar. Lo mejor era ser anónima, no atraer la atención. Había aprendido esa lección con mis padres en el gueto y en el campo de trabajo, y ahora comprobaba por mí misma cuán sabia era aquella estrategia.

La anciana de bloque del *Kinderlager* tenía una serie de castigos que podía ir administrando. Por mi parte, era consciente de que podía resistir sus bofetadas sin problemas. No era ni mucho menos tan fuerte como la mujer de las SS a la que yo había exasperado en agosto. Lo más común era que nos obligaran a permanecer firmes pasando lista durante mucho tiempo. Nadie quería permanecer de pie eternamente. Reducir la ración de comida, sin embargo, era la sanción más dolorosa. Echaba de menos la presencia física de mi mamá, su amor y ese corazón que me alimentaba. Pero ahora comprendía lo mucho que dependía de los trocitos de pan que ella me iba dando de su propia ración. Sin ese pan extra, pasaba muchísima más hambre. La sopa aguada que nos daban en el *Kinderlager* resultaba tan insustancial como en el barracón que compartía con mi madre. Pero allí parecía que había incluso menos. Los retortijones del hambre duraban más que antes, y siempre estaba hambrienta. Puede que los nazis aún no nos hubieran enviado a la cámara de gas, pero nos estaban dejando morir de hambre.

Obviamente, mamá estaba preocupada por cómo aquella «dieta» pudiera afectarme. Un día, una mujer vino y me dio un saquito atado con un trocito de cordel. Era el 7 de septiembre de 1944.

—Es de parte de tu mamá —dijo—. Es tu regalo de cumpleaños. Vas a cumplir seis.

¡Mi mamá seguía viva! Miré dentro de la bolsita. Había un trozo de pan. Nunca un regalo ha significado tanto para mí como aquel mendrugo. El amor por mi madre rebosó dentro de mí. Aquello me recordó que, a pesar de nuestras terribles condiciones, ella seguía luchando por mi vida. Más tarde descubrí que había robado una patata para cambiarla por aquel trozo de pan. La pillaron y la golpearon brutalmente en la cabeza. El castigo fue tan duro que mamá sufrió fuertes dolores de cabeza durante el resto de su vida. Aun así, agarró el pedazo de pan y no lo soltó.

Aquel regalo me levantó la moral. Me sentía tan hambrienta que me lo habría comido allí mismo. No obstante, decidí guardarlo para el momento en que estuviera a punto de morir de inanición. La muerte. ¿No era eso lo que les ocurría a todos los niños judíos? En mi inocencia, pensaba que el pan podría salvarme la vida y apartarme del abismo. Así pues, guardé la bolsita debajo de la parte delantera de mi vestido y me dormí en la litera que compartía con otra niña, que tenía el doble de mi edad.

Unos chillidos y carreras de patas diminutas por encima de mi cuerpo me despertaron en mitad de la noche. Las ratas habían encontrado mi regalo. Noté sus garras en mi piel. Varias de ellas se metieron debajo de mi vestido y me robaron el pan; salieron corriendo hacia la oscuridad para devorar su premio. Otras ratas saltaron de la litera, persiguiéndolas. Busqué la bolsita, pero las ratas se habían llevado todo el pan. No quedaba ni una miga. Ni que decir tiene que mi sexto cumpleaños no fue nada feliz.

Cada largo día en Birkenau parecía fundirse con el siguiente, pero, como sé lo que ocurrió en mi cumpleaños, puedo poner una fecha precisa a mi encuentro con las ratas. Mientras investigaba la cronología de Auschwitz supe que dos días antes, el 5 de septiembre de 1944, una niña llamada Anna Frank llegó a Birkenau desde un campo de tránsito llamado Westerbork, en los Países Bajos. Los vagones de ganado transportaban a 1019 judíos holandeses, incluidos siete que habían vivido ocultos durante más de dos años en una estrecha casa junto a un canal, en Prinsengracht 263, Ámsterdam. Entre ellos estaba Anna Frank, entonces de quince años, su hermana Margot, su madre, Edith, y su padre, Otto. La última anotación del diario de Anna Frank, escrita en el «anexo secreto», que estaba oculto detrás de una librería, fue el 1 de agosto de 1944, tres días antes de que la Gestapo la detuviera después de que denunciaran a su familia.

En su diario, quizá la obra literaria más famosa del Holocausto, Anna Frank escribió: «A nuestros muchos amigos y conocidos judíos se los están llevando a montones. La Gestapo los trata muy mal, y los transporta en vagones de ganado a Westerbork, el gran campo en Drenthe, donde envían a todos los judíos».

Y añadía: «Si las cosas están mal en Holanda, ¿cómo estarán en esos lugares lejanos y poco civilizados adonde los alemanes los están enviando? Suponemos que la mayoría de ellos mueren asesinados. La radio inglesa dice que los gasean. Quizá sea la forma más rápida de morir».

Pero el Holocausto era impredecible. Anna Frank no tuvo una muerte rápida. Trabajó como esclava en Birkenau hasta noviembre de 1944, cuando la llevaron al campo de concentración de Bergen-Belsen, al norte de Hannover, donde murió de enfermedad y agotamiento en febrero de 1945. Nunca nos conocimos, pero soportamos el mismo régimen de desnutrición que al final contribuyó a su muerte.

El dolor físico del hambre nunca me ha abandonado. Es la sensación más terrible del mundo. Quizá no se vean las cicatrices, pero todavía las noto, ochenta años más tarde, mordisqueándome el estómago. El hambre tiene un efecto duradero, emocional y físicamente.

La inanición desató un sueño muy revelador en Birkenau. Era tan extraordinario que todavía recuerdo su extrañeza alucinógena. Naturalmente, trataba de aquello que más echaba de menos: la comida.

Yo iba andando por el exterior y de repente daba con un lago que consistía enteramente en yemas de huevo. Se extendía hasta donde alcanzaba la vista. Después de sobrevivir a base de gachas y pan rancio, obviamente fantaseaba con huevos, mi alimento favorito y más consolador de todas las épocas. Me quitaba los zapatos blancos, rompía con mucho cuidado la membrana que recubría el lago de huevo y me sumergía hasta el cuello. Tenía la sensación de estar flotando en un baño caliente y empezaba a nadar a braza. Tenía los ojos al nivel de las yemas y me tragaba una entera con cada brazada que me llevaba hacia delante. Yo nadaba y comía. Nadaba y comía.

Estoy segura de que mis compañeros de prisión fantaseaban sobre algo similar. Es difícil describir la inanición. Imagínense a un monstruo en tu interior que devora cada una de tus células. La comida se convierte en una obsesión. Te ves paralizada por un frío interno, siniestro. Todos los rincones de tu cuerpo anhelan la sustancia, porque cada órgano interno, cada articulación, cada cartílago se está atrofiando por falta de nutrición. Tu cuerpo se muere desde dentro, a cámara lenta. Imagínense sentir algo así de niños y no ser capaz de explicar qué es lo que pasa.

Aunque yo solo tenía seis años, podía identificar a las personas que estaban a punto de morir. Parecían hundirse hacia sí mismas, hasta acabar dobladas en dos. En la jerga de los campos, había una palabra para ellos. Se los conocía como *Muselmann*. Literalmente, se traduce como «musulmanes»…, porque parecía que estaban inclinados en oración. El término se usaba para describir a aquellos que acababan vencidos por el cansancio y el hambre, tan desgastados que aceptaban que la muerte era inminente, e incluso sentían alivio. Cuando un prisionero llegaba a ese punto, no había vuelta atrás.

La niña de doce años que compartía mi litera presentaba todos los síntomas de un *Muselmann*. Yo sabía que se estaba muriendo de hambre. Su cuerpo se estaba clausurando; efectivamente, murió en mitad de la noche, en algún momento del otoño. Me desperté sobresaltada por el pánico y la encontré inmóvil y fría a mi lado. Era muy triste que hubiera muerto, pero también me preocupaba que nos hicieran permanecer de pie durante horas sin fin en el *Appell* porque la niña no respondiera cuando dijeran su número. También me preocupaba por la anciana del bloque que tenía que contarnos. Si el número no cuadraba y se sospechaba que alguien había escapado, tendría problemas con los alemanes. Yo tenía miedo de la anciana, pero sabía, incluso a tan corta edad, que ella también era una víctima de los nazis.

El cadáver era responsabilidad mía, porque compartíamos la cama. Yo aún no sabía leer su número, pero, como lo había oído nombrar muchas veces a lo largo de los últimos meses, supe que podría reconocer el sonido. Al amanecer, arrastré el cuerpo a la entrada del barracón y lo coloqué junto a una pila de otros niños que habían muerto por la noche. Aunque era poco más que piel y huesos, pesaba muchísimo para ser transportada por una niña que solo tenía seis años. En el *Appell* dijeron su número. Recuerdo haber experimentado una extraña sensación de orgullo por haberme ocupado del problema, aunque no entendiera los números.

Levanté el brazo y respondí triunfalmente:

—Está muerta.

13

El camino más largo

Campo de exterminio de Birkenau, en el sur de la Polonia
ocupada por los alemanes, otoño de 1944

Seis años

$\mathcal{R}$ecuerdo el mejor desayuno que tomé en el campo de exterminio. Si cierro los ojos y lo pienso, todavía puedo saborearlo y notar la textura en mi lengua. Por una vez, no era un basto trozo de pan rancio y una sopa aguada. No sé qué era exactamente. Por aquel entonces supuse que eran gachas, mientras que ahora considero más probable que fuera un plato alemán muy goloso y bastante habitual, un *pudding*: sémola cocida con azúcar y quizá leche condensada, algo que todos los soldados alemanes llevaban en su macuto como parte de sus raciones de conservas. Fuera lo que fuese, para niños como yo, que nos moríamos de hambre y ansiábamos cualquier alimento, fue delicioso.

—Tenemos una golosina especial para vosotros esta mañana —dijo una voz adulta—. Comedla, hace frío fuera y tenemos que salir.

No quería nada más que aquella comida. Llevaba mucho tiempo anhelando algo dulce. Tenía sustancia y me dejó llena.

Devoré la sémola y rebañé hasta el último granito pegajoso de la fiambrera con mi cuchara.

El nuestro era el último bloque de niños que quedaba. Instintivamente, todos sabíamos adónde nos dirigíamos en aquel paseo. No importaba. Teníamos el estómago lleno por primera vez desde hacía mucho tiempo. Vivíamos minuto a minuto. Y en aquel momento sencillamente dábamos gracias por el don de la comida. Cuando ahora pienso en aquel desayuno, me parece perturbador que incluso con los niños los nazis emplearan estratagemas. Nos manipulaban para asegurarse de que hacíamos exactamente lo que nos decían.

Después de comer, salimos del barracón. Fuera hacía mucho frío. El suelo estaba duro como una roca y cubierto de escarcha. No sé con total seguridad cuándo era, pero probablemente sería a finales de octubre o principios de noviembre de 1944. Giramos hacia la izquierda y nos dirigimos hacia las vías del ferrocarril. Nuestro aliento formaba nubes de vapor que salían de nuestra boca. Debía de haber más de cincuenta niños que iban de los cuatro a los doce años, escoltados por dos miembros femeninos de las SS. Yo era una de las más pequeñas, y aprovechaba hasta el mínimo calor que me daba el basto abrigo que llevaba encima del vestido suelto. Llevaba también mis zapatos con cordones blancos, pero no tenía calcetines. Iba en la parte de atrás de la fila con otra niña pequeña y hablábamos mientras andábamos.

Cadáveres, delgados, cubiertos de escarcha, yacían en el suelo, no lejos del camino que íbamos recorriendo. Sus ojos parecían seguirnos. La muerte puede golpearte en cualquier momento, de muchas formas. La gente no siempre moría en sus literas, como mi compañera de cama. Yo sabía que aquellos cuerpos se habían derrumbado de repente, muertos de hambre, de cansancio y de enfermedad. Quizás aquella gente acabase de morir hacía unos minutos, o tal vez hubiera muerto la noche antes y todavía no la habían recogido los *Leichenkommando*, los equipos de trabajo responsables de los cadáveres. De cualquier manera, aquellas imágenes no nos perturbaban. Los cadáveres formaban parte del paisaje, sencillamente.

Pasamos junto a otro de los barracones de niños. Estaba vacío. No habíamos visto a aquellos niños desde hacía unos días. Algunos de los mayores de nuestra fila suponían que los SS habían venido a por ellos y que se los habían llevado al crematorio.

—A lo mejor ahora nos toca a nosotros —le dije a mi compañera.

Como siempre, ya había aceptado la idea de que la muerte era mi destino. No estaba segura del todo de lo que era la muerte, o lo que ocurría después, pero seguía convencida de que todos los niños judíos tenían que morir. Mientras hablábamos, los susurros iban pasando desde la parte delantera de la fila hacia atrás. Alguien había preguntado adónde íbamos. La respuesta parecía ser que sí, que nos dirigíamos a la cámara de gas.

Seguíamos andando. El desayuno alemán estaba consiguiendo lo que se proponía. Me sentía nerviosa, pero no exageradamente alterada. Por una vez tenía el estómago lleno y ese frío interior que procede de la inanición había desaparecido momentáneamente.

De repente, una fuerte voz de mujer perforó mi conciencia.

—¡Tola!

Me sentí confusa. Era mi nombre. Desde hacía meses no lo había oído pronunciar fuera del barracón de niños. Para los adultos yo ya no era Tola, sino A-27633.

—Debe de ser mi madre —le dije a mi compañera—. Es la única adulta que conoce mi nombre. Sí, seguro que es ella.

Miré hacia mi derecha y vi a todas esas mujeres tan delgadas, que parecían ir medio desnudas, apretadas contra una verja de alambre de espino. Todas tenían un aspecto horrible, mostrando en su cuerpo las huellas del hambre.

—Tola, ¿adónde vais? ¿Qué está pasando? —gritó mi madre.

Entre aquella multitud no podía verla, solo oír su voz.

—Vamos al crematorio —le contesté, casi con desenfado.

De repente, todas las mujeres que estaban detrás del alambre empezaron a gritar y a aullar. Nosotros continuamos caminando; los gritos se volvieron más fuertes y más desesperados. Me volví hacia mi joven compañera y le dije:

—No entiendo por qué gritan. Todos los niños judíos tienen que ir al crematorio. ¿Por qué lloran?

Debimos de andar, cuando menos, durante quince minutos. Entonces, justo antes de llegar a las vías de ferrocarril, nos volvimos hacia la derecha, hacia a un edificio largo, de un solo piso, en forma de T, con el tejado inclinado. Parecía un centro comunitario grande, aparte del anexo incongruente a un lado, con una chimenea chata de ladrillo que despedía ese humo tan maloliente. El calor del desayuno ya estaba desapareciendo. Nos estábamos congelando, sobre todo aquellos que no tenían zapatos.

—Bajad los escalones —nos ordenó un soldado con uniforme de las SS.

Hicimos lo que nos decían y entramos en una habitación oscura, de cemento desnudo, con las paredes grises, donde había unos ganchos para colgar ropa. Qué lugar más siniestro y terrorífico. Era la antesala de la cámara de gas del crematorio III.

—Colgad las ropas de tal manera que podáis saber exactamente dónde las habéis dejado cuando salgáis. Ahora os vais a dar una ducha.

Las paredes de cemento amplificaban las duras temperaturas. Me desnudé e inmediatamente empecé a tiritar. Jamás había tenido tanto frío. Me puse de puntillas, colgué mis ropas y coloqué mis zapatos pulcramente. Miré hacia abajo por ver si había alguna señal en el suelo que pudiera reconocer más tarde. Eché una mirada hacia izquierda y derecha para recordar qué niños estaban a cada lado de donde estaba yo, para cuando saliéramos de la ducha. Excepto que un sexto sentido me indicaba que no saldríamos.

Los guardias seguían manteniendo la ilusión de que sí saldríamos. Algunos de los niños mayores sollozaban. Algunos en silencio, otros menos. El ruido alteraba la pasión por el orden de los alemanes, y más de una vez nos dijeron que nos callásemos.

Los guardias distribuyeron unas toallas harapientas, reforzando así la ficción de que estábamos en aquel calabozo solo para darnos una ducha. Las toallas no tranquilizaron a los mayores. A mí me dieron una pequeña de color naranja, que me envolví en torno al cuerpo metiéndomela por debajo de los brazos. Me dio un poco de calor momentáneamente, aunque pronto empecé a tiritar de nuevo. Los gimoteos de los niños, que sufrían por el frío y el terror, resonaban por toda la sala. Algunos se dejaban llevar por la sensación de fatalidad que había caído sobre nosotros. Pero yo no. Yo me quedé callada. No lloré. Me había resignado a mi destino, fuera el que fuese. Mientras pudiera escapar del frío…

Nos acurrucamos juntos en la sala de espera de cemento, a unos pocos metros de las puertas de la ducha. No tenía miedo. Tampoco echaba de menos a mis padres. Aquello, fuera lo que fuera, era algo que ya había anticipado. Envueltos en nuestras finas toallas, congelados, temblando y agitándonos, nos agarramos los unos a los otros para darnos calor. Mirábamos y escuchábamos a unos guardias uniformados de las SS con unas tablillas portapapeles que en el otro extremo de la habitación se gritaban entre sí. Parecían confusos. Normalmente, las operaciones alemanas funcionan como un reloj, pero, al parecer, aquella mañana frígida, la mecánica de la maquinaria de guerra nazi funcionaba mal.

Esperamos y esperamos. La tensión resultaba insoportable. Los sollozos molestaban mucho a los alemanes, que no dejaban de gritarnos que nos callásemos. Nosotros seguimos de pie, envueltos en aquellas toallas, durante horas. De repente, nos dieron una orden áspera.

—*Raus, raus.*

«Salid, salid».

Se nos ordenó que nos vistiéramos lo más rápido posible y que volviéramos a nuestro barracón.

—Es el bloque equivocado —oí decir a alguien—. Los traeremos en otro momento.

Salimos de la sala de espera y volvimos a subir las escaleras; desanduvimos nuestros pasos hacia el *Kinderlager*, escoltados de nuevo por dos guardias de las SS. Esta vez el campamento de las mujeres quedaba a nuestra izquierda. Las mismas mujeres demacradas que nos habían visto pasar antes se apretaban contra la verja de alambre de espino. Esta vez, sin embargo, sus voces estaban llenas de alivio y asombro.

—Tola, ¿qué ha pasado? ¡Dime qué ha pasado! —chillaba mamá.

Una vez más no la veía entre la multitud.

—¡Han cogido al bloque equivocado! —chillé—. ¡Nos llevarán allí en otro momento!

Como siempre, realista, incluso a tan tierna edad.

En la historia del Holocausto, de todos los millones que entraron en las cámaras de gas en Polonia, como Auschwitz, Majdankek, Chełmno, Treblinka, Belzec y Sobibor, muy pocos consiguieron sobrevivir de alguna manera a la experiencia. Es probable que aquel grupo de cincuenta niños haya sido el de mayor número de personas que vivieron para contarlo.

Siempre he pensado que fue un milagro del Holocausto. No sé si nos salvamos porque, como pensaba en aquel momento, había confusión sobre qué niños estaban destinados al exterminio. Pero si éramos realmente los últimos niños en Birkenau, ¿cómo podían creer los SS que tenían que gasear a otro grupo?

Durante la investigación para este libro ha surgido otra posibilidad. Si nuestra entrada en la cámara de gas tuvo lugar el 2 de noviembre de 1944 o más tarde, es muy posible que nos salvara Heinrich Himmler, el segundo hombre más poderoso del Tercer Reich y uno de los arquitectos de la «solución final». En esa fecha, Himmler decretó que no se gaseara más usando el Zyklon B con base de cianuro. Su orden desafiaba a Hitler, que insistía en que continuase el exterminio de los judíos hasta que se completase la tarea.

Uno de los catalizadores de la decisión de Himmler era saber que los aliados por aquel entonces ya conocían la escala del genocidio que los nazis estaban perpetrando. El punto de no retorno había ocurrido a finales de julio de 1944, cuando, en un ataque relámpago, el Ejército Rojo soviético capturó el campo de exterminio de Majdanek, a trescientos cincuenta kilómetros al nordeste de Auschwitz. Los rusos ocuparon el lugar intacto, antes de que los alemanes tuviesen la oportunidad de destruir las cámaras de gas y otras infraestructuras. Por tanto, la prueba de los crímenes de guerra nazis resultaba irrebatible.

Los mejores testigos eran los trabajadores llamados *Sonderkommandos*. Predominantemente judíos, su función era llevar a cabo las tareas más repugnantes para ahorrarles a los nazis tener que mancharse más las manos ya teñidas de sangre. Los alemanes intentaron que los *Sonderkommandos* fueran cómplices, obligándolos a conducir a sus compañeros judíos a las cámaras de gas, llevando a veces incluso a sus propios amigos y familiares a la muerte. Luego, después de que el cianuro hubiese cumplido su cometido, se les pedía que transportaran los cadáveres y los cargaran en los crematorios. Y cuando estos se saturaban, quemaban los cuerpos a cielo abierto.

Los *Sonderkommandos* eran muertos vivientes. Sabían demasiado. Habían visto todo lo que hacían los nazis. Como posibles testigos, suponían una amenaza para los alemanes, si alguna vez se hacía justicia. Realizar las tareas que no estaban dispuestos a llevar a cabo los alemanes prolongaba la vida de los *Sonderkommandos* unos cuantos meses, un año quizá. Disfrutaban de unas raciones ligeramente mejores que los prisioneros normales de Birkenau. Sin embargo, que los obligaran a formar parte de ellos equivalía a una sentencia de muerte.

El 7 de octubre de 1944, después de oír que estaban a punto de matarlos, doscientos cincuenta *Sonderkommandos* llevaron a cabo la mayor revuelta en la corta y sangrienta historia de Auschwitz-Birkenau. Hicieron bombas improvisadas y granadas de mano utilizando fiambreras y explosivos que les pasaron de contrabando unas trabajadoras esclavas que habían estado trabajando en una fábrica de munición. Después de atacar a los guardias de las SS con cuchillos, piedras, martillos y palancas, consiguieron destrozar el crematorio IV, que, como el crematorio V, estaba situado entre unos pinos que casi quedaban en línea directa con la puerta delantera de nuestro barracón. Murieron tres miembros de las SS, incluido uno que fue arrojado al horno abierto del crematorio. Nosotros nos escondimos dentro mientras tuvo lugar aquella feroz batalla, solo a unos centenares de metros de distancia. Usando las explosiones de unas latas de oxígeno que detonaron y el fuego resultante como cobertura, algunos de los prisioneros intentaron escapar. Los *Sonderkommandos* habían visto lo que les había ocurrido a sus predecesores y preferían caer luchando. Ninguno de ellos consiguió sobrevivir. Las SS mataron a los doscientos cincuenta. También acabaron con la vida de un par de centenares de conspiradores más.

Los nazis investigaron cómo habían caído los explosivos en manos de los *Sonderkommandos*. Sentenciaron a muerte a cuatro prisioneras, a las que torturaron durante semanas y a las que más tarde colgaron. La última batalla de los *Sonderkommandos*, sin embargo, consiguió un éxito notable: el crematorio IV estaba tan dañado que no se podía reparar: tuvieron que demolerlo.

Después del decreto de Himmler de que cesaran las operaciones de gaseado, empezaron los trabajos para desmantelar las otras cámaras de gas y crematorios. A las prisioneras como mi madre se les ordenó que empezaran a demoler el crematorio III y su cámara de gas, aquel que casi se cobra mi vida. Tenían que quitar los raíles de metal que conducían a la fila de hornos. El objetivo de esas vías era acelerar el proceso de cremación. El *Sonderkommando* cargaba en sus pequeñas vagonetas los cuerpos y las empujaban por las vías hasta los hornos individuales.

A las mujeres se les ordenó colocar césped encima de todos los pozos que se habían usado para quemar cuerpos cuando los crematorios ya no podían absorber tantos. También se les pidió que tamizaran las cenizas de restos humanos antes de echarlos en el río Vístula, que quedaba cerca. Algunas mujeres trataron de ocultar huesos, para que pudieran usarse como prueba más tarde. Sabían que los rusos, y con ellos quizá la justicia, estaban de camino. Es extraordinario pensar que en una época en que el Tercer Reich alemán se enfrentaba a su mayor amenaza, por la potencia del ejército soviético, los SS ordenaban a las mujeres que plantasen árboles en sitios donde antiguamente había habido antiguos pozos de cremación, para que pareciese que nada había ocurrido.

La última vez que estuve en una cámara de gas fue el 26 de enero de 2020. Volví para el septuagésimo quinto aniversario de la liberación del campo. Entré en la cámara que se conserva, en el crematorio I, junto a la famosa puerta de entrada a Auschwitz con su sarcástica bienvenida: «*Arbeit Macht Frei*». La cámara, relativamente pequeña, con tres o cuatro hornos y unas bandejas de metal para empujar los cuerpos hacia las llamas, quedó obsoleta porque no podía absorber la escala industrial del exterminio en el momento álgido de la solución final.

Yo pensaba que era lo bastante dura para entrar en un lugar repleto de recuerdos personales de pesadilla y que simboliza los crímenes contra mi pueblo. Sin embargo, al cabo de un par de minutos, sentí que apenas podía respirar y tuve que salir rápidamente. La experiencia resultó demasiado para mí.

14

Liberación

Campo de exterminio de Birkenau, en el sur de la Polonia
ocupada por los alemanes, media tarde, 25 de enero de 1945

Seis años

Después de mi encontronazo con la cámara de gas, el siguiente momento de peligro máximo llegó a finales de enero de 1945, cuando la historia se fue acercando a Auschwitz-Birkenau.

Los nazis habían ordenado dejar de gasearnos, pero eso no quiere decir que no hubiera más asesinatos. Aunque las cámaras de gas ya estaban inutilizadas, la vida no era más segura. Seguían ejecutando a gente. Los prisioneros continuaban muriendo de enfermedad, desnutrición y agotamiento. No obstante, por primera vez desde que los nazis habían llegado al poder, su prioridad era la autoconservación. Aunque nuestros guardias, los fanáticos SS, se enorgullecían de su reputación, de ser la flor y nata del Ejército alemán, como tantos matones se convertían en unos cobardes cuando alguien se oponía a ellos.

Los aviones estadounidenses bombardeaban las fábricas unidas al complejo de Auschwitz. A pesar del peligro para los trabajadores esclavos que se encontraban en el interior, recibieron bien los ataques: era una señal de que la liberación estaba cerca. El estruendo de la artillería crecía a medida que el ejército rojo soviético se acercaba desde el este. Cuando se aproximaron a Cracovia, a sesenta y cuatro kilómetros de Birkenau, el 17 de enero de 1945, los prisioneros pudieron comprobar como un gran pánico y un terrible caos se expandía entre los SS borrachos.

En esos momentos, los alemanes estaban en una suerte de carrera contrarreloj. Los prisioneros no necesitaban periódicos ni emisiones radiofónicas para saber lo que estaba ocurriendo. Oían las conversaciones ansiosas de los soldados. Los SS experimentaban miedo real, quizá por primera vez. Birkenau había sido un destino fácil. Lo único que requería era asesinar a civiles indefensos. En cambio, nadie en su sano juicio se ofrecía voluntario para el frente ruso, donde el enemigo y el invierno no daban cuartel. Pero ahora el frente ruso estaba ante sus puertas. El sacrificio de Stalingrado estaba fresco en la memoria soviética. Más de un millón de tropas y civiles rusos murieron allí, en la batalla más sangrienta de la Segunda Guerra Mundial. La victoria soviética a las orillas del río Volga, el invierno de 1942, finalmente dio la vuelta a la guerra en el este contra Alemania. La represalia estaba en la punta de cada bayoneta del ejército rojo. Dirigiéndose hacia el oeste, los rusos barrieron toda posible oposición. Apenas les faltaban unos pocos días para llegar a nuestras puertas.

Los alemanes empezaron la evacuación de Birkenau el 18 de enero de 1945. El peor genocidio en la historia de la humanidad había tenido lugar dentro de los confines de esas verjas electrificadas. Los nazis intentaron sanear la escena del crimen, o al menos dejar el menor número de pruebas posible. Dinamitaron los crematorios II y III. Solo quedaba intacto el crematorio V. Incineraron los registros y archivos tan diligentemente recogidos a lo largo de los últimos años, pero su mayor problema era que quedaban muchos testigos. Quedaban sesenta mil prisioneros en Auschwitz, Birkenau y Monowitz, los principales componentes del complejo de Auschwitz.

Los nazis empezaron a reunir prisioneros, o bien para transportarlos, o bien para obligarlos a marchar hacia el oeste, en dirección a Alemania. El primer día de esa operación, unas cinco mil mujeres y niños salieron de Birkenau, con zuecos o descalzos, en columnas de quinientos, escoltados por los guardias de las SS. A los que estaban demasiado enfermos o débiles los ejecutaban sumariamente. Como animales heridos, los alemanes estaban en su momento más peligroso, ahora que se sentían amenazados. A lo largo del curso de la semana siguiente, el tumulto se intensificó, mientras los rusos se acercaban cada vez más y más.

La mañana del 25 de enero de 1945, la anciana del bloque del edificio de mamá dijo que la evacuación del campo ya casi había llegado a su fin. Les dijo a las mujeres que las que pudieran andar tenían que partir; ya «se ocuparían» de las que no pudieran. Mamá sabía lo que eso significaba. Esperó su oportunidad; cuando la anciana se volvió de espaldas, se escabulló del barracón y vino a buscarme.

Comprendía cómo de clave era aquel día: le ofrecía la perspectiva de la libertad. Tras seis años de esclavitud, hambre y degradación, la liberación estaba quizás a unas horas de distancia. A su manera discreta, mamá había resistido durante toda la duración de la guerra. Todos los días que ella y yo sobrevivimos fueron un acto de desafío. Aquel día precisamente no podía permitirse ningún tipo de pasividad. Era impensable que sucumbiéramos al Holocausto en aquellas últimas y turbulentas horas. Por primera vez en toda la guerra, mamá tenía una leve posibilidad de dictar cómo iba a acabar el día. Su sexto sentido, su intuición, le había servido bien en el pasado. Tenía que seguir sus instintos, manteniendo al mismo tiempo los ojos bien abiertos.

La confusión en el campo, el humo que surgía de los fuegos y la oscuridad del invierno trabajaban a nuestro favor. Mamá consiguió su objetivo. Logró llevarme a la enfermería y ocultarme en un lecho con un cadáver tapado.

Lo que mamá no sabía, y de lo que yo me he enterado después, es que, a las dos de aquella tarde, grandes números de tropas SD entraron en nuestro campo para obligar a todos los judíos que quedaban a salir a campo abierto. SD significaba *Sicherheitsdienst*, el servicio de seguridad… Posiblemente, era el grupo más peligroso de todas las fuerzas armadas alemanas: actuaban como unidades de asesinato móviles.

En cuanto oí sus botas, salí de mis ensoñaciones sobre la muñeca vieja con la cara verde. Me puse alerta al instante. Tuve tiempo para apretarme lo más posible para fundirme con la forma del cadáver. Me quedé tan quieta como me fue posible. Permanecer tranquila y agarrada al cadáver apretadamente fue el resultado de cómo me había educado mamá para sobrevivir.

—*Raus, raus!* —aullaban los alemanes—. *Alle Juden heraus. Heraus, schnell, schnell!*

El corazón me latía con fuerza. Yo no veía nada. Todas mis terminaciones nerviosas estaban en tensión. Sin embargo, recordé las últimas palabras que me había dicho mi madre: «Oigas lo que oigas, no te muevas hasta que yo vuelva».

Mi cuerpo se quedó rígido. Oí disparos y gritos cuando fueron sacando a los pacientes de sus lechos, así como el golpe de sus cuerpos escuálidos al caer al suelo. Oí el temor en sus voces, mientras unas órdenes guturales en alemán resonaban como pistoletazos por toda la enfermería. Los guantes de piel golpeaban sin cesar. Una mujer gritó de dolor. Hubo un disparo seguido rápidamente por otro.

Ahora era mi turno. Un soldado se acercó a mi cama. Se movía despacio, pausadamente. Al acercarse, noté que la grava atrapada en las suelas de sus botas rozaba la madera del suelo. Respiraba con fuerza. Yo mantuve el aliento lo más leve que pude, para que la manta no se moviera. Respiraba hacia el suelo; finalmente, lo contuve todo cuanto fue posible. El soldado pareció tardar siglos en asegurarse de que mi compañera de cama estaba muerta. Al final se fue. Tuve que hacer un gran esfuerzo para no jadear al exhalar el aire. Oí a los soldados ir de habitación en habitación, tirando a los pacientes de las camas al suelo. Los gritos y los disparos camuflaban los sonidos de mi aliento. No me moví ni un milímetro.

Entonces todo quedó muy silencioso. Ardía en deseos de saber si los alemanes habían abandonado la enfermería. Quería quitarme la manta de encima y mirar. Pero no me atrevía a moverme. Mamá me había dicho que me quedara allí quieta. Yo confiaba en ella. Me quedé allí echada, esperando y escuchando. El tiempo no significaba nada. No tenía forma de saber cuánto tiempo estuve allí tumbada.

Entonces olí a humo. Al principio era soportable, pero, al cabo de unos minutos, llenó mis pulmones y empezó a apretujarlos. Luchaba por respirar. Sin embargo, todavía abrazaba el cadáver frío y me quedé debajo de la manta. Me negaba a toser. Podría haberme asfixiado o morir quemada. Seguía las instrucciones de mamá al pie de la letra. El humo se intensificó. Me costaba mucho respirar. Estaba desesperada por encontrar aire fresco, pero todavía me resistía a la necesidad de toser. De repente arrancaron la manta de la cama.

—Rápido, tenemos que salir de aquí. Han prendido fuego al edificio.

Hizo que me sentara.

—Se han ido, Tola. Se han ido.

Era mamá. Había mantenido su promesa. Había vuelto. Ella también se agarró a un cadáver y fingió que estaba muerta.

Había asombro en su voz, así como una sensación de felicidad que jamás había escuchado.

—¿Dónde están tus zapatos? —me preguntó.

Los zapatos blancos con cordones que había llevado desde el verano anterior habían desaparecido.

—Tendremos que irnos sin ellos. Tenemos que irnos ya. No tenemos mucho tiempo.

Examiné el barracón. A mi alrededor, las mujeres salían de las camas. Las medio muertas empujaban y apartaban los cadáveres, que caían al suelo con un golpe suave. En realidad, parecía como si los propios cadáveres estuvieran saliendo de las camas. Las tablas del suelo se alzaban por los aires mientras unas figuras esqueléticas, tosiendo sin parar, vestidas con harapos, salían de sus escondites y se sacudían el polvo y la suciedad. Era como si las muertas regresaran a la vida.

Cogí la mano de mamá y salimos descalzas de la enfermería, que ya estaba ardiendo, hacia la nieve. Muchos edificios estaban en llamas. Realmente, Birkenau era un infierno. Cadáveres recientes inundaban el terreno helado. Eran las personas que había oído ejecutar fuera. Los habían matado porque eran físicamente incapaces de unirse a lo que más tarde se llamaría la Marcha de la Muerte. Podríamos haber sido mamá y yo.

No había SS, ni SD, ningún nazi a la vista, de ningún tipo. Se habían evaporado. Otros presos supervivientes de Birkenau compartieron nuestro asombro al darse cuenta de que los guardianes habían abandonado sus puestos y habían huido. A medida que la multitud se aventuraba hacia las vías del ferrocarril que nos había llevado a Birkenau, pude ver siluetas que se reunían en la oscuridad al otro lado del terreno llano a más de kilómetro y medio de distancia, más allá de la Puerta de la Muerte. El último grupo de prisioneros en partir bajo guardia ascendía a unos trescientos cincuenta niños, mujeres y hombres. No tengo ni idea de qué les ocurrió. Quizá sufrieron un destino similar a aquel que tuvieron los prisioneros de la Marcha de la Muerte, que murieron asesinados por el camino o fallecieron de hambre y de frío.

Por fin era libre de llorar, pero no lo hice. Tenía demasiada hambre. Por encima de todas las cosas, necesitaba comer.

Libres para ir donde quisieran, los prisioneros irrumpieron

en los almacenes y encontraron raciones suficientes para alimentar a un ejército. Se corrió rápidamente la voz de que había mucha comida. Una locura colectiva se apoderó de la gente, que ansiaba aliviar los dolores de su hambre. Usando cualquier utensilio que podían encontrar, abrieron latas de carne procesada y otras exquisiteces.

Aquella noche, Birkenau ardió con todos los tonos del rojo. Las llamas lamían los barracones que los alemanes habían quemado. Algunos quedaron reducidos a cenizas. Los prisioneros abandonados, vestidos con harapos, apelotonados en torno a las hogueras, se calentaban los huesos e intentaban saborear aquel concepto: libertad. Por primera vez desde hacía seis años las llamas significaban vida, no extinción. Los reflectores no brillaban en las torres de vigilancia. Y aunque no había electricidad en las verjas electrificadas, porque habían cortado el suministro de la electricidad y agua durante un reciente ataque aéreo aliado, la mayoría de los prisioneros se quedaron dentro.

Mamá y yo volvimos a su barracón y nos metimos juntas en una litera. Por primera vez desde hacía casi cinco meses me apreté lo más que pude contra ella. Su cuerpo había cambiado. Estaba mucho más flaca, pero seguía oliendo a mi mamá.

Afortunadamente, aquella noche ninguna otra mujer compartió nuestra litera. Me sumí en el sueño más seguro y tranquilo que había disfrutado desde hacía siglos. Ni siquiera me enteré de que hubo una enorme explosión a medianoche, cuando un batallón de demolición de las SS voló por los aires el crematorio V. Fue la última acción militar de los alemanes en Birkenau.

Para mí y para mamá, la guerra había terminado. Ahora empezaban nuevas batallas. Teníamos que luchar con una paz que no sería sencilla… y con nuestros demonios.

15

Liberación

Campo de exterminio de Birkenau, en el sur de la Polonia
ocupada por los soviéticos, media tarde, 27 de enero de 1945

Seis años

Durante dos días, los sonidos de lucha se tornaron más intensos y más cercanos. Aunque nuestros opresores nazis no estaban a la vista por ninguna parte, subyacía el miedo de que pudieran volver. Estábamos en una tierra de nadie muy peculiar, entre el encarcelamiento y la libertad. Nuestros carceleros habían huido, pero los supervivientes que habían quedado en el interior del alambre de púas no solo no tenían adónde ir, sino que estaban confusos, traumatizados, enfermos y, por supuesto, exhaustos. La inquietud y las duras condiciones, sin embargo, se veían contrarrestadas por una oleada de optimismo, una emoción que había estado ausente en mi gente durante toda mi vida.

«¡Vienen los rusos, vienen los rusos!». Esa era la frase que se repetía a medida que iba pasando el día.

Y por una vez el optimismo tuvo su recompensa. A medida que se iba desvaneciendo la luz, captamos el primer atisbo de nuestros liberadores. Me quedé de pie junto a mamá y la verja de alambre de espino, mirando hacia la Puerta de la Muerte, hacia aquel ladrillo rojo. Estábamos perdidas entre una multitud sobre todo de mujeres; eran solo las que tenían la fuerza física necesaria para permanecer de pie durante horas con aquel frío helador. Aunque la mayoría era apenas poco más que esqueletos, conseguían gritar y vitorear y silbar: el sonido más alegre que había oído en mi vida.

Marchando detrás de una enorme bandera roja, con un martillo y una hoz doradas en una esquina, los soldados abrieron la puerta ante un recibimiento tumultuoso. Algunos presos bailaban, movidos por la adrenalina y la afirmación de que, contra todo pronóstico, habían sobrevivido al exterminio. Las mujeres se adelantaron corriendo y besaron a los soldados en las mejillas. También lo hicieron algunos de los hombres. Otros cayeron de rodillas y besaron las botas de los rusos, que habían vencido.

Los soldados abrazaban a aquella gente frágil como palitos, vestidas de harapos, y les devolvían los besos. Un soldado gigante me levantó y, con una sonrisa enorme en el rostro, me sostuvo por encima de su cabeza. Me dijo algo que no entendí. Miré a mamá: ella también sonreía, de modo que me dije que lo que él estaba haciendo estaría bien.

Hasta entonces había pensado que todos los soldados llevaban los cascos de acero intimidatorios y los uniformes negros y grises de las SS. Pero los rusos iban vestidos con unos sobretodos color verde oscuro. Algunos llevaban cascos, otros portaban gorros chatos de piel decorados con unas insignias que no me resultaban familiares. Lo que distinguía a los rusos era su conducta y su empatía. Los ojos de los alemanes estaban llenos de desprecio y odio. Los de los rusos rebosaban alegría. Pero sus expresiones rápidamente cambiaron del júbilo a la conmoción cuando se encontraron con lo que se encontraron. Hasta yo pude comprender que no podían creer lo que veían sus ojos.

A medida que cayó la noche, las tropas del Ejército Rojo fueron colocando unas tiendas en el interior del alambre de espino. Algunos ocuparon edificios vacíos. Días después de que los alemanes los hubiesen incendiado, algunos bloques todavía seguían ardiendo, de modo que los rusos apagaron las llamas. Los soldados dieron a todo el mundo parte de sus raciones. Fue una de las noches más extraordinarias que he vivido. Siempre he considerado el 27 de enero, la fecha de la liberación oficial de Auschwitz, mi cumpleaños alternativo: fue el primer día del resto de mi vida.

Tenía algo que comer. Estaba caliente. Me sentía segura. Y estaba con mamá.

Los rusos, después de recuperarse de la conmoción, se mostraron muy ruidosos, y el campo se llenó con el sonido poco familiar de las risas. Aquellos jóvenes irradiaban la felicidad de estar vivos. Su risa era como una nana que nos acunaba y nos hacía caer en un sueño profundo que nadie perturbaba.

Con las primeras luces, me desperté notando un aroma que no era capaz de identificar. Los rusos habían colocado una cocina de campamento junto a su hospital improvisado y los cocineros estaban haciendo pan. Aquel olor resultaba increíblemente apetitoso. Todo el mundo se puso en fila y les dieron una hogaza caliente. Era absolutamente delicioso. Yo lo devoré con toda la rapidez que pude. En cuanto hube terminado, me volví a poner en la cola. Le dije al cocinero que era huérfana y que no me habían dado pan. Él me reconoció, me sonrió y me tendió otra hogaza. Mamá me vio con la segunda hogaza y me dirigió una de sus silenciosas y sabias miradas.

—Me lo ha dado alguien —mentí.

La comida me entraba por los ojos, pero no en el estómago; solo conseguí comer un par de bocados, porque ya estaba llena. Aun así, escondí la hogaza bajo una manta para comérmela más tarde. No mucho después, el olor delicioso de la carne hirviendo a fuego lento flotaba por el campo, sobreponiéndose al hedor todavía persistente de los crematorios, alojado en mis nervios olfativos. Los cocineros removían enormes ollas de estofado de cerdo, que era un alimento básico para los soldados rusos. Yo ansiaba ponerme en la nueva cola de la comida, pero mamá me detuvo.

—No podemos comer eso. Nuestro estómago todavía no está preparado. Si lo hacemos, nos pondremos enfermas. Me temo que durante unos días solo podremos tomar pan.

Aunque me sentía decepcionada, era demasiado disciplinada para contradecir a mamá. Así pues, mientras muchos de los otros presos arrojaban por la borda toda precaución y devoraban el estofado, nosotras solo comimos pan durante dos días enteros. Al tercer día después de la liberación, mamá puso un poco de mantequilla en el pan. Era maravilloso. Hacia el quinto día, pasamos a pan con mantequilla y azúcar. Definitivamente la vida estaba mejorando.

Varios días más tarde me permitió probar el estofado. Aunque el judaísmo prohibía el cerdo, si te estás muriendo de hambre y solo dispones de comida no *kosher*, se tolera. Devoré el estofado, una comida auténtica que probaba quizá por primera vez en mi vida. Noté que el alimento se iba asentando en el centro de mi ser. Y la sabiduría de mamá quedó comprobada una vez más: conseguí mantener la comida en mi interior, pero, mientras iba vagando por el campo, vi a puñados de personas hambrientas con el estómago revuelto. La mayoría se convulsionaba y vomitaba incontrolablemente, o sufría de disentería o diarrea. En los peores casos, la reacción a las raciones rusas normales resultó fatal. Qué trágico comprobar que personas que habían sobrevivido a la hambruna del Holocausto murieran por culpa de la comida cuando les llegó la libertad.

Ese invierno fue uno de los más fríos del siglo xx. Las temperaturas bajaron muy por debajo del punto de congelación. Mamá necesitaba ropa más abrigada. Yo tenía un abrigo que apenas resultaba adecuado para aquellas condiciones. Junto con otros supervivientes, fuimos por la nieve hacia el almacén entre los pinos conocido como *Kanada*. Habían destruido algunos de los edificios durante la retirada de los alemanes, con su política de tierra quemada. Pero quedaban en pie seis bloques. Estaban llenos con el contenido de las maletas que llevaron más de un millón de personas en su viaje final a Birkenau. Quién sabe..., quizá las posesiones que había guardado en vano durante seis meses también estuviesen ahí. Si era así, resultaba imposible encontrarlas. El amontonamiento de pertenencias era de una escala impresionante. En comparación, el *Sammlungstelle* de Tomaszów Mazowiecki donde mamá y yo seleccionábamos ropas era minúsculo.

Estaba claro que muchas de las ropas que yacían en montones en los almacenes eran caras cuando las compraron. Después de llevar harapos durante seis meses, resultaba tentador coger la ropa más bonita, pero mamá mantenía intacto su principio de frugalidad y corrección.

—Necesito un abrigo cálido —dijo—. Pero no voy a coger ningún abrigo de pieles o nada que parezca caro. No nos beneficiaremos del asesinato de otras personas.

Rebuscó entre una pila de ropas y sacó un abrigo oscuro de hombre que le venía enorme y le llegaba hasta el suelo. Aunque no era nada glamuroso, pensé que mi mamá estaba muy guapa con él. Entonces mis ojos vieron una muñeca de trapo que sobresalía entre algunas ropas.

—¿Puedo quedármela, mamá? —supliqué.

—No, Tola, me temo que no puedes. Se la quitaron a una niñita que murió. Solo nos vamos a llevar lo que nos pueda proteger del frío.

Aproximadamente una semana más tarde, salí de Birkenau por primera vez. Junto con otros niños, unos rusos nos transportaban en camión hacia el campo principal de Auschwitz, el único con el famoso letrero arqueado de metal que decía: «*Arbeit Macht Frei*». Habían convocado a un equipo de filmación para que grabase para la posteridad los horrores que habían descubierto.

Conducida por unas enfermeras y un comisario ruso con gorro de piel, yo iba de la mano de dos de los niños más pequeños; caminamos por un estrecho sendero que tenía unas verjas de alambre de espino electrificadas a cada lado, ahora ya inofensivas. Los rusos nos dijeron que nos levantáramos las mangas y enseñáramos nuestros tatuajes. Esa secuencia se convirtió en una de las más icónicas de la Segunda Guerra Mundial. Yo soy la niña de la izquierda del fotograma, en la escena del tatuaje, la que lleva un abrigo oscuro y un pañuelo en la cabeza atado, muy tirante.

A diferencia de los adultos de la misma película rusa, que eran poco más que esqueletos, ninguno de los niños parece demacrado. Unos pocos días ingiriendo la comida decente del Ejército Rojo nos había permitido recuperar peso enseguida. Esa filmación es una prueba de la resistencia natural de los niños. Cuando acabaron de filmar, me volvieron a llevar a Birkenau.

Setenta y cinco años más tarde, tres de los que participamos en la famosa foto, incluidos Michael y Sarah, de pie a mi izquierda, nos encontramos en Nueva Jersey. Y se dio la coincidencia de que Sarah les daba clases a mis nietos. Qué pequeño es el mundo.

Las primeras semanas después de nuestra liberación fueron emocionantes, tal era la felicidad de no estar ya aterrorizadas, ateridas o hambrientas. Pero la vida bajo la protección del Ejército Rojo pronto empezó a resultar difícil, debido a una combinación de vodka y testosterona. Los rusos se volvieron más pendencieros y agresivos, entre ellos y en especial contra las mujeres. Deambulaban por el campo de noche en grupos, empujando a la gente, gritando y en ocasiones peleándose. Noté que mamá intentaba evitarlos en la medida de lo posible. Otras mujeres no tuvieron tanta suerte. Yo no podía comprender el cambio en su conducta.

Las noches se convirtieron otra vez en experiencias enervantes. Me recordaban al gueto, cuando los alemanes aparecían, rebosando maldad.

Los rusos entraban en nuestro bloque cuando estábamos durmiendo. Tan pronto como mamá oía sus pasos, me despertaba, me vestía rápidamente y salíamos corriendo a buscar otro barracón en el que dormir. Algunas noches nos perseguían; teníamos que correr de un edificio a otro para evitarlos. Siempre vigilante, mamá permanecía despierta durante horas, escuchando, por si acaso. Estar siempre vigilante era agotador.

Una noche, mientras estábamos fuera, un soldado ruso borracho cogió a mamá por el brazo y dejó bien claras sus intenciones.

—¡Vete, déjame en paz! —le chilló ella.

Por aquel entonces, mamá ya había recuperado sus fuerzas y consiguió liberarse de la presión de aquel tipo. Salimos corriendo y nos escondimos. Él aulló unos cuantos insultos alcohólicos, dio unos tambaleantes pasos y abandonó la persecución. A la mañana siguiente, cuando fuimos a recoger nuestra ración diaria de pan, vimos al atacante de mamá tirado junto a un edificio y dormido, aún agarrado a su botella.

—Tenemos que irnos de aquí —dijo mamá—. Lo antes posible.

Nuestra oportunidad llegó cuando la guerra en Europa entraba en su fase final. Los rusos estaban en Berlín y avanzaban hacia el Reichstag; los aliados, dirigidos por los estadounidenses, cerraban la presa desde el oeste. Los rumores de que Adolf Hitler estaba muerto corrían por todo el campo; en un momento dado, apareció la Cruz Roja Internacional para registrar a los supervivientes y ofrecernos asistencia. Mamá se sintió muy aliviada. Le dieron un documento sellado que nos ofrecía pasajes gratis en el transporte público polaco.

—Nos volvemos a casa —dijo, con una sonrisa.

La primavera estaba a punto de convertirse en verano. Yo había crecido y necesitaba sustituir el vestido y el abrigo que llevaba desde hacía casi un año. Todavía quedaban un montón de ropas entre las que elegir.

Mamá me volvió a llevar al almacén de *Kanada* y escogí un vestido azul oscuro decorado con un delantal blanco, una falda con una blusa también blanca y una chaqueta abrigada que me iban perfectas. Pensar en las niñas que habían llevado toda aquella ropa me hizo sentir mal, pero no me quedaba elección.

Nuestra siguiente parada fue en un almacén que contenía varios miles de maletas. Me preguntaba si la nuestra estaría en algún lugar de aquella pila. Cogimos una maleta pequeña y la llenamos casi a reventar de comida, sobre todo pan, queso y mermelada de las raciones del ejército. Quedaba el espacio justo para mi vestido extra. No teníamos más posesiones que aquella maleta y nuestros recuerdos. Yo estaba llena de optimismo porque mamá me había prometido que nos reuniríamos con su maravillosa familia.

—Sabrás de dónde procedes —me dijo.

Estábamos entre los pocos afortunados que podíamos dejar atrás aquel lema de Auschwitz, «*Arbeit Macht Frei*». Pero, desde luego, no fue el trabajo lo que nos había liberado.

Salimos de Birkenau cogidas de la mano una mañana de abril de 1945. Mamá dijo una sola palabra:

—Acuérdate.

16

La bienvenida

Tomaszów Mazowiecki, en la Polonia central ocupada
por los soviéticos, verano de 1945

Seis años

*D*espués de abandonar Birkenau, teníamos que viajar casi doscientos kilómetros en autobús y tren. Anduvimos hasta la estación de la ciudad más cercana, Oświęcim (en polaco, Auschwitz). La gente evitaba nuestra mirada y nos observaba de soslayo cuando pasábamos. Sabían de dónde veníamos. Eran conscientes de lo que había ocurrido al otro lado de las verjas de alambre de espino. Igual que nosotros, lo habían olido.

Después de tomar una serie de trenes y autobuses atestados, llegamos a Tomaszów Mazowiecki al anochecer. Llevábamos ausentes casi dos años. En realidad, no sabíamos muy bien adónde ir. Mamá no sabía qué esperar. Como un pichón que vuelve al nido, se veía atraída de vuelta hacia Tomaszów Mazowiecki. Pero ¿dónde estaba nuestro hogar? ¿En la casa de mis abuelos? ¿En el gueto grande? ¿En el pequeño?

En ese momento, Tomaszów estaba ocupada por soldados rusos; una parte de la ciudad había quedado dañada por la batalla entre los alemanes y el ejército rojo. A mamá le costó muchísimo orientarse. Entonces reconoció a una mujer a la que había conocido antes de la guerra. Alguien que había sido amiga suya. Apretó el paso para saludarla, pero, cuando la mujer se acercó, exclamó:

—¿Qué estáis haciendo aquí? Yo pensaba que Hitler os había matado a todos.

Esa fue nuestra bienvenida a Tomaszów Mazowiecki.

Mamá no respondió. Me apretó la mano. Cruzamos la calle y nos alejamos rápidamente. Yo estaba conmocionada. Quería preguntarle a mi madre por qué aquella mujer estaba tan furiosa con nosotras, pero sabía que estaba muy agobiada, así que me quedé callada.

Seguimos vagando, mientras el frío y la oscuridad se tornaban más profundos. Finalmente, mamá encontró una bodega que tenía la puerta abierta de par en par. Estaba caliente y olía a limpio; además, estábamos demasiado cansadas para continuar. No teníamos adónde ir. La bodega se usaba como almacén para patatas. Nos sentamos en una pila de sacos de arpillera limpios y doblados, y nos comimos el resto de las provisiones que llevábamos, hasta que nos quedamos dormidas, exhaustas.

Cuando me desperté a la mañana siguiente, mamá ya se había levantado y estaba muy ocupada.

—Tola, tendremos que quedarnos aquí un tiempo, hasta que encontremos a nuestra familia —dijo.

Mamá había llegado a un acuerdo con el propietario de la casa, que nos dio unas mantas y unas cajas para usarlas como mesas. La bodega tenía el suelo de tierra. Era rudimentaria, pero ofrecía cobijo contra los elementos. Rápidamente aprendí a salpicar agua en el suelo para que no se levantase polvo. No estoy segura de cómo mamá conseguía comida, pero no pasábamos hambre.

Cada día me llevaba a dar un largo paseo, señalando los edificios donde vivía su familia antes de la guerra. En esos momentos, la mayor parte de los apartamentos los ocupaban desconocidos, y nunca entramos en ellos. Comprobar que aquellos hogares que una vez, antes de la guerra, la habían acogido ahora estuvieran fuera de su alcance era algo que le dolía.

Vimos un edificio donde, en tiempos, mamá había vivido con sus hermanas: estaba en ruinas. Nos sentamos entre los cascotes y ella me habló de su vida en casa, antes de la guerra y antes de conocer a papá. Intentaba que yo apreciase que formaba parte de una enorme familia muy amorosa, con una historia orgullosa y distinguida. Todos los días me compraba un dónut de mermelada y reconstruía el árbol genealógico de la familia Pinkusewicz. Me habló de las festividades de las que habían disfrutado, así como de las muchas canciones que se cantaban en torno a la mesa del *sabbat*, en su familia, que era muy creyente. Cuando hablaba de ellos intentaba mantener viva la llama de la esperanza. Sin embargo, había una desesperación tranquila en su voz. Esas historias servían sobre todo para recordarle lo sola que estaba.

—Esperemos que algunos de ellos vuelvan pronto; así conocerás a tu familia —dijo, aunque no estoy segura de que creyera una palabra de lo que decía.

Junto con la Cruz Roja, la comunidad judía, ahora diminuta, estableció un centro donde registraban a todos los supervivientes que volvían a Tomaszów Mazowiecki y les proporcionaban suministros y los ayudaban en lo que podían. Solo volvieron doscientos. Cada mañana mamá comprobaba la lista, con la esperanza de que algunos de sus parientes estuviesen vivos. Todos los días volvía a casa negando con la cabeza. A medida que la esperanza se desvaneció, dejamos de dar nuestros paseos diarios, aunque mamá seguía escrutando la lista cada mañana. A medida que pasaba el tiempo se sentía más y más desanimada.

Mamá quería que asistiera al primer curso de la escuela polaca local, pero desistió de intentar convencerme. Si se atrevía siquiera a mencionarlo, yo salía corriendo de la bodega y desaparecía.

Sin embargo, aquel estado de ánimo triste cambió a mejor cuando de repente aparecieron las tres hermanas de mi padre en Tomaszów Mazowiecki. No estaban en la lista de la Cruz Roja, y todo el mundo se quedó muy sorprendido al verlas. Por mi parte, me sentí especialmente feliz de reemprender la relación con mi maravillosa tía Helen, la viuda de mi tío James. Como mamá y yo, Helen y sus hermanas, Ita y Elka, llevaban tatuajes. Habían pasado varios meses en otros lugares de Auschwitz, donde habían trabajado como esclavas para empresas privadas alemanas. Cuando los rusos las cerraron, tuvieron que unirse a la Marcha de la Muerte hacia Alemania. De alguna manera, a pesar del frío y la violencia, habían sobrevivido, se habían encontrado las unas a las otras y habían decidido volver a la ciudad que tenían por su hogar.

Mamá se puso muy contenta. La llegada de las hermanas era prueba de que alguien de la familia de papá había desafiado a la muerte. Pero ¿dónde estaba él?

La tía Ita era una sastra muy buena, y se puso a trabajar de inmediato. Las cinco nos trasladamos a un diminuto apartamento con dos habitaciones. Ita montó un taller en el salón. Pronto tenía un montón de encargos, sobre todo de soldados rusos. Mamá y mis tías también la ayudaban. Aunque no nos quedara otra que compartir la cama, nadie se quejaba.

Sin embargo, el júbilo que sintió mi madre ante el regreso de mis tías no duró demasiado. Su desesperación volvió y se intensificó aún más al ver que su propia familia no volvía. Dormía más y comía menos. Ya de por sí era una mujer silenciosa, pero entonces se retiró a lo más profundo de su interior. Mis tías intercambiaban miradas preocupadas e intentaban cuidar de ella; a mí me dejaban que fuera a deambular por ahí, completamente libre. Yo era aventurera, y disfrutaba mucho traspasando los límites. Vagaba por las calles de Tomaszów

Mazowiecki siguiendo al ejército ruso al marchar, a veces junto con una banda. Adoraba la música y el espectáculo. Me perdí varias veces siguiendo sus desfiles, hasta que mis tías conseguían encontrarme.

Los rusos de Tomaszów Mazowiecki eran tan indisciplinados cuando no estaban de servicio como los de Birkenau. Se emborrachaban con frecuencia, y estaban convencidos de que tenían derecho a tomar por la fuerza a las mujeres que les apeteciera. La tía Elka era la mayor de las hermanas, y muy guapa. Los rusos siempre estaban llamando a nuestra puerta.

Por si eso no fuera lo suficientemente malo, nuestros vecinos polacos eran casi tan hostiles como habían sido los alemanes. No había simpatía alguna en ellos por el tormento que habíamos soportado.

«¿Por qué habéis vuelto? ¿Por qué no estáis muertos? Tendríais que estarlo...». Esas eran algunas de las cosas que no paraban de repetirnos.

Cansada de los rusos, del antisemitismo, de las actitudes provincianas de Tomaszów Mazowiecki y de vivir en unas condiciones tan pobres, la tía Helen decidió trasladarse a sesenta y cuatro kilómetros de allí, a Lodz, la tercera ciudad más importante de Polonia. Por aquel entonces, ella tenía veintitantos años. Helen había sido viuda la mayor parte de su vida adulta, y había más perspectivas para ella en Lodz, que contaba con una comunidad judía más importante.

La escoltamos hasta la estación de Tomaszów Mazowiecki, desde donde la mayoría de los judíos de la ciudad habían sido transportados a Treblinka. Cuando el tren partió para Lodz, ella sacó la cabeza por una ventanilla, sonrió, agitó la mano y me lanzó un beso. Aunque comprendían el deseo de Helen de marcharse, sus hermanas y mamá estaban preocupadas porque en Polonia se oían montones de historias de ataques a judíos que volvían de los campos. El peor se produjo en julio de 1946 en una ciudad llamada Kielce, a ciento sesenta kilómetros al nordeste de Auschwitz. Tropas polacas, policías y civiles atacaron una reunión de refugiados judíos y mataron a cuarenta y dos e hirieron a cuarenta. Fue el peor pogromo desde el final de la Segunda Guerra Mundial. Después de todo lo que habían sufrido los judíos, ese ataque provocó la indignación internacional y socavó completamente nuestra sensación de seguridad.

Por aquel entonces, yo tenía unos siete años. Como distracción de la dureza de la vida cotidiana en Tomaszów Mazowiecki, mamá me introdujo en la música y el baile. Me llevó al cine a ver a Shirley Temple en la comedia *Ojos cariñosos*. Me quedé embelesada por su interpretación de *On the good ship lollypop* («El buen barco piruleta»). La película estaba doblada en polaco (de hecho, años más tarde, cuando me enteré de que Shirley Temple no era polaca, me llevé una buena sorpresa).

También fuimos a ver *Las zapatillas rojas*, una de las mejores películas de la época. Es una adaptación del cuento de Hans Christian Andersen sobre una chica que no puede parar de bailar. El baile y la música me fascinaban: aún hoy, tantos años después, recuerdo perfectamente aquella sensación. No obstante, fuese como fuese, el cine solo ofrecía a mamá un breve respiro respecto de sus melancólicos pensamientos.

Entonces, un día, al fin hubo noticias positivas. La búsqueda incansable en el tablón de supervivientes dio frutos: encontró el nombre de papá. Venía a casa desde Dachau. Papá había descubierto dónde vivíamos por una lista recogida y compartida por un grupo de adolescentes que viajaban de ciudad en ciudad, intentando encontrar a parientes perdidos.

El día de su regreso fue agridulce. Llamaron suavemente a la puerta. Mamá la abrió y chilló de felicidad. Se echó a los brazos de papá. Se abrazaron. Entonces él me levantó y me abrazó. Los tres nos quedamos en el umbral abrazándonos y sollozando de felicidad. Ita y Elka se unieron.

Pero entonces papá se apartó un poco y cojeó hasta el salón. Abrió un periódico y se vio una página con la fotografía de una víctima de asesinato; estaba tumbada en el suelo de la tienda donde trabajaba.

—Mira lo que he encontrado en el tren —sollozó papá.

Yo apenas podía comprender lo que estaba diciendo.

Mamá y las hermanas miraron el periódico más de cerca. La víctima era mi querida tía Helen. Le había pegado un tiro una banda de merodeadores polacos antisemitas.

Además de sus traumas internos, papá no se encontraba nada bien: un oficial de las SS le había disparado en la pierna, en Dachau; aún tenía que recuperarse.

Mis padres y tías empezaron a discutir si no sería el momento de dejar el país. Nos intimidaban los rusos y aquel omnipresente antisemitismo. Pero mamá se negaba. Temía que si su familia volvía y ella no estaba allí, nunca más volvería a encontrarlos.

En cuanto a mí, el regreso de papá significaba que ya no podía evitar más ir a la escuela. Mis días de vagabundeo por las calles habían terminado. Yo tenía siete años y medio, y papá insistió en que empezase mi educación formal.

El primer día fue una completa decepción. La profesora me puso al fondo de la clase y yo no entendía nada de nada.

—No comprendo por qué esos niños se sientan en fila en esos escritorios pequeñitos haciendo algo con un lápiz y un trozo de papel —le dije a mamá—. Es una completa pérdida de tiempo.

Pero mis padres estaban decididos y me volvieron a llevar al día siguiente. Una vez más quedé desterrada al fondo de la clase intentando comprender lo que estaba ocurriendo. En la mitad de una lección, dijeron a todos los niños que fueran a la capilla. Yo no sabía lo que significaba eso y me quedé sola. Decidí volver a casa. Al alejarme, noté que algo me golpeaba en la espalda. Me volví y vi que algunos de mis compañeros de clase me tiraban piedras.

—¡Sucia judía! —chillaban—. ¿Por qué estás viva? Eres solo una sucia judía.

Supliqué a mamá y a papá que no me volvieran a mandar allí, pero ellos insistieron. Así pues, robé algo de dinero del bolso de mi madre y me compré un crucifijo con una cadena. Al día siguiente me puse la cruz orgullosamente en torno al cuello, para que todos la vieran. Los niños se rieron de mí.

—Tú no eres cristiana.

—No tendrías que estar aquí.

—Eres una sucia judía. Mataste a Cristo.

Hice todo el camino de vuelta a casa llorando, preguntándome cómo podía haber matado yo a Cristo, si ni siquiera lo conocía.

Le conté a mamá qué había ocurrido.

—Quiero ser cristiana. Ya no quiero ser judía.

Mamá se puso furiosa y me soltó una bofetada.

—Pero ¿cómo te atreves a decir una cosa así? Después de todo lo que hemos pasado... Lo hemos superado... y hemos sobrevivido. Tendrías que sentirte orgullosa de ser judía. No lo olvides nunca.

Aunque mamá había sobrevivido físicamente, tenía graves problemas psicológicos. Habían desaparecido ciento cincuenta parientes suyos. Gente que jamás regresaría. Su depresión era tan grave que ni siquiera podía levantarse de la cama. Dejó de comer, y no se despertaba. Papá decidió que no había otra alternativa que marcharnos..., intentar salvar la mente de mamá, y, posiblemente, también su vida.

Cierto día, me dijeron que me vistiera con todo lo que tenía. Como las fronteras polacas estaban cerradas oficialmente, papá tenía que pagar a un contrabandista para que nos hiciera pasar. La tía Ita se quedó con su nuevo novio, Adam, a quien acababan de licenciar del Ejército ruso. Pero la tía Elka y su novio, Monyak, se unieron a nosotros.

Qué ironía que nos dirigiéramos hacia lo que yo pensaba que era territorio enemigo. Al abrigo de la oscuridad, cruzamos la frontera hacia Alemania. ¿Nuestro destino? Berlín.

En cuanto hubimos cruzado la frontera, mamá se volvió y me dijo:

—Ya no hablaremos polaco nunca más. Es un país poco amigable.

Y así fue como empecé a aprender yidis.

Juramos no regresar a Tomaszów Mazowiecki. Hoy en día, casi ochenta años después de la guerra, la ciudad no tiene comunidad judía.

17

Sonámbula en Berlín

Alemania, 1947

Ocho años

*L*os terrores nocturnos empezaron a sucederse en nuestro nuevo hogar, que daba justo al Checkpoint Charlie, en el sector estadounidense del Berlín de la posguerra. Soñaba que me perseguían. Tenía que salir corriendo y salvarme. Mis pesadillas eran tan intensas que se apoderaban de mí, y empecé a andar sonámbula. Salía de la cama, en nuestro apartamento del segundo piso con dos camas, bajaba las escaleras y continuaba huyendo por Friedrichstrasse, una de las calles principales de la zona. Era la primera línea de la embrionaria Guerra Fría, aquella en la cual Estados Unidos y las tropas rusas se enfrentaron entre sí en la capital alemana, tensa y dividida.

Que fuera sonámbula era algo que consternaba a mis padres. A veces me oían levantarme y podían cogerme en la calle y volverme a meter en la cama. Cuando me despertaba más tarde, no tenía recuerdo alguno de lo que había hecho.

Por aquel entonces tenía ocho años y medio. El sonambulismo era común entre los niños supervivientes del Holocausto. Después de todo lo que había experimentado, no resultaba sorprendente que tuviera el sueño alterado. Mamá y papá hacían todo lo que podían para aliviar mi sufrimiento, pues les preocupaba que mis excursiones nocturnas pudieran hacerme un daño considerable. Un médico les aseguró que el sonambulismo podía ser interrumpido fácilmente poniendo sábanas y toallas húmedas en el suelo junto a mi cama. Su teoría era que, cuando me levantase, notaría el frío, me despertaría y me volvería a dormir. Pero su sugerencia no funcionó. Entonces recomendó colocar cuencos grandes de agua junto a la cama, para despertarme. Eso tampoco sirvió: simplemente, tiraba los cuencos de agua al huir de la gente que me perseguía en sueños, inundando el suelo en el proceso. Afortunadamente la zona donde vivíamos era segura y durante mis escapadas nocturnas nunca me alejé demasiado, antes de que me rescataran.

Sin embargo, mis padres no siempre me podían atrapar enseguida. A veces estaban dormidos. En cierta ocasión, un amigable soldado norteamericano, Jim, me encontró junto al *checkpoint* en un estado similar al trance; lo había conocido antes, cuando iba de patrulla. Jim me volvió a llevar a casa con mis padres, que no se habían dado cuenta de que había desaparecido.

Días más tarde de que nos hubiésemos instalado en el apartamento de Berlín, junto con la tía Elka y Monyak, mamá me permitió salir a explorar. Aunque los edificios dañados por las bombas y los proyectiles otorgaban al vecindario un aire algo fantasmal, ella consideraba que era seguro. La presencia de soldados estadounidenses patrullando generaba la confianza de que no sufriría ningún daño durante el día. Por primera vez en mi vida me encontré con tropas que se comportaban de una manera civilizada, y la amabilidad de Jim lo hizo sobresalir. La primera vez que me vio me ofreció una naranja, y después un trozo de chocolate. Luego me dio goma de mascar, que me llevé a la boca inmediatamente. Nos sonreímos, y yo corrí a casa con el resto de mis golosinas. Ninguno de los dos entendía lo que decía el otro, pero, cuando nos veíamos, después de aquello, siempre nos saludábamos.

Sin embargo, los terrores nocturnos restringían mis actividades diurnas. Me sentía exhausta por el sonambulismo, y a menudo tenía que echar alguna cabezadita de día. Aunque los GI estadounidenses no resultaban intimidantes, mis padres tenían la apremiante sensación de que debíamos mudarnos a un lugar con una presencia militar mínima. Berlín estaba atestada de soldados. Además de los rusos, también había tropas francesas y británicas que custodiaban sus sectores de la ciudad. Mamá y papá pensaban que la presencia de uniformes y armas contribuía a mi trauma. No tenían que llevarme a una serie de especialistas para saberlo. La intuición de mi madre no fallaba. Ella sabía exactamente lo que yo necesitaba. Un entorno tranquilo, seguro.

Irónicamente, mi proceso de curación se inició en la bonita ciudad medieval bávara, a orillas de un lago, donde Adolf Hitler escribió *Mein Kampf*, su programa para controlar el continente europeo y exterminar a los judíos.

Mamá, papá y yo nos trasladamos al campo de personas desplazadas (PD) en Landsberg am Lech, al oeste de Múnich, en la zona estadounidense. La tía Ita y Adam se habían unido a nosotros en Berlín, pero entonces ambas tías se trasladaron al campamento PD de Leipzig con sus respectivas parejas. Durante la guerra, Landsberg era un anexo del complejo del campo de concentración de Dachau, a cuarenta y cinco minutos de distancia, donde estuvo encarcelado papá. Landsberg contaba con una historia muy oscura de trabajo esclavo, hambre, enfermedades y ejecuciones. A los prisioneros judíos se los obligaba a trabajar excavando enormes búnkeres destinados a la producción de aviones. Se estima que allí murieron unos quince mil judíos, en unas condiciones terribles. Las tropas estadounidenses que liberaron Landsberg en abril de 1945 encontraron a cinco mil supervivientes. Física y emocionalmente, estaban demasiado enfermos para marcharse. No tenían adónde ir, y por eso se quedaron.

La liberación no trajo consigo un alivio inmediato. Las condiciones dentro de Landsberg siguieron siendo deplorables durante algún tiempo. Se descuidó el bienestar psicológico y físico de los supervivientes, hasta que la administración del campo fue transferida a la organización de socorro de las incipientes Naciones Unidas. Por el tiempo en que llegamos nosotros a principios de 1948, el campo PD de Landsberg se había transformado en una comunidad modélica, llena de esperanza, energía y optimismo.

Se establecieron campos similares en toda Alemania, Austria e Italia, para proporcionar un refugio seguro temporal a doscientos cincuenta mil judíos europeos desposeídos. No tener Estado ni hogar eran los únicos requisitos para que los aceptaran.

Todo en Landsberg conducía a la curación y a la recuperación, especialmente para los niños. Nosotros teníamos un alojamiento familiar muy agradable en lo que eran los antiguos y recios barracones militares. La cocina comunitaria disponía de un horno gigante donde preparábamos las comidas para el *sabbat*, que es un elemento muy importante de la vida judía.

Fue la primera vez que fui al colegio y no protesté. Solo había unos diez niños en mi clase. Aprendimos el alfabeto hebreo, no la escritura latina. Nuestros profesores eran voluntarios de Israel entrenados psicológicamente para lidiar con los traumas que habíamos experimentado; sabían cómo tratarnos. Conservo recuerdos especialmente buenos de una joven llamada Rena, una chica extremadamente sensible respecto a nuestro estado emocional. Formulaba sus preguntas de manera que nos animaba a concentrarnos en el presente y el futuro, en lugar de lamentar el pasado. Rena no quería que olvidásemos lo que había ocurrido, ni mucho menos, pero deseaba que tuviéramos una nueva perspectiva de la vida.

Me consideraba muy afortunada por tener a mis padres. Todos los niños de mi clase podían contar una historia trágica. Algunos de mis compañeros alumnos eran huérfanos y se ocupaba de ellos algún pariente. Otros habían perdido a toda su familia y los estaban cuidando antes de empezar nuevas vidas en Israel.

En la clase de Rena conocí a mi mejor amiga, Clara. Clara era un año mayor que yo y vivía en el campo PD con su padre. Clara, su hermana pequeña y sus padres habían pasado gran parte de la guerra escondidos por un granjero polaco al que pagaban bien. Sin embargo, un vecino los descubrió e informó a la Gestapo. Clara y su padre huyeron al bosque y escaparon, pero su madre y su hermana pequeña no tuvieron esa suerte. Clara se agarraba a la esperanza de que su madre y su hermanita hubieran sido liberadas de un campo en alguna parte, y quizá finalmente pudieran reunirse todos. Su suplicio me recordaba a la inacabable búsqueda de mi madre para encontrar a sus parientes perdidos. Todos buscábamos y esperábamos aún, en vano, con demasiada frecuencia.

La atmósfera segura y tranquila de Landsberg estaba destinada a facilitar el renacimiento de unas personas que estaban destrozadas física, emocional y espiritualmente. Nuestro orgullo judío se restableció. Empezamos el proceso de metamorfosis de víctimas a supervivientes y a gente que prosperaba, ayudados por un sistema educativo que ofrecía clases desde preescolar hasta el nivel universitario. El campo también tenía un baño ritual, una cocina *kosher*, cine, teatro, emisora de radio y su propio periódico. Se hizo mucho hincapié en el bienestar físico, y personas que unos pocos años antes eran poco más que esqueletos se encontraron participando en competiciones deportivas. El objetivo de la jerarquía del campo era preparar a la gente desplazada para la vida en lo que se llamaba *Eretz Israel*, es decir, la Tierra de Israel. A pesar de todo lo que habíamos sufrido, los refugiados judíos seguíamos sin ser bienvenidos en muchos países del mundo, de modo que, de no haber sido por Israel, muchos no habrían tenido adónde ir. La necesidad de que el pueblo judío tuviera su propia tierra, donde pudieran vivir libres de persecuciones y rechazos, ya no se cuestionaba.

La pasión de mi familia por el sionismo creció. Recuerdo haber participado en un desfile el 16 de mayo de 1948, pocos días después de que se fundase formalmente el Estado de Israel. Yo tenía nueve años, y todos los demás niños iban en fila con banderas de Israel. Al fin, la estrella de David ya no era un símbolo que nos marcaba para la destrucción. Cómo habían cambiado los tiempos... Se veía a la perfección en Alemania, y precisamente en la ciudad que estaba más estrechamente asociada con la tiranía de Hitler.

En Landsberg pudimos volver a respirar. Estábamos entre nuestra propia gente. Ya no nos perseguían, podíamos revivir nuestras tradiciones y afirmar nuestros valores, libres de miedo. Todo el mundo se benefició de una experiencia similar a un campamento de vacaciones para familias. Mis padres no tenían que trabajar. Papá iba recuperando sus fuerzas después de Dachau. Siguió actuando, que era su gran pasión. Mamá se recuperaba físicamente, aunque todavía sufría de dolores de cabeza como resultado de la paliza que recibió en Birkenau por robar una patata. El sufrimiento por haber perdido a su familia no iba a menos. Pero, haciendo de tripas corazón, mamá se dedicó a educarme. Mis terrores nocturnos acabaron y dejé de caminar sonámbula.

Mamá volvió a leer y a escuchar música otra vez. Su instrumento favorito era el piano, y decidió que yo debía aprenderlo también.

—Has visto unas cosas tan terribles —decía mamá—. Quiero que veas que la vida también puede ser bella.

Encontró un profesor de piano para mí, a unas cinco manzanas de distancia del campo PD. Era un amable joven alemán, casado, con el pelo largo y tres hijos pequeños, que había recibido una educación clásica y no tenía interés alguno en la música popular. Me hablaba bajito en alemán. Eso fue significativo, porque por fin aquella lengua no iba acompañada por amenazas de violencia. El profesor insistía en que yo debía practicar, practicar y practicar. Era un trabajo duro, pero perseveré y progresé. Y ahora se habían vuelto las tornas: el profesor de música y su familia pasaban hambre, ya que Alemania estaba en ruinas y la comida escaseaba. Estaba muy agradecido de que le pagásemos por las lecciones con latas de melocotones y zanahorias que recibíamos de los estadounidenses.

Papá también estaba decidido a que nuestra familia abrazase la cultura una vez más, y me introdujo en el teatro. Adoraba a Shakespeare. Mamá y yo estábamos orgullosísimas, recreándonos en su gloria, mientras le veíamos en escena en los papeles de Otelo y el rey Lear, en producciones en yidis. Viajar a Múnich para verle actuar fue una experiencia memorable, ya que el tren que iba allí desde Landsberg era muy elegante.

Aunque el campo PD nos preparaba para la vida en Israel, mamá y papá decidieron emigrar a Estados Unidos, ya que las condiciones económicas en Israel eran difíciles. Pero cuando se descubrió que yo tenía tuberculosis (TB), esa enfermedad bacteriana que crea cicatrices en los pulmones y que puede resultar fatal si no se trata a tiempo, sus planes se vieron interrumpidos. La TB es contagiosa y las autoridades estadounidenses no permitirían que nuestra familia entrase en el país hasta que yo estuviera curada. Al empezar el siglo xx era la principal causa de muerte prematura en Estados Unidos, y todavía se trataba de un grave problema en el Estados Unidos de la posguerra.

Mamá me llevó a un sanatorio en Bad Wörishofen, una ciudad pequeña muy renombrada por las cualidades curativas de sus aguas. Fui allí a respirar el aire puro de la montaña. Hoy en día, la TB se cura con un tratamiento continuado con antibióticos. En la Europa Central de finales de los años cuarenta, sin embargo, el tratamiento seguía la metodología que defendía Hermann Brehmer, un médico alemán del siglo XIX. Brehmer decía que la capacidad cardiovascular de los pacientes de tuberculosis se podía mejorar respirando aire a grandes alturas, donde había menos oxígeno. Los pulmones se podían reparar con una combinación de un aire más limpio y fino y el esfuerzo extra que se requería para respirar. Bad Wörishofen se encontraba a seiscientos metros por encima del nivel del mar. En esa altitud, hay un diez por ciento menos de oxígeno en el aire. La reducción del oxígeno no era tan extrema que me hiciera sentir mareada, pero sí lo suficiente para que el corazón me latiese con fuerza.

Mi tratamiento aparece brillantemente descrito en la novela *La montaña mágica* del premio Nobel Thomas Mann. Se prescribían vigorosas caminatas, complementadas por extensos periodos de descanso al aire libre, envueltos como un recién nacido en unas mantas tan apretadas que virtualmente era imposible moverse. Teníamos que echarnos en unas camas en el exterior durante tres o cuatro horas cada vez, sin importar el tiempo que hiciese. Si la temperatura bajaba mucho, me ponían encima más mantas. Allí metida, en mi capullo, me imaginaba los otros lugares donde había tenido que permanecer echada y quieta, sin poder comunicarme con nadie.

Una vez más, separada de mis padres. Intentaba apartar tales pensamientos, pero necesitaba desesperadamente a mi madre. Sin embargo, el viaje desde Landsberg era muy caro, y solo pude verla dos veces en los nueve meses que permanecí allí.

Después de liberarme del reposo en cama, un día, di un paseo que condujo a mi segundo flirteo con el cristianismo. Siempre me ha gustado caminar y explorar. Birkenau me enseñó a confiar en mí misma, por lo que me sentía muy cómoda investigando por mi cuenta. Mientras recorría las estrechas calles de Bad Wörishofen, me cautivó una iglesia católica unida a un convento de monjas. Las hermanas eran encantadoras. Me dieron de desayunar y, después, una de ellas me peinó y me hizo unas trenzas, como solía hacer mamá. Cuando la monja me dejó, diciendo que tenía que ir a la capilla, me sentí intrigada. Aunque Polonia era, y sigue siendo aún, un país muy católico, yo nunca había entrado en una iglesia.

Seguí a la monja y me encantó el interior. Bellos frescos decoraban el techo. La historia de la Natividad la representaban una serie de muñecas mecánicas; apretando un botón, aparecían Jesús, María, José y los Reyes Magos. Yo no sabía quién era ninguna de aquellas personas, pero la monja que me hizo las trenzas me prometió enseñarme la historia.

Hablándome en alemán, me enseñó el catecismo, un resumen del cristianismo en forma de preguntas y respuestas. Aquella monja practicaba conmigo todos los días, hasta que mis respuestas fueron perfectas. También empezó a enseñarme el alfabeto latino. Hasta entonces yo solo había aprendido el hebreo. Encontré la escritura del Alto Alemán difícil de comprender, debido sobre todo a que la escritura gótica a mano era muy floreada y complicada.

Estuve tanto tiempo en aquel sanatorio que la educación judía de Landsberg empezaba ya a desvanecerse de mi mente. Echaba de menos a Clara, mi compañera de clase, y no hice ninguna amiga en el sanatorio. También me sentía muy sola sin mis padres, de modo que no resulta sorprendente que me acercase tanto a aquella monja, debido a su calidez y su amabilidad.

Cierto día, mamá me hizo una visita. Traía una botella grande de zumo de zanahoria, que, según le dijeron, ayudaría a curar mi TB. Nos sentamos juntas, y mientras yo me bebía el zumo de zanahoria, le expliqué a mi madre todo lo que estaba ocurriendo en mi vida.

—La comida es deliciosa —dije—. Y voy a ese sitio donde tienen a uno que se llama Jesús y a otro que se llama José.

—¿Y qué sitio es ese? —preguntó mamá.

—No sé cómo se llama, pero te llevaré allí, es muy bonito.

Fuimos a la iglesia y entramos. Salimos casi de inmediato; mamá se enfrentó a mí:

—Pero ¿qué narices crees que estás haciendo?

Yo no entendía qué había hecho mal. Me había olvidado de la conversación que tuvimos en Tomaszów Mazowiecki, después de comprar el crucifijo para intentar caerles bien a mis compañeros de clase cristianos.

Mamá se quejó a la administración del sanatorio de aquel aparente intento de convertirme al cristianismo. Resultó que yo no había sido registrada correctamente como niña judía; a partir de aquel momento, un rabino me empezó a enseñar el judaísmo.

El rabino Ahser, que también era superviviente del Holocausto, de alguna manera, instintivamente, supo cómo llegar a mí. Y yo me sentí atraída hacia él. Me introdujo en la Torá, el Antiguo Testamento, y puso los cimientos de mi amor hacia el judaísmo. Disfrutaba mucho escuchando el relato clásico de los héroes bíblicos Abraham y Sara, e historias como la de Noé y el diluvio. Me gustaba especialmente el relato del bebé Moisés, que luego se hizo mayor y salvó a los judíos de la esclavitud. Aunque nunca lo mencioné, siempre me pregunté: ¿dónde estaba nuestro Moisés cuando más lo necesitábamos? Fui a la sinagoga e hice todo lo que me dijo el rabino para reforzar mi identidad judía. Me sentía culpable por haber disgustado a mamá. Y cuanto más sabía del judaísmo, más me gustaba.

Después de nueve meses en Bad Wörishofen, los médicos determinaron que ya no era contagiosa. Volví a Landsberg, donde mis padres estaban concluyendo el papeleo que nos permitiría unirnos a mi tía Elka, que había emigrado a Estados Unidos unos meses después de llegar al campo PD en Leipzig.

Clara y su padre no tenían parientes como mi tía Elka que los patrocinaran para la emigración a Estados Unidos, de modo que viajaron a Israel.

Clara me abrazó y me besó el día que salimos para ir a Bremerhaven, en el norte de Alemania, para emprender el viaje a Nueva York. Como regalo de despedida me dio una caja de *matzah*.

—No te olvides —dijo—. Celebrarás la Pascua en el barco.

Nos abrazamos por última vez. Era mi mejor amiga, pero jamás volvimos a vernos.

18

New York, New York

Estados Unidos, 1950

Once años

Atado por unos gruesos cabos a los amarraderos de Bremerhaven, el barco se alzaba imponente por encima de mí. Noté un aleteo de emoción en el estómago, en el muelle. «Qué aventura», pensé. Íbamos a dejarlo todo atrás y empezar de nuevo. Nos esperaba de todo: nuevo colegio, nuevo idioma, nuevos amigos. Aquel barco era el inicio del siguiente capítulo de mi vida. Yo tenía once años y medio.

El barco se llamaba General R. M. Blatchford, pero para nosotros y todos los demás que subían por la empinada pasarela cubierta, el 26 de marzo de 1950, era el Barco de la Libertad. Yo era el número doscientos sesenta y tres en el manifiesto de pasajeros del barco. A mamá y a papá les habían asignado los dos números anteriores al mío. Debía de haber unos mil refugiados exhaustos y emocionalmente destrozados a bordo, cada uno con su propio sueño y sus propios planes para la vida en América.

Aunque el General Blatchford solo tenía cinco años de vida, estaba claro que había visto tiempos mejores. No era ningún transatlántico de lujo. Su pintura estaba manchada de óxido. El interior era austero, acorde con un barco destinado a transportar a tres mil quinientos soldados americanos a través del océano a las líneas del frente de Europa. Los que navegaron allí antes de nosotros debían viajar infernalmente apretados, porque, aunque el barco solo estaba lleno en un tercio de su capacidad, los camarotes estaban abarrotados. Las condiciones traían recuerdos del confinamiento del gueto, pero rápidamente descarté tales pensamientos, porque comprendía lo distintas que eran las dos situaciones.

Al principio hicimos buenos progresos, y el mar estaba relativamente tranquilo. Al cabo de un día más o menos, entramos en el canal de la Mancha y pudimos ver los acantilados blancos de Dover, a estribor. Sin embargo, a medida que dejábamos atrás Inglaterra y entrábamos en aguas atlánticas, el viaje fue empeorando. Abofeteado por fuertes vientos y enormes olas, el General Blatchford daba bandazos impredeciblemente, moviéndose arriba y abajo y de lado a lado. Una epidemia de mareo engulló a todo el barco. Hasta los miembros más veteranos de la tripulación vomitaban. Era imposible mantenerse quieto en el suelo de camarotes, pasillos y lavabos, que se habían transformado en una superficie deslizante de olor apestoso. El mareo era muy contagioso. Ver y oír a alguien vomitando desencadenaba una reacción similar en los que estaban cerca.

Mamá se puso violentamente enferma cuando el barco se empezó a mover como un juguete. Le dolía mucho la cabeza. La claustrofobia del camarote y el hedor de vómito resultaban insoportables. Trasladamos nuestros colchones a cubierta, donde pequeños grupos de pasajeros se acurrucaban juntos, intentando mantenerse erguidos. Cuando el viento bajó un poco y el equilibrio empezó a ser más fácil, se empezaron a oír animadas conversaciones en yidis por toda la cubierta, ya que la gente compartía sus historias sobre la guerra. Todo el mundo estaba tocado por la tragedia. Los sollozos ahogados se perdían en el viento, mientras los supervivientes del Holocausto se encontraban vencidos por los recuerdos. Aunque nos humedecía la espuma y nos azotaba el viento, el aire era fresco y mucho mejor que en el interior del camarote. Mamá, sin embargo, no parecía notar la diferencia. Se agarraba a su colchón, debajo de las mantas. Su dolor de cabeza se intensificó y apenas comía. Yo estaba convencida de que moriría, si yo la dejaba. Durante todo el viaje permanecí a su lado.

—Cuidas muy bien a tu madre —observó una mujer que estaba sentada cerca en un colchón, con su marido y su hija, una niña pequeña muy guapa.

—Ella me salvó la vida —repliqué, a la defensiva.

—Yo no pude salvar a mis dos chicos ni a su padre —respondió ella—. Pero conocí a mi marido en un campo PD, y, como ambos habíamos perdido a nuestras familias, decidimos empezar de nuevo —dijo, señalando a la niña, que debía de haber nacido después de la guerra y que tenía unos tres años.

¿Es que no acabaría nunca?, me pregunté. Ese recordar constantemente el pasado…

Todavía seguía cuidando a mamá cuando nos acercamos a Nueva York.

—Ya casi estamos —dijo papá—. Ve a la proa y echa un vistazo a la Estatua de la Libertad. Es una visión que nunca olvidarás. Yo me ocuparé de mamá.

Me asombró el tamaño del monumento y que los ojos de la Dama Libertad parecieran seguirnos mientras íbamos echando vapor, lentamente. Nuestros profesores en Landsberg nos habían preparado con fotos, pero la magnitud y la serenidad de su rostro me subyugó. Años después, cuando leí la inscripción aprecié aún más su bienvenida:

Dadme a los fatigados, a los pobres,
a vuestras masas innumerables que anhelan la libertad,
a los despreciados de vuestras atestadas costas.

Allí mismo decidí hacer el bien en esta tierra. Aún no sabía cómo, pero prometí dejar este mundo mejor de lo que lo había encontrado. Ese juramento que hice cuando tenía once años ha influido en mis relaciones, mi profesión y mi vida entera.

Después de la turbulencia del Atlántico, la calma chicha de la bahía de Nueva York fue como un bálsamo para mamá; de hecho, ya se había recuperado un poco para el momento en que desembarcamos. Una representante de la Sociedad de Ayuda al Inmigrante Hebreo, que había traído café y dónuts, nos saludó en el muelle. Creía que nos dirigíamos a Massachusetts.

—¿Más viajes? —exclamó mamá—. Nunca más, ni siquiera quiero ir a Boston, que no sé ni dónde está.

La mujer comprobó su tablilla sujetapapeles y se esfumó. Volvió con un hombre de aspecto oficial que hablaba yidis y nos dijo que teníamos que salir de Nueva York. Ya empezaba a llover, pero mamá se negó a moverse de su puesto, encima de la maleta. Su decisión dio resultado. Junto con otros refugiados, nos proporcionaron alojamiento temporal en un hotel de Manhattan.

Era el 4 de abril de 1950, el cuarto día de Pascua. Yo todavía llevaba encima la caja de *matzah* de Clara, sin abrir, y pensé en la Pascua en Starachowice, cuando la libertad no era más que una fantasía. Allí, sin embargo, la promesa de la libertad era real, y en el hotel nos unimos a otras familias para celebrar la Pascua y la libertad.

A la mañana siguiente, y todos los días que siguieron, salimos del hotel en el Upper East Side y exploramos Manhattan. Nos maravilló el enorme tamaño de Nueva York y su vitalidad. Los rascacielos hicieron que me sintiera físicamente pequeña, pero la gente me contagiaba su energía. Después de tantos años viéndome encerrada tras un alambre de espino, con torres de vigilancia, cañones de armas y pastores alemanes, era increíblemente liberador andar por cualquier avenida o calle lateral que eligiéramos. Recuerdo que de repente nos encontramos enfrente del Empire State Building, que entonces era la estructura más alta del mundo: nos fascinó, parecía tocar las nubes.

Papá disfrutaba mucho haciendo de guía turístico y señalando parques, cines, restaurantes y otros hitos. No podíamos pasar junto a un músico callejero sin pararnos a disfrutar de su interpretación. Era como si estuviera redescubriendo la alegría de la música en directo. La emoción de encontrar algo nuevo detrás de cada esquina me distraía del cansancio de las piernas y los pies doloridos. A veces visitábamos a la tía Elka y al tío Monyak, que vivían en Upper Manhattan.

Muy a menudo mamá se encontraba mal y se quedaba en el hotel. Pero los paseos que yo daba con papá no eran simples excursiones turísticas. Allá donde íbamos, papá buscaba siempre oportunidades de trabajo.

—Sé que encontraré trabajo aquí —decía—. Quizá me cueste un poco de tiempo, pero en este país hay muchísimo trabajo para todo el mundo.

A pesar de los esfuerzos de papá no pudo encontrar empleo en Manhattan, de modo que amplió su búsqueda a los barrios más alejados; lo logró al cabo de tres semanas.

—Ya no viviremos de la caridad —anunció con una sonrisa—. He encontrado un trabajo y un pequeño piso en Astoria, en Queens.

Mi primer piso. Subí a saltos los tres tramos de escaleras a nuestras nuevas habitaciones en Astoria, al otro lado del East River desde Manhattan. Me encantaba aquel sitio. Aunque tuviera que dormir en el sofá. Qué lujo: nuestra propia cocina, baño, radio, ¡y hasta cortinas!

Al fin podía empezar mi educación formal. Los primeros días en el colegio fueron perturbadores, porque yo solo hablaba unas palabras de inglés. El director y mamá decidieron que debía empezar en cuarto curso, y me pusieron en una clase con niños dos años menores que yo. Me sentí humillada, pero decidida a progresar y pasar cursos lo más rápido posible para ponerme al mismo nivel que mis compañeros de habla inglesa.

Al mismo tiempo, aunque yo solo hablaba yidis, mamá insistió en que empezase también mi educación judía. Me tendió un trocito de papel y me dijo que me esperaban en la escuela dominical en Manhattan. Ella no pensaba llevarme. Tenía que ir yo sola. Al principio me sentí intimidada, pero luego mi espíritu independiente de siempre entró en acción y me dijo que, si mamá tenía fe en mí, podría hacerlo. Así pues, cogí el trocito de papel y entré en el metro de Nueva York sola por primera vez.

Le enseñaba la dirección a las mujeres que me iba encontrando por el camino, y todas me señalaron la dirección correcta, ayudándome a moverme por las distintas líneas y el complicado mapa del metro. Cambié de tren varias veces, pero llegué sana y salva.

El señor Gupkin, el director, que hablaba yidis, me dio la bienvenida calurosamente y me presentó a siete u ocho compañeros de clase. Estaban aprendiendo yidis, pero las instrucciones eran en inglés. Al cabo de un tiempo sonó la campana. Todo el mundo desapareció y yo me quedé sola en clase, asombrada. Entonces volvió uno de los chicos. Tenía los ojos muy oscuros y el pelo muy negro y espeso.

—Se han ido todos a almorzar. ¿Has traído algo? —me preguntó en un yidis perfecto.

Yo no entendía la pregunta, aunque me la habían hecho en yidis, porque no sabía lo que significaba «almorzar». El chico me cogió de la mano y me llevó a la tienda más cercana donde vendían comida. No dije una sola palabra y él tampoco. Pidió un bocadillo de queso y lechuga y me lo dio. Me sentí muy conmovida por su calidez y su amabilidad. Su yidis era inmaculado, ya que hablaba todos los días con sus abuelos. Con once años, hice mi primer amigo en América. Maier Friedman, el hombre con el que me casaría.

Aquel verano, mientras mis padres trabajaban largas horas en la línea de producción de una fábrica, yo no salía del apartamento en Astoria para poder memorizar el diccionario de dibujos de la A a la Z, aunque todavía era incapaz de hilar adecuadamente frases en inglés.

Al principio del nuevo curso escolar, la profesora hizo que me sintiera como una extranjera. Me dijo que no hablase nunca de la guerra, porque eso podía preocupar a la gente. Una vez, cuando enseñé mi tatuaje a un compañero de clase curioso, me llamó a su despacho y me riñó.

—Tola, nunca encajarás, a menos que olvides todo eso. Pone a la gente muy incómoda, y realmente no queremos oírlo. Lo mejor que podrías hacer es cortarte las trenzas, llevar manga larga y cambiarte el nombre y ponerte Susan.

De modo que hice las tres cosas. Me corté el pelo, para parecer menos europea y más americana, como me había sugerido la profesora, pero solo fui Susan durante unas pocas semanas, porque recordar mi nuevo nombre me resultaba demasiado difícil. La gente se dirigía a esa persona llamada Susan y yo no me daba por aludida. Pensé detenidamente en lo que la profesora estaba diciéndome que hiciera. Pedirme que fuera Susan era olvidar mi pasado y mi identidad. Pensé en la joven tatuadora de Auschwitz que me hizo esos numeritos y que también me dijo que me tapara el brazo para ahorrarme la vergüenza.

Pero ¿por qué tenía que sentir vergüenza?, me preguntaba yo.

Concluí que solo un mundo poco amable me presionaría para que ocultase el crimen de guerra que se había cometido contra mí. Mi número ahora formaba parte inextricable de mi ser; mostraba lo que me habían hecho, y que tenía mucha suerte de estar viva. Llegué a un compromiso, dejé lo de Susan y volví a usar mi nombre real, pero nunca volví a hablar más de la guerra a mis compañeros de clase. Sin embargo, eso no impidió que los otros niños me rechazasen.

Y no era solo en la escuela donde la gente era poco amable conmigo. En nuestro barrio, nuestros vecinos, sobre todo italianos, eran distantes hasta el punto de la hostilidad, cosa que me sorprendía mucho, ya que parecían amables y cariñosos con sus propios niños.

Envidiaba a las grandes familias italianas. Deseaba haber tenido un hermanito o una hermanita para sentirme menos sola, pero mamá sentía que este mundo no estaba hecho para los niños. En su opinión, resultaba demasiado cruel y destructivo para seres tan pequeños e inocentes. Papá y yo éramos el centro de su vida, pero, aparte de cuando estaba con nosotros, raramente experimentaba felicidad. La sociedad le había fallado y le había robado a ciento cincuenta miembros de su familia.

Mamá luchaba con su fe; aunque nunca rechazó del todo a Dios, cuestionaba a una deidad que toleraba que destruyeran a sus creyentes más fieles. Le parecía imposible mirar hacia delante con optimismo, y sobre todo se refugiaba en el pasado.

Comprendí que estaba destinada a ser hija única y me acomodé a esa realidad. La educación fue mi refugio. El estudio constante me ofrecía una vía de escape y una forma de soportar la soledad. Las vivas voces de la radio estadounidense me hacían compañía, mientras hundía la cabeza en los libros. Gradualmente, mi inglés fue mejorando, y me puse al nivel de mi clase. Para sorpresa y deleite de mis padres, acabé el octavo curso con honores.

Después de un año en Astoria, mamá y papá ya no podían soportar el latente antisemitismo del distrito. No tardamos en mudarnos de allí.

19

Transición

Brooklyn, Estados Unidos, 1951

Trece años

*B*rooklyn supuso una mejora significativa con respecto a Astoria. El barrio tenía una población judía sustancial, así como más de un millón y medio de personas inmigrantes de otros entornos. Para mí, como adolescente impaciente por formular una vida nueva y llena de sentido, el Brooklyn cosmopolita de los años cincuenta resultaba enormemente excitante, vibrando con la energía de dos millones de extranjeros decididos a conseguir su versión del sueño americano. Era imposible no dejarse contagiar por su entusiasmo. El barrio más populoso de Nueva York era, para mí, el posible trampolín para crear una nueva existencia y dejar atrás los traumas de la guerra.

Nuestro nuevo apartamento en el este de Nueva York era básico, pero por primera vez en mi vida tenía mi propia habitación, que se convirtió en mi santuario. Podía cerrar la puerta cuando me encontraba cansada, dejar fuera la ciudad, echarme en mi estrecha camita y leer hasta cansarme, sin interrupción. Mi pequeña ventana se abría a un oscuro callejón poblado por batallones de gatos callejeros. Durante los veranos humeantes y asfixiantes de Nueva York, mi consumo de literatura y poesía iba acompañado por una banda sonora de peleas felinas, flirteos y gatos machos haciendo lo que les gusta hacer a los gatos machos.

Después de años de privación, los libros me proporcionaban un pasaporte para explorar el mundo en mi imaginación. Me sentía especialmente agradecida a los profesores de inglés que me inculcaron el amor a la poesía y el teatro. Me acerqué a poetas que pintaban con sus palabras imágenes de viajes llenos de descubrimientos y aventuras. Walt Whitman, el gran escritor estadounidense, era mi favorito.

Hojas de hierba me ofrecía un escape a mi existencia urbana, con sus reflexiones sobre lo vasto del paisaje de mi nueva tierra de acogida.

> Ved dehesas y bosques en mis poemas —ved animales salvajes y domésticos—, ved, más allá de la tribu de Kaw, incontables manadas de búfalos que pacen en medio de la hierba cortada y rizada.
>
> Ved, en mis poemas, sólidas, vastas ciudades en el interior del país, de calles empedradas, con edificios de hierro y de piedra, vehículos incesantes, comercio.*

También me interesé por los poetas ingleses, y me imaginé a William Wordsworth contemplando un campo de narcisos. Navegué mentalmente con Samuel Taylor Coleridge en su *Balada del viejo marinero*.

Iba al instituto Thomas Jefferson de Brooklyn, que tenía la reputación de ser uno de los más ilustres del sistema escolar de Nueva York y había producido una serie de alumnos distinguidos, especialmente en artes. Impartir conocimiento era solo uno de los objetivos de los profesores del Jefferson. Colectiva-

---

* *Hojas de hierba*, Walt Whitman, traducción de Francisco Alexander, editorial Novaro, Barcelona, 1978, pág. 111.

mente, estaban comprometidos a convertir a sus pupilos inmigrantes y multirraciales en exitosos ciudadanos estadounidenses. Me uní al Club de la Justicia, que me proporcionó mi primera experiencia de proceso democrático. La culpa la decidían las pruebas, no el prejuicio.

A pesar de sus credenciales de excelencia educativa, el Jefferson tenía un lado oscuro, en el sentido de que muchos estudiantes se veían intimidados por bandas que deambulaban por sus pasillos. Brooklyn era un crisol racial, y cada banda estaba formada por grupos de chicos del mismo entorno étnico. De vez en cuando llamaban a la policía para que confiscara un arma.

Sin embargo, yo no era consciente de aquella corriente subterránea de violencia. «¿Es esto lo que llaman peligroso?», me preguntaba. No tenían ni idea de lo que es el peligro real.

Una vez, de camino al colegio, un chico duro me bloqueó el paso justo al llegar a las puertas. Yo me quedé quieta como una roca, mirándole fijamente. Sonó el timbre, con su orden de dirigirse a las clases. Mirándonos intensamente a los ojos, ambos mantuvimos el terreno, cada uno desafiando al otro a moverse primero. Haciendo acopio de toda su amenazante presencia, el matón se acercó aún más. Cuando se dio cuenta de que yo no me iba a dejar intimidar, se alejó; nunca me volvió a molestar más.

Durante esos años escolares hice algunas amistades para toda la vida, pero, sobre todo, fuera del instituto Jefferson. La mayoría de mis nuevos amigos eran supervivientes del Holocausto. Para nuestros pares estadounidenses todos éramos unos novatos, pero nuestras diversas experiencias durante la guerra nos unían mucho y compensaban el hecho de ser extranjeros. Éramos maduros y responsables, mucho más de lo que correspondía a nuestra edad. Nuestros instintos de supervivencia estaban muy afinados, igual que nuestro compromiso de proteger a nuestros traumatizados padres.

Entre nosotros había algunos que se habían escondido de los nazis en los bosques de la Europa Central, buscando comida en el monte y suplementando los bienes que proporcionaba la naturaleza al «liberar» algunos alimentos de los granjeros locales. A otros los habían escondido sus vecinos, a cambio de pequeñas fortunas, y luego tuvieron que ocuparse ellos mismos de su destino, cuando se les acabó el dinero. Sin embargo, no todo el mundo se había visto empujado hasta los límites de su resistencia por los alemanes. Algunos sufrieron a manos de los rusos y pasaron la mayor parte de los años de la guerra como trabajadores forzados en las heladas tundras de Siberia.

Narrábamos nuestras historias personales de una forma casual, como si aquellas penas fueran una rutina. Ocasionalmente, esas historias se veían puntuadas por heroicas viñetas de robo de comida, evasión del enemigo y ayuda a los partisanos. Nos sentíamos unidos por una sensación de orgullo al superar la adversidad y compartíamos la determinación de integrarnos en una sociedad maravillosa que nos abría los brazos, cuando tantas y tantas naciones habían subido el puente levadizo. También sentíamos que debíamos protegernos los unos a los otros de la cultura dominante en Estados Unidos, hasta que estuviéramos dispuestos a entrar en ella. Los niños estadounidenses no nos aceptaban. Hablábamos con acento, nuestra ropa no era elegante, y pocos de nosotros participábamos en los deportes escolares, porque muchos teníamos que trabajar para ayudar financieramente a nuestros padres.

Sin embargo, también nos divertíamos mucho. Para muchos de nosotros, era la primera vez en nuestra vida que podíamos exhibir realmente nuestra exuberancia juvenil con toda libertad. Pasábamos algunas tardes en las playas de Coney Island y Rye, una ciudad costera en el norte del estado de Nueva York, y después en reuniones. A pesar de nuestro bagaje emocional, de allí surgieron muchos romances y matrimonios.

No obstante, en general, que la cultura americana nos aceptase costó su tiempo. Por eso empecé a llamarme a mí misma Toby. Era estadounidense, corto, sin pretensiones y fácil de recordar. Esta vez, dejé atrás mi nombre de Tola con placer; esperaba que eso sirviera para arrinconar mis dolorosos recuerdos de los tiempos de guerra.

Hablábamos lo que el diccionario define como «yinglish», es decir, un inglés con frases de yidis entremezcladas. La mayoría de nosotros no esperábamos ir a la universidad, porque necesitábamos ayudar a nuestros padres. Mi caso era una excepción, pues papá conseguía ganar lo suficiente para vivir. Albergaba la esperanza de poder avanzar en la educación superior, pues la Universidad de Brooklyn era gratuita. Solo tenía que encontrar una forma de pagar los libros correspondientes. En casa, el dinero escaseaba; nunca salíamos a comer fuera, ni siquiera a los restaurantes más baratos, y comprar algo de picar a un vendedor callejero era el no va más del lujo.

Sin embargo, casi todo en mi vida palidecía si pensaba en Maier Friedman, el primer chico al que conocí en la escuela hebrea. Vivía a unas veinte manzanas de nosotros, y yo frecuentemente arrastraba hasta allí a alguna de mis amigas, solo para poder ver la luz en su ventana cerrada.

—Pero le ves cada domingo —protestaba ella.

—Eso es poco —contestaba yo—. Necesito verle cada día.

—Pero si no lo puedes ver —replicaba ella—: su ventana no está abierta.

—Ya —respondía—. Pero me lo imagino dentro…

Maier ocupaba mis pensamientos constantemente. La historia familiar se repetía: me uní a un grupo sionista solo para estar cerca de él, veinte años después de que mi madre hubiera hecho lo mismo para poder conocer a mi padre.

El grupo se llamaba Habonim, un movimiento juvenil cultural comprometido con la justicia social y el sionismo, la creación y protección de un Estado israelí. Sus reuniones eran plataformas para potentes debates sobre igualitarismo, política y derechos humanos. Siempre que hablaba, Maier se mostraba cautivador y carismático, un analista brillante de temas fundamentales. Su seguridad en sí mismo y sus conocimientos resultaban magnéticos y me atraían hacia él a todos los niveles: física, emocional e intelectualmente.

Mientras yo todavía era estudiante de segundo curso, Maier se graduó en el Instituto Stuyvesant, una de las instituciones de mayor prestigio del país; destacaba sobre todo en matemáticas y ciencia. Fue normal que luego se apuntara a la Unión Cooper para el Avance de las Artes y las Ciencias, una universidad libre y privada que atraía a los mejores candidatos del país. Al mismo tiempo lo aceptaron en MENSA, la sociedad del cociente intelectual elevado. Empezábamos a sentir más y más cosas el uno respecto al otro, pero ninguno de los dos lo expresaba. Yo esperaba casarme con él y vivir en un kibutz en Israel, aunque no compartía tales sueños con nadie.

Mi optimismo no se reflejaba en mi casa, donde poder salir adelante económicamente era una lucha diaria. Coser ropa a medida para hombres y mujeres no resultaba muy lucrativo que digamos, y trabajaba muchas horas. La ausencia de papá y mis intereses fuera de casa intensificaban la soledad y la depresión de mamá. Ella ya no podía trabajar por culpa de su deteriorada salud. Sus continuos e incapacitantes dolores de cabeza, causados por la paliza en Auschwitz, la confinaban al interior de la casa. Ya no se sumergía en el mundo de habla inglesa en el cual vivía, y sus habilidades lingüísticas flaqueaban.

De vez en cuando, la mamá de hacía unos años parecía volver. En una de nuestras escasas salidas al cine, le mencionó a papá lo mucho que admiraba un abrigo que llevaba una de las actrices. Papá lo recreó enteramente de memoria y se lo regaló unas semanas más tarde. A ella le encantó el abrigo y lo reservaba para ocasiones especiales. Sin embargo, la vitalidad de Brooklyn no conseguía ponerla en marcha. A seis mil cuatro-

cientos kilómetros de Birkenau, el Holocausto seguía omnipresente. La liberación no había acabado con él.

Poco a poco, mi inteligente, valerosa y bella mamá se fue
deteriorando ante mis ojos. Mi amor por ella no tenía límites,
pero mi necesidad de pertenecer a mi nuevo mundo era igual
de fuerte. Me sentía en un conflicto constante. Cuando estaba
en casa quería salir y cuando estaba con mis amigos sabía que
se me necesitaba en casa.

Finalmente, mi adoración y mi preocupación por mamá
triunfaron sobre mis propias necesidades. Ya no salía después
del colegio y regresaba a casa directamente. Mamá siempre me
esperaba con un vaso de leche y un dónut de mermelada. Nos
sentábamos a la mesa de nuestra pequeña cocina sin ventanas,
y mamá tarareaba las canciones del *sabbat* que solía cantar con
su familia. Quería que me las aprendiera de memoria. Ella hablaba con gran detalle de los miembros de la familia Pinkusewicz que ya no estaban con nosotros. Historias que empezaban con recuerdos felices y que siempre terminaban con la
horrible conclusión de que su familia había sido masacrada y
que ella era la única superviviente.

Verse sometida a un bombardeo constante de pesimismo
resultaba insoportable. Yo me escudaba, levantaba una barrera
defensiva y me limitaba a asentir cuando tocaba. La oía, pero
no la escuchaba. Algunas de las historias me tocaron la fibra y
las recuerdo. Pero los nombres no se me quedaron. Los recuerdos de toda una generación se perdieron por culpa de mi insen-
sibilidad. Por aquel entonces no tenía ni idea de lo precioso que
era aquel tiempo. Daría cualquier cosa por volver atrás, por escuchar de nuevo las historias y los nombres, por poder encender alguna vela en su recuerdo y mantener viva su memoria.

De forma similar, el espíritu festivo de la mayoría de las
fiestas judías siempre se desintegraba, convertido en recuerdos
dolorosos. Antes de la guerra, esas fiestas eran grandes reuniones familiares; ahora, solo quedábamos tres a la mesa. Aunque

mamá apreciaba nuestra supervivencia, su fe en Dios se vio sacudida hasta la médula. No dejaba de preguntarse por qué su familia había muerto asesinada. La culpa la abrumaba.

—Si hay un dios —decía—, es absolutamente injusto y no merece que se le adore.

Sin embargo, continuaba con las tradiciones judías, respetando el *kosher* y encendiendo velas en el *sabbat*. Eso la mantenía cerca de su familia, aunque no de su religión. Cuando se acercaban las festividades o era viernes, acompañaba a mamá a un mercado abierto. Volvíamos a casa con pollos recién sacrificados o con una carpa viva a la que ella daba un golpe en la cabeza y que luego convertía en pescado *gefilte*, una exquisitez tradicional del *sabbat*. Pero yo veía que la luz de sus ojos se había debilitado.

Cuando tenía cuarenta años, le diagnosticaron un cáncer de mama. Los médicos lo cogieron a tiempo; se sintió moralmente mucho mejor cuando se recuperó y la enfermedad remitió. Empezó a leer de nuevo en polaco y encontró una vez más la energía para socializar; pasaba mucho tiempo con las hermanas de papá. La tía Ita y el tío Adam se habían trasladado de Israel a Brooklyn con sus dos hijos, Pearl y Ben, y también frecuentábamos mucho a la tía Elka y el tío Monyak y su hijo, Marty, en Upper Manhattan.

Durante un tiempo, estuvo incluso de mejor humor, cosa que, afortunadamente, me permitió centrarme en mis propias actividades. Sin embargo, después de graduarme en el instituto Jefferson, mis planes de sacarme una licenciatura toparon con la oposición de mis padres.

—Cásate, quiero verte en buenas manos antes de morir —me dijo mamá.

Papá se puso de su parte, pero yo insistí. Así pues, seguí adelante y me apunté para estudiar Psicología en la Universidad de Brooklyn. Allí empecé estudiando la psique individual a través de las obras de Freud, Jung y Carl Rogers, un innovador psicólogo estadounidense que fue pionero en la terapia centrada en el paciente.

Sin embargo, a mí me fascinaba mucho más el campo de la psicología de grupo. Trigant Burrow, un influyente psicoanalista pionero en la terapia de grupo, captó mi atención. También estudié minuciosamente la obra de Kurt Lewin, de origen alemán, reconocido hoy en día como fundador de la psicología social moderna. Lewin, soldado alemán que acabó herido en la Primera Guerra Mundial, y más tarde profesor en la Universidad de Iowa, proponía que la conducta se ve moldeada por la interacción de rasgos individuales y el entorno.

Yo quería comprender cómo es posible que una nación entera se dejase lavar el cerebro y dirigir por un individuo que estaba claramente desequilibrado. El Holocausto nunca se alejaba demasiado de mi pensamiento.

Me introdujeron entonces en el trabajo del psiquiatra Viktor Frankl, que, como mis padres y yo, sobrevivió a la Shoah. Más tarde, cuando me hice terapeuta, estudié sus teorías de la supervivencia más profundamente. En su libro *El hombre en busca de sentido*, Frankl explica que uno tiene la capacidad de elección para comportarse moralmente incluso en las circunstancias más duras y que se puede encontrar sentido espiritual ayudando a los otros:

> A diario, a todas horas, se ofrecía la oportunidad de tomar una decisión, decisión que determinaba si uno se sometería o no a las fuerzas que amenazaban con arrebatarle su yo más íntimo, la libertad interna.*

Esas palabras resuenan en mi interior cada vez que pienso en cómo se comportaron mis padres durante la guerra.

* *El hombre en busca de sentido*, Viktor Frankl (traducción de Gabriel Insausti y Christine Kopplhuber), Herder, Barcelona, 1991, pág. 71.

20

Postales de mamá

Brooklyn, Estados Unidos, 1957

Diecinueve años

Después de mi primer semestre estudiando Psicología, la Universidad de Brooklyn ofrecía un viaje barato a Israel, a finales de la primavera de 1957. Estaba desesperada por visitar una tierra que hasta entonces solo había existido en discusiones y sueños.

Israel todavía sufría tensiones, después de la crisis de Suez de 1956. El duro presidente de Egipto, Gamal Abdel Nasser, había nacionalizado el canal de Suez, del cual dependían las importaciones de petróleo de Europa. Las fuerzas armadas israelíes habían invadido el territorio egipcio, avanzando hacia el canal, reforzados por tropas británicas y francesas. La invasión fue un desastre y Egipto acabó victorioso. Las tropas británicas, francesas e israelíes ya se habían retirado cuando llegó el momento de hacer mi viaje, pero la situación estaba lejos de ser ideal.

—No te puedes ir —dijo mamá—. No es seguro. Falta comida, especialmente huevos.

—Bueno, en ese caso, guárdame unos pocos —le dije riendo.

No pensaba dejarme disuadir. Quería ver si mi pasión por Israel se confirmaba. Otra motivación importante era ver a Maier, que tenía un trabajo de verano en Jerusalén.

Sin embargo, me producía una gran ansiedad dejar a mamá. Consulté al médico de nuestra familia, que me aseguró que ella estaría bien.

—Tu madre está bien. Vete —dijo—. Es solo un viaje de dos semanas; si no vas, nunca podrás hacer tu propia vida.

Así pues, visité Israel por primera vez. En cuanto llegué a Jerusalén, me recibieron varias postales escritas por mamá en su inglés deficiente; me hicieron sonreír. Supuse que la confianza del doctor estaba justificada y que ella estaba sana.

En ese viaje me enamoré de Israel. Había oído hablar mucho de aquel lugar y había estudiado sobre él, pero mis expectativas se vieron superadas con creces. Me sedujo la belleza del desierto de Judea y me fascinó la historia de Jerusalén. Cuando Maier y yo nos reunimos en un kibutz, estuvimos de acuerdo en que a los dos nos encantaba Israel, y decidimos volver en el futuro.

Sin embargo, a lo largo del viaje, no podía quitarme de encima ni acabar de identificar un sentimiento de aprensión. Y resultó que mi intuición era correcta. Cuando volví a Brooklyn, descubrí que mamá había muerto cuando yo solo llevaba dos días de viaje. Otra persona había enviado sus postales.

Mamá falleció el 29 de junio de 1957. Tenía cuarenta y cinco años. La sensación de culpa que tuve resultó abrumadora.

—Murió porque se le rompió el corazón —me dijo papá, acusador—. Se fue a dormir con dolor de cabeza, se tomó una aspirina y ya no se despertó.

Nunca supimos la verdadera razón de su muerte, porque no se le hizo la autopsia, pero creemos que sufrió un aneurisma cerebral y que cayó en un coma irreversible. Las emociones fuertes, incluido el sufrimiento, pueden contribuir a un aneurisma, igual que los traumas en la cabeza. Ciertamente, en términos físicos, mamá no volvió a ser la misma después de la paliza que sufrió en Auschwitz. Aunque murió doce años después de que terminase la guerra, no cabe duda de que fue una víctima más del Holocausto.

Sin embargo, por aquel entonces estaba convencida de que yo era la culpable de su muerte, y de que ella hubiera seguido entre nosotros si yo no me hubiera ido a Israel. Abandoné la Universidad de Brooklyn y dejé de socializar con mis amigos. El dolor y la culpa me abrumaban. Seguía pensando lo mucho que había sacrificado mi bella, sensible e inteligente madre por mí. Su inteligencia y su valor eran los motivos principales por los cuales todavía seguía viva. Se lo debía todo.

Papá me echó la culpa de la muerte de mamá, cosa que me pareció cruel e injusta. Pero en lo más profundo de mi ser yo estaba convencida de que mi padre decía la verdad. Nuestro duelo individual levantó una barrera entre nosotros. Papá se sumergió en el trabajo y yo me limité a quedarme en casa, en nuestro pequeño apartamento. Cuando él volvía del taller, dábamos vueltas el uno en torno al otro como desconocidos; apenas hablábamos. Durante semanas, lloré cada noche hasta quedarme dormida.

Unos meses después de la muerte de mamá, papá hizo un anuncio dramático.

—Me voy a Israel —dijo.

Días más tarde se despidió de mí, me entregó mil dólares y las llaves del piso. Mi sensación de abandono era completa. Apenas era mayor de edad. Cualquier optimismo que hubiese podido sentir se evaporó.

Mis dos tías podían haberme acogido, pero no tenían habitaciones libres. Sumida en una sensación no solo de desesperanza, sino de desarraigo, recordé la fe de mamá en mi capacidad de cuidarme sola. Sus lecciones tempranas de supervivencia me fueron muy bien. Ella me había imbuido un valor interno. «Estoy en buenas manos —pensé para mí—. En las mías propias».

Llamé a un amigo íntimo que estudiaba matemáticas en la Universidad de Berkeley, en California; me invitó a reunirme con él en la costa oeste. En cuanto llegué a Berkeley, dos semanas después de que papá se fuera a Israel, me di cuenta de que había cometido un error, aunque mi amigo se desvivió por hacer que me sintiera bien acogida. Él compartía un apartamento pequeño con tres adultos y dos niños, que dormían todos en colchones tirados en el suelo. Era extremadamente incómodo. Me apunté a algunas clases, esperando que me distrajeran y me hicieran feliz, y acepté un trabajo en una tienda de bagels, cuyos beneficios ayudaban a la tribu de nativos americanos hopis, a quienes visitábamos una vez al mes. En solidaridad con su estatus de minoría marginal, me pagaban con comida, en lugar de con dinero.

Aunque estaba rodeada de gente, me sentía muy sola. Las pesadillas, que pensé que habían quedado atrás, volvieron. Añoraba muchísimo un hogar que ya no existía, y no conseguía adaptarme al estilo de vida de California. Desesperada, contacté con el rabino del campus de Berkeley, que se mostró muy comprensivo.

—¿Qué hace una guapa chica judía de Brooklyn aquí? —me preguntó—. Vete a casa.

Antes de irme, me dio el número de teléfono de una psiquiatra de Manhattan llamada Lillian Kaplan. Aquello cambió mi vida.

Durante los siguientes cuatro años asistí a sesiones semanales de terapia con la doctora Kaplan, que estaba especializada en ayudar a jóvenes víctimas de traumas, incluidas las del Holocausto. En la segura atmósfera de su despacho, por primera vez en mi vida pude expresar todo mi dolor, toda mi pena, todos mis temores. Lloré y me descargué de la culpabilidad que sentía por la muerte de mamá y de todos los recuerdos dolorosos de la guerra que no podía compartir con mi madre, porque quería evitar que sintiera dolor.

La doctora Kaplan me buscó un lugar en «El Club», una residencia para chicas judías sin hogar que asistían a la universidad y que gestionaba la Asociación Judía de Cuidado Infantil. El bonito edificio de piedra rojiza se encontraba en el distrito residencial de Park Slope, junto al Jardín Botánico de Brooklyn y el Museo de Brooklyn. Allí conviví con chicas de entornos brutalmente distintos entre sí, así como con una amplia gama de traumas, que solían hacer representaciones. Algunas habían sido abandonadas por sus familias o expulsadas del colegio. Algunas habían pasado algún tiempo en instituciones psiquiátricas. Otras eran fugitivas de hogares abusivos o, como yo, se habían quedado sin casa al morir uno de los padres. Además de ofrecer refugio, el Club proporcionaba apoyo emocional a través de la danza, la música, el arte y la terapia de orientación. Esas actividades las acometían de una manera terapéutica, para ayudarnos a superar nuestros traumas individuales.

Al cabo de casi un año, papá volvió de Israel; era mediados de 1958. Venía acompañado por su nueva esposa, Sonia, superviviente de un campo de trabajo soviético en Siberia. Sonia era guapa, amable e inteligente; no tenía hijos propios, pero era extremadamente sensible a mis sentimientos. Fue lo bastante lista para no intentar reemplazar a mamá en mi afecto, pero su apoyo moral y su amabilidad mitigaron mi sensación de pérdida. Con la ayuda de la doctora Kaplan, acepté a Sonia y la culpa por la muerte de mi madre disminuyó. Reconocía mi buena suerte al tener una terapeuta tan maravillosa, que me inspiró a seguir sus pasos. Ella plantó las semillas de mi futura vocación.

Después de graduarme en la universidad, en 1960, decidí trasladarme a Israel. Para mi sorpresa, después de años de no estar en contacto, Maier Friedman, que había estado estudiando en el Instituto Tecnológico de Massachusetts, en Boston, apareció un día en el Club.

—¿Cómo me has encontrado? —le pregunté.

—Nunca te he perdido la pista —me respondió.

Cuando le hablé de las vacunas que acababa de ponerme, como preparación para mi viaje, se limitó a decirme:

—Bien, pero primero casémonos; luego nos vamos a Israel.

Nos conocíamos desde que yo tenía once años, pero en realidad nunca habíamos hablado de matrimonio. Enseguida supimos que queríamos construir una vida juntos en Israel.

Nos casamos en Brooklyn dos meses después, el 11 de junio de 1960. Fue una boda tradicional judía, y aunque la representación por mi parte fue pequeña, Maier tenía una familia muy extensa. Me consideré muy afortunada de verme acogida por los Friedman. Al fin formaba parte de una familia grande y amorosa, y me sentía aceptada, protegida. Ya no estaba sola. Pero echaba de menos a mamá terriblemente. Había muerto hacía tres años, pero me ponía profundamente triste que no viviera para verme casada.

Maier y yo no teníamos tiempo para una luna de miel. Nos fuimos directamente en coche a San Diego, en California, donde Maier tenía un nuevo trabajo. Pero la vida en la costa oeste no nos gustaba. Echábamos de menos a nuestra familia y a nuestros amigos, y no digamos la efervescencia de Nueva York. Al cabo de apenas seis meses, regresamos.

Maier era un hombre intelectualmente muy brillante y me inspiró para esforzarme más. Él empezó una licenciatura en Ingeniería Bioquímica en la Universidad de Columbia y yo me apunté a un máster en Literatura Inglesa en la Universidad de la Ciudad de Nueva York. Ambas facultades estaban en el Upper West Side, así que decidimos trasladarnos al cercano Harlem. En 1961, Harlem se tenía por una parte peligrosa de Manhattan, y allí seríamos una minoría, eso estaba claro. Lo cierto es que aquella decisión sorprendió a nuestra familia y a nuestros amigos.

—Pero ¿cómo vamos a ir a visitaros? —protestaba papá—. Ese barrio es tan peligroso.

—No es peligroso en absoluto —le respondía yo—. Hay policía por todas partes.

No nos motivaba solo la facilidad en los transportes. En nuestros viajes por carretera desde la costa oeste nos había ofendido mucho encontrar lavabos, restaurantes e incluso fuentes segregadas. Como procedíamos del nordeste, no nos habíamos topado con los efectos diarios de la segregación, y la sensación de indignación que tuvimos continuaba vigente cuando volvimos a Nueva York. Maier y yo estábamos intentando activamente vivir según nuestros principios fundamentales. Ser miembros de Habonim, la organización sionista, no solo había reforzado nuestra creencia en el derecho de Israel a existir, sino que también había reforzado nuestro compromiso con la igualdad genuina superando la división racial. Cuando nos convertimos en marido y mujer, el movimiento por los derechos civiles de Estados Unidos estaba en pleno apogeo, ya que los afroamericanos exigían el fin de la segregación y la discriminación. Los activistas judíos representaron un papel significativo en el movimiento, teniendo en cuenta que el judaísmo estipula que tenemos la obligación moral de defender los derechos fundamentales de los demás. Nosotros marchamos junto a los afroamericanos de Washington cuando pedían la integración. Hablar de igualdad no era suficiente. Decidimos vivirla.

Nos trasladamos a un bonito apartamento de dos habitaciones que daba al famoso teatro Apolo, en la calle 125. Éramos la única pareja blanca judía *kosher* entre los casi ochocientos inquilinos afroamericanos y latinos de nuestro edificio, que tenía veintiuna plantas.

Al principio nuestros vecinos se mostraron hostiles y no nos saludaban ni siquiera en el diminuto ascensor. Yo esperaba romper el hielo de alguna forma, pero no estaba segura de cuál sería la mejor manera de acercarnos a la gente, incluso la de nuestra propia planta. Evitábamos el contacto visual y pasábamos silenciosamente unos junto a otros en el vestíbulo. Pasaron meses antes de que los vecinos empezaran a hacer un gesto cuando nos veían.

Es un principio, pensaba para mí.

Sin embargo, Maier y yo supimos que estábamos consiguiendo algo cuando asistimos a una reunión de vecinos y unas pocas caras familiares nos sonrieron. Empecé a asistir a diversas reuniones pequeñas en apartamentos individuales, donde los inquilinos hablaban de seguridad, limpieza y salubridad. Yo quería contribuir y veía todas esas reuniones como un puente hacia la aceptación. Y resultó ser así. Al principio me invitaba yo misma, pero al cabo de un tiempo me pedían que asistiera. Por fin las barreras habían caído. Nuestros vecinos veían que teníamos las mismas preocupaciones que ellos.

Cada día, de camino hacia la universidad, yo pasaba junto al Apolo y oía la música que vibraba a través de las paredes, pero nunca tuve dinero ni valor para entrar. El Apolo era el corazón palpitante de la cultura de Harlem. Empezó como *music hall* solo para blancos, pero a mediados de los años treinta se convirtió en escaparate de una amplia gama de talentos afroamericanos. A lo largo del tiempo evolucionó, promoviendo el jazz, las *big bands*, la comedia, la ópera, el góspel y la música *soul*. Los intérpretes que pisaron las tablas del Apolo en las primeras etapas de su carrera se convirtieron en nombres familiares en todo el mundo: Ella Fitzgerald, Louis Armstrong, Duke Ellington, Richard Pryor, Aretha Franklin, los Staple Singers, Ray Charles, Otis Redding, los Jackson Five y Steve Wonder, por nombrar solo unos cuantos. El edificio, con sus estrellas y su público, transmitía unas vibraciones tan positivas que solo con pasar andando a su lado podías decir que algo extraordinario estaba ocurriendo dentro.

Mi mejor descubrimiento en la zona fue la biblioteca pública en 135 y Lenox, que entonces se llamaba Malcolm X Boulevard. El primer día, la bibliotecaria intentó ser amable, pero detrás de su falsa sonrisa noté que no era bienvenida. Para su irritación, me quedé y eché un vistazo. Me llamaron la atención unas urnas de cristal que protegían los manuscritos originales de escritores afroamericanos. Apretando los dientes, ella me explicó que formaban parte de la colección Schomburg, un archivo de material centrado en la cultura negra.

Vi un artículo que había en el mostrador sobre un afroamericano llamado Richard Wright, que había muerto en París de un ataque al corazón un año antes, a los cincuenta y dos. El artículo afirmaba que, aunque Wright había escrito unas cuantas obras, muy pocas personas habían oído hablar de él. Me intrigó y pedí prestado *Chico negro (Black boy)*, una obra de no ficción publicada en 1945…, el mismo año que yo fui liberada de Auschwitz.

Chico negro traza la crónica de las experiencias de Wright en el sur profundo de Estados Unidos, donde tuvo que soportar pobreza, enfermedad y racismo. Me sentí conmocionada al ver que un niño estadounidense pudiera verse sujeto a unos abusos y una violencia tan terribles, no solo a manos de la sociedad, sino también de su familia. Poco después anuncié a mi profesor que haría mi tesis de máster sobre Richard Wright. Pero primero necesitaba su aprobación.

—No estoy seguro de que una mujer blanca, no nacida en Estados Unidos, pueda comprender la experiencia afroamericana —me dijo.

Pero yo no pensaba aceptar un no por respuesta, y al final obtuve el permiso después de presionar a mi profesor para que consultara con otros miembros del comité de la universidad.

Aunque la imaginería sexual y violenta de Wright hizo que se prohibieran sus libros, apreciaba su honradez y empatizaba con su dolor. Él culpaba al racismo institucionalizado en Estados Unidos de la degeneración de sus personajes. Eran todos inteligentes, torturados y violentos, cosa que solía conducir al asesinato. Buscando justicia social, Wright se unió al Partido Comunista durante una década, pero al final lo dejó, desilusionado por la falta de justicia y por la hipocresía rampante. Un partido que supuestamente defendía la igualdad total entre las clases trabajadoras abrazaba también el segregacionismo, cosa que significaba más racismo. En un artículo titulado «El dios que fracasó», Wright expresaba su decepción y su disgusto con el comunismo. Murió en un exilio autoimpuesto en 1960, desencantado y sin ser consciente de su influencia en otros escritores.

Yo notaba cierto parentesco con Richard Wright. Aunque teníamos entornos muy distintos, con religiones y color de piel diferentes, ambos habíamos sufrido una niñez llena de abusos, y habíamos luchado para encontrar sentido, como hacen los niños heridos en una sociedad dura y racista. Me reconocí en su tormento.

Me quedé embarazada de mi hija Risa mientras estudiaba el máster. La llamamos como mi madre. Estaba decidida a que todo hijo mío pudiera criarse libre de odio, a diferencia de Wright y de mí. Algunos de nuestros vecinos ya se habían convertido en amigos, y aunque andaban escasos de dinero, dieron lo que pudieron. Nos regalaron ropa de bebé, sábanas y pañales, y nos hicieron sentir que pertenecíamos a una comunidad. El hermano de Risa, Gadi, nació trece meses más tarde. Esa Navidad se apilaron más regalos junto a nuestra puerta, y aunque todo el mundo sabía que no celebrábamos aquellas fiestas, siempre decían: «¿Y por eso van a sufrir los niños?».

Con dos bebés, la vida era un caos y quedaba poco tiempo para estudiar, de modo que puse un anuncio en el ascensor ofreciendo clases de inglés y de matemáticas gratuitas a cambio de que me hicieran de canguro. Después de una respuesta inicial lenta, reuní a unas cuantas adolescentes que necesitaban ayuda para redactar trabajos escolares, y a las que podíamos confiar nuestros hijos. Un chico que tenía problemas con las matemáticas también llamó pidiendo ayuda. No podía cuidar a nuestros niños, porque ya se tenía que ocupar de sus dos hermanos pequeños, pero Maier se sentó con él durante horas desentrañando unos rompecabezas numéricos que cada vez eran más complejos y difíciles. Los misterios de las matemáticas quedaron desvelados y el chico hizo grandes progresos. Todavía me alegra pensar que aquellas clases mejoraron la relación con nuestros vecinos. Las diferencias económicas, educativas y sociales se desvanecieron en cuanto conectamos emocionalmente.

A principios de 1967, tanto Maier como yo habíamos terminado nuestros estudios y estábamos dispuestos a seguir adelante. Nuestros vecinos nos ofrecieron una fantástica fiesta de despedida, y sentimos mucho tener que irnos. No sabíamos que nos dirigíamos a otra guerra.

21

Israel

Netanya, Israel, 1967

Veintinueve años

*E*l aire seco y caliente me envolvió en un abrazo de bienvenida cuando atravesé la puerta del avión de El Al y pisé el suelo de Israel. Me encantaba poder volver…, esta vez con mi marido y mis dos hijos pequeños. Siempre recordaré la fecha: 3 de mayo de 1967.

Nos dirigimos hacia el norte a lo largo de la costa, con las ventanillas bajadas; fue un viaje de treinta minutos en coche desde el aeropuerto Ben Gurion, en Netanya. Muy juntos, nuestros niños, Risa y Gadi, se asomaban por las ventanillas siempre que podían, como flores que vuelven sus rostros hacia el sol. El calor era un bálsamo que aliviaba los dolores de un largo vuelo y las tensiones de la vida en Nueva York. Los contrastes sensoriales entre la Gran Manzana y Tel Aviv resultaban imposibles de ignorar. Nos cegaba el resplandor del sol que incidía en las blancas casas de piedra. La brisa transportaba el perfume de las flores y el olor salado del Mediterráneo oriental.

«Podría acostumbrarme a todo esto», me dije a mí misma.

Netanya era mucho más pequeño que Tel Aviv, pero igual de estimulante. Nos alojamos en una institución educativa israelí única llamada *ulpan*, que sumerge a los inmigrantes en la lengua hebrea, junto con la cultura y las costumbres de su nuevo hogar. Nos apuntamos para seis meses, que pensamos que serían suficientes para aclimatarnos y tener unos conocimientos sólidos de la lengua.

Nuestro complejo *ulpan* estaba dirigido a familias jóvenes, y me conmovió mucho ver que nos esperaban una muñeca y una pelota en las camitas de los niños. Aquel gesto nos hizo sentir en casa. La comida era comunitaria, y en el comedor resonaba un coro de idiomas distintos que competían entre sí, y que incluían ruso, polaco, español, francés e inglés. Nuestro instructor intentaba introducir el hebreo constantemente en nuestras conversaciones. Decidí cambiarme el nombre y llamarme Tova, que sonaba mucho más israelí. También porque se parecía mucho a Tema, el nombre de mi abuela materna.

Al principio, la vida era una rutina predecible y cómoda. Todas las mañanas llevábamos a los niños a la guardería e íbamos a clase de hebreo. Adquirimos la costumbre subtropical de descansar a primera hora de la tarde, cuando el sol calentaba más, y socializábamos y hacíamos los deberes por la tarde-noche, cuando refrescaba. Nos encantaba el estilo de vida israelí, siempre al aire libre, y pasábamos horas interminables en la limpia playa de arena de Netanya.

Sin embargo, nuestro idilio con Oriente Medio no duró mucho. A mediados de mayo de 1967 nos visitó un oficial del Ejército israelí de una base cercana, que anunció que la guerra era inminente y que con toda probabilidad nos encontraríamos en la línea del frente. No tendría que haber sido una sorpresa importante, pero de alguna manera nos cogió desprevenidos.

Éramos conscientes de que se producían esporádicos ataques de guerrillas palestinas en la frontera, así como de la retórica belicista del presidente de Egipto, Gamal Abdel Nasser. Pero, a pesar de un acuerdo de defensa mutua firmado por Egipto y Siria a finales de 1966, la amenaza se percibía como algo distante. En cualquier caso, eran las ciudades fronterizas de Egipto y Siria las que parecían estar en mayor peligro. Sin embargo, la visita del oficial del Ejército nos obligó a concentrarnos en el posible conflicto en nuestro propio barrio. Vivíamos en una de las franjas más estrechas del territorio israelí. Nuestro complejo estaba a menos de trece kilómetros de la frontera jordana. El Ejército israelí temía que cuando llegase la guerra, Tulkarm, una ciudad predominantemente palestina justo al otro lado de la frontera, en la orilla occidental del río Jordán, fuera un objetivo militar.

El oficial dio instrucciones específicas al director del *ulpan* de cómo construir unas defensas rudimentarias. No había tiempo que perder. Teníamos que empezar a cavar hoyos y trincheras inmediatamente. No era una petición; era una orden.

—Lo siento, no puedo prescindir de soldados para ayudarlos —dijo, y luego se volvió a su base.

La mayor parte de nuestro variopinto grupo era gente de ciudad, que en su vida había empuñado una pala. Y no solo eso, sino que no teníamos una lengua común y sí muchos problemas para comunicarnos. Fue una época desalentadora, pero Maier se enfrentó al desafío. Nunca había experimentado la guerra, pero se enfrentó sin temor al conflicto que se avecinaba.

Ya fuera grande o pequeño, Maier afrontaba cada proyecto como si fuera un rompecabezas que tuviera que descifrar él solo. Recurriendo a su mente de ingeniero, supervisó la excavación, organizó turnos, enseñó medidas de seguridad y se aseguró de que los refugios antiaéreos estaban reforzados y bien provistos de suministros, por si nos veíamos obligados a permanecer a cubierto durante un periodo prolongado.

La optimista decisión de Maier contrastaba con mi estado de ánimo. Por primera vez desde hacía más de veinte años, desde la liquidación de Birkenau por parte de los nazis, me encontraba totalmente petrificada. Mis pesadillas fueron apagándose porque la vida me mantenía ocupada, pero ahora habían regresado. Me atormentaban imágenes de cuerpos desnudos, niños sin hogar, hambrunas y torturas que me robaban el sueño. Me negaba a desnudarme a la hora de irme a la cama. Temía que nos invadieran durante la noche y que los soldados árabes me encontraran desnuda.

En Estados Unidos, las pesadillas de mi padre de los tiempos de la guerra regresaron. Me llamaba todos los días y me rogaba que le mandásemos a los niños en avión, mientras las fronteras todavía estuvieran abiertas. Como me negué, bombardeó la Embajada de Estados Unidos en Tel Aviv suplicando para que nos convencieran de enviar a los niños, por lo menos, al cercano Chipre. Mucha gente lo estaba haciendo; era mucho más seguro. Al cabo de un tiempo, sus ruegos funcionaron y se presentó ante nosotros un oficial del consulado.

—Su padre nos llama varias veces al día —dijo el diplomático—. Me ha obligado a prometerle que intentaría convencerlos de que evacuen a los niños.

Declinamos su oferta educadamente.

—Lo que les ocurra a otros niños judíos les ocurrirá también a los nuestros —dijo Maier; persona de principios, era idealista y sionista hasta la médula.

La paz se alejaba más a cada día que pasaba. A mediados de mayo, el presidente Nasser pidió a las Naciones Unidas que retirasen las tropas pacificadoras de la península del Sinaí, donde, durante más de una década, habían actuado como parachoques entre Israel y Egipto. Las fuerzas de la ONU, de mil cuatrocientos efectivos, estaban allí invitadas, de modo que tuvieron que retirarse mientras mil tanques egipcios y cien mil soldados (un tercio de todo el Ejército egipcio) avanzaban por el desierto del Sinaí hacia la frontera israelí, a solo cuarenta y ocho kilómetros de Tel Aviv.

Tensando aún más la cuerda, Nasser ordenó un bloqueo de los estrechos de Tirán, donde el golfo de Akaba se encuentra con el mar Rojo. El bloqueo impedía el acceso de Israel al mar desde el puerto de Eilat, cosa que ponía en peligro el suministro de petróleo de la nación y otras importaciones clave desde el sur. De todas las provocaciones, el bloqueo fue la más potente. El Gobierno israelí interpretó el decreto de Nasser como un acto de guerra y anunció una movilización plena, que era un proceso altamente eficiente. La mayoría de los civiles en edad de combatir eran reservistas y estaban bien entrenados. En cuanto se hizo el llamamiento, la gente dejó de hacer lo que estaba haciendo y se presentó en sus unidades militares.

Mientras tanto, hacia el nordeste, Siria desplegaba tropas hacia los Altos del Golán, que se alzan sobre el valle superior del río Jordán. Una semana más tarde, Nasser firmó un pacto de defensa con el rey jordano Hussein. El oficial del Ejército israelí tenía toda la razón. La guerra iba a tener lugar en nuestro patio trasero.

Risa y Gadi no eran conscientes de la tormenta que se avecinaba. Nos inventamos un juego que les encantaba. Mirábamos el cielo buscando algún avión; cuando uno de nosotros veía uno, yo golpeaba un tambor de juguete y ellos se metían debajo de la cama, que se había convertido en un refugio lleno de juguetes y comida para picar. Practicamos ese ejercicio durante días, hasta que ya no fue ningún juego.

Las sirenas de los ataques aéreos empezaron a sonar la mañana del 5 de junio de 1967, muy temprano. No era una falsa alarma. Era real. Cogí a los niños de la mano y corrimos a nuestro refugio. Los apreté lo más fuerte que pude y, como mi madre antes que yo, intenté escudarlos con mi propio cuerpo. No veía lo que estaba ocurriendo, pero los sonidos de cohetes y proyectiles eran terroríficos. El impactante efecto de las explosiones parecía increíblemente potente y destructivo. Los niños lloraban de miedo; yo estaba aterrorizada, pero intenté tranquilizarlos. No veía a Maier por ninguna parte, mientras los proyectiles pasaban silbando por el cielo. Estaba acompañando a otras familias a sus refugios; en cuanto estuvieron todos seguros, vino corriendo con nosotros.

—Los que no se oyen son los que tendrían que preocuparnos —dijo—. Si los oyes, es que ya han pasado de largo.

Esa observación hizo que me asustase más aún por mis niños, en el silencio que había entre estallido y estallido de proyectil.

Alineada contra Israel, la coalición árabe tenía una fuerza combinada de novecientos aviones, cinco mil tanques y medio millón de soldados. Nosotros en comparación solo teníamos ciento setenta y cinco aviones, mil tanques y un ejército disponible de setenta y cinco mil soldados, que podía ampliarse con los reservistas. El simple peso de los números generaba un estado de gran ansiedad entre la población civil. Yo sentía que se trataba de una guerra entre David y Goliat. No teníamos ni idea de por qué tenían tanta confianza nuestros generales.

En las primeras horas del conflicto, yo supuse que Israel había sido atacado el primero, y que Jordania, a solo trece kilómetros de distancia, había iniciado la agresión. En tales circunstancias, entre la confusión y el temor de una descarga de artillería, resulta difícil no pensar que estás en el epicentro de la acción. Pasaron varias horas antes de que las noticias de la radio israelí llegasen hasta nosotros y nos dieran cierta perspectiva respecto a la situación.

Lo que había ocurrido era un clásico movimiento de *El arte de la guerra*, el libro de estrategia militar escrito miles de años atrás por Sun Tzu, antiguo general y filósofo chino. Una de las principales exhortaciones de Sun Tzu es: «Ataca al enemigo donde menos preparado esté, aparece donde no se te espera».

Y eso es precisamente lo que hicieron los israelíes. El 5 de junio de 1967, temprano por la mañana, las fuerzas de defensa lanzaron una serie de ataques preventivos para atemperar la amenaza de la coalición militar árabe. Los aviones israelíes destruyeron el noventa por ciento de los aviones de las fuerzas aéreas egipcias mientras estaban impotentes en tierra. Los pilotos israelíes inutilizaron la capacidad aérea de las otras naciones árabes de la alianza.

El control de los cielos permitió a las fuerzas terrestres avanzar confiadamente hacia sus objetivos.

A pesar de los rápidos éxitos de las Fuerzas de Defensa de Israel, permanecimos en los refugios. Mientras yo abrazaba a mis niños, me sentía muy culpable. Después de mis experiencias en Polonia, ¿cómo podía poner sus vidas en peligro? ¿No estaba siendo una irresponsable? ¿Debería tener prioridad nuestro deseo de vivir en Israel por encima de su bienestar físico? Después de todo, aquel conflicto no era más que el principio… Vivirían en un país rodeado de enemigos, enfrentándose a una amenaza perpetua y luchando por la supervivencia. Esas dudas estaban muy presentes en mi mente mientras continuaban los intercambios de la artillería.

Cuando las armas dejaron de disparar nos asomamos fuera del refugio. En la oscuridad veíamos las llamas que se alzaban de los pueblos árabes al otro lado de la frontera.

A medida que la guerra progresaba rápidamente, y con la victoria al alcance de la mano, mi perspectiva cambió. Me tranquilicé. Me di cuenta de que en realidad estaba haciéndoles un regalo a Risa y a Gadi. Ser ciudadanos de una nación judía significaba que nunca experimentarían el antisemitismo, la discriminación o la vergüenza. No tendrían que soportar las agonías que mi familia había sufrido. El peligro físico al que se enfrentaban era transitorio, pero su enriquecimiento espiritual sería permanente. Me convencí de que había hecho lo correcto al no enviarlos lejos. Ellos pertenecían a Israel. Comparados con todo lo que yo había pasado, los riesgos parecían aceptables. Teníamos un país con un ejército y unas fuerzas aéreas importantes. No estábamos indefensos, ni mucho menos. Éramos fuertes y efectivos.

La guerra solo duró seis días y al final ganó Israel. El día después de que se declarase la victoria, Maier y yo celebramos nuestro séptimo aniversario de boda con algunos de los otros estudiantes del *ulpan*. Fue un poco agridulce. Contemplaba nuestro triunfo como un milagro y las cifras de las bajas israelíes eran relativamente escasas. Sin embargo, nuestra felicidad se veía ensombrecida por la avalancha de funerales que tenían lugar en todo el país. Setecientos setenta y seis jóvenes soldados habían sacrificado su vida para hacer de Israel un país mucho más seguro.

En cuanto pudimos nos dirigimos al Kotel (Muro de las Lamentaciones) de la Ciudad Vieja de Jerusalén, que durante mucho tiempo había sido inaccesible para los judíos israelíes. Habíamos esperado una vida entera para hacer ese peregrinaje. El Kotel es la única parte que sobrevive del muro de contención que había dado apoyo al Primer y Segundo Templos, construidos hace miles de años. Es el lugar de culto más sagrado para los judíos.

Antes de la guerra, Jerusalén estaba dividida en dos partes. Los israelíes administraban la mitad occidental, mientras que los jordanos controlaban la parte este, incluida la Ciudad Vieja, con sus murallas de piedra caliza con almenas y sus diversos lugares santos, sagrados para las tres religiones monoteístas más importantes del mundo: judaísmo, islam y cristianismo. Después de expulsar a las fuerzas jordanas en una lucha puerta a puerta, en el este de Jerusalén, los israelíes se hicieron con el control de la Ciudad Vieja el tercer día de la guerra.

Notamos la tensión en cuanto entramos por la puerta de Jaffa, una semana más tarde, más o menos, aunque nos sentíamos a salvo porque las tropas patrullaban el laberinto de estrechas callejuelas en el interior de las murallas.

Nos sentimos abrumados por las imágenes y sonidos del ajetreado *souk* o mercado. Los puestos rebosaban de artículos exóticos, vestidos con bordados intrincados hechos a mano y piezas de joyería bellamente realizadas. Pimentón, comino, cardamomo, zatar y otras especias de vivos colores en grandes sacos abiertos dejaban escapar unos perfumes embriagadores. Rastros de lenguas familiares y extrañas que nunca había oído antes se mezclaban con las conversaciones a gritos de los propietarios de los puestos en árabe. Aunque los comerciantes del *souk* pertenecían al bando perdedor, cualquier resentimiento hacia los judíos que ahora exploraban su nuevo mundo se veía diluido por el pragmatismo. Dadas las circunstancias, se mostraban razonablemente hospitalarios.

Finalmente, después de recorrer el laberinto de la Ciudad Vieja, llegamos al Muro de las Lamentaciones, que se alzaba dieciocho metros por encima de nosotros y resplandecía al sol. Aunque parcialmente oculto por las chozas ruinosas que se apoyaban en él, entre apestosos montones de estiércol de burro y pilas de basura, el monumento sobrecogía. Pronuncié en silencio una antigua oración conocida como «*Sheheheyanu*», «Bendito seas, Señor nuestro dios, rey del universo, que nos has dado la vida, nos has sostenido y nos has permitido llegar a estos días».

Durante más de mil quinientos años, los judíos han recitado el *Sheheheyanu* para expresar gratitud por experiencias nuevas e inusuales. Resulta difícil describir lo sublime que era aquel momento, allí de pie con Maier, cogiendo de la mano a nuestros niños, ante el Muro de las Lamentaciones. Al fin nosotros, como pueblo, podíamos rezar donde, durante casi dos mil años, nuestros antepasados también habían rezado a Dios.

Sentí una enorme gratitud y orgullo por estar allí con mi familia, tocando aquellas piedras gigantescas y antiguas. Mientras seguía allí de pie, en reverencia y silencio, me di cuenta de que el muro representaba parte de mi identidad. Era un testimonio de la fortaleza, la tenacidad y la *chutzpah* judías. Además era una vindicación, muy alejada de lo que los nazis definían como *Untermenschen*, subhumanos, parásitos y bichos que había que aniquilar. Me pareció que era otro momento de liberación. Tampoco resultaba sorprendente que sintiera que estaba en casa. Aquello confirmaba que yo también tenía raíces.

No mucho después de que llegara la paz, dejamos el *ulpan* y alquilamos una casa con tres habitaciones, a ocho kilómetros de Jerusalén, en los montes de Judea, a seiscientos metros por encima del nivel del mar, en una comunidad llamada Motza. La casa estaba situada entre una hierba que llegaba a la altura de las rodillas y rodeada de cedros y un pequeño vergel que rebosaba de melocotones, albaricoques, manzanas y peras. Después del paisaje de Manhattan de cemento, acero y cristal, parecía el paraíso.

Una mañana, una figura alta con túnica y sandalias apareció ante nuestra puerta. No dijo ni una sola palabra. Con gestos de las manos, nos preguntó: «¿Puedo ayudaros?».

Al cabo de poco tiempo nuestro jardín estaba inmaculado. Él segó la hierba, podó los árboles y retiró la fruta podrida del suelo. Ahmad, que vivía en un pequeño pueblo árabe sin electricidad ni agua corriente, se convirtió en nuestro jardinero, niñero y amigo. Honró a nuestra familia llamando a sus dos hijos Maier y Gadi.

Maier se integró en un área especializada de investigación contra el cáncer. Por aquel entonces, los organismos internacionales de salud y las empresas de alimentación se esforzaban para mitigar los efectos de las aflatoxinas, unos hongos carcinógenos que se forman naturalmente y crecen en climas calientes y húmedos, y contaminan una amplia gama de productos, incluido el maíz, el arroz, los frutos secos, las especias y las bayas de cacao. En un proyecto patrocinado conjuntamente por el Centro Médico Hadassah y la Universidad Hebrea, Maier y un equipo de investigadores desarrollaron un proceso de fermentación para producir aflatoxinas, y así poder ayudar a otros científicos del mundo a proteger la cadena de suministros de alimentos y reducir el riesgo de cáncer.

Yo acepté un empleo en la Universidad Hebrea, donde enseñaba inglés a estudiantes que necesitaban ayuda para matricularse o cualificarse para acceder a la universidad. Uno de mis mayores placeres era pasar en coche junto a la Cúpula de la Roca, con su magnífica esfera dorada brillando al sol. Para la mayoría de mis estudiantes árabes significaba lo mismo que el Muro de las Lamentaciones significaba para mí.

Mis alumnos procedían de pueblos pobres dominados por los hombres. En su tradicional mundo patriarcal, a las mujeres se les impedía estudiar o enseñar. La mayoría se indignaba al ver que una mujer tuviera que instruirlos y expresaba su resentimiento de muchas formas. Algunos hablaban ostensiblemente durante las clases, otros se quitaban la camisa; cuando había tensión o inestabilidad política, ponían las noticias en árabe en pequeñas radios. Aunque yo no entendía el idioma, era consciente de que su tono era estridente, sobre todo porque los estudiantes siempre parecían ponerse muy nerviosos.

Desde la niñez, siempre he defendido mi terreno. Es una actitud que siempre me funcionó muy bien, así que no veía motivo alguno para cambiar.

Los estudiantes se calmaron en cuanto se dieron cuenta de que en sus notas quedaría reflejada su falta de atención. Yo los comprendía y simpatizaba con su situación. Se sentían impotentes, inútiles, y quizás incluso asustados. Ser una minoría en una cultura dominante ajena siempre resulta un desafío. Pero me complacía que algunos de ellos sacaran buenas notas y consiguieran obtener títulos superiores.

Mientras tanto, la familia se expandía y se ampliaba. Mi padre y Sonia se establecieron en Tel Aviv. Los padres de Maier, Ruth y Leo, también se trasladaron desde Brooklyn a Jerusalén. Ahora ya estaban cerca de sus dos hijos, pues el hermano de Maier, Bunim, vivía con su familia en Tel Aviv.

Unos años más tarde nació mi hija Itaya, y nos trasladamos al propio Jerusalén, ya que estaba más cerca de la familia y nos resultaba más conveniente. Los padres de Maier vivían al otro lado de la calle y nos podían ayudar a cuidar a los niños, mientras los dos trabajábamos a tiempo completo. Los viernes y las vacaciones solíamos estar juntos con papá y Sonia en Tel Aviv, pero nuestra actividad favorita era ir a las preciosas playas israelíes con Bunim, Davida y sus tres hijos: Shavit, Boaz y Oded. Las calles de Jerusalén, muy seguras, se convirtieron también en el patio de juegos de los niños. En aquella época, los pequeños incluso iban solos en autobús; Risa, Gadi e Itaya se apuntaron a actividades como deportes de equipo, clases de karate y equitación.

Estar rodeados por una familia que crecía y un círculo cada vez más amplio de amigos ayudaba a curar las heridas del Holocausto. Yo nunca podría reemplazar a los que había perdido, pero ahora la vida ya tenía un significado especial, sobre todo cuando llegaba una nueva vida. La sensación de enraizamiento enriquecía nuestra existencia, igual que nuestras amistades de toda la vida. Vista en retrospectiva, esa época que pasamos con la familia y los amigos en Israel fue una de las más felices.

Aunque disfrutábamos del mar, preferíamos vivir en Jerusalén que en la costa. Adorábamos su complejidad y su historia, la cualidad intemporal de su arquitectura, el aire limpio y la luz intensa. Pisando sus calles siempre tenía la sensación de que las casas de piedra llevaban allí toda la eternidad y que seguirían *ad infinitum*. Nuestra existencia pasajera en el continuo de Jerusalén era un privilegio y la aprovechamos al máximo. Los edificios llenos de cicatrices por los agujeros de bala eran un recordatorio constante de que nuestra libertad tenía un precio. Adoraba la mezcla ecléctica de mujeres árabes con vestidos largos y coloridos, mujeres ortodoxas con su ropa modesta, hombres religiosos judíos con su atuendo único y chicas en minifalda que aportaban ese aire de «vibrantes sesenta» en restaurantes, tiendas y puestos de falafel, entre el aroma del comino y el zatar.

Durante el tiempo libre del trabajo, explorábamos los cuatro barrios de la Ciudad Vieja, compartiendo nuestra curiosidad con nuestros hijos y enseñándoles algo de historia. Mi lugar favorito era (y lo sigue siendo) la Casa Quemada del barrio judío, que fue excavada no mucho después de la guerra de los Seis Días. Bajo capas y capas de ceniza, los arqueólogos descubrieron los restos de la casa de un sacerdote que había sido incendiada y saqueada por los romanos en el año 70 d. C. El contenido de la casa era como una cápsula del tiempo del periodo en que el Muro de las Lamentaciones formaba parte del Segundo Templo.

En el barrio cristiano íbamos paseando a lo largo de la vía Dolorosa, junto a la iglesia del Santo Sepulcro, supuestamente el lugar donde se produjo la crucifixión y el entierro de Cristo, inhalando el aroma de café recién tostado de las cafeterías cercanas. En el barrio armenio, siempre noté una sensación de solidaridad con los residentes que huyeron del genocidio de 1915, en el cual murieron asesinados un millón y medio de sus antepasados. En ese barrio fabricaban bellas baldosas pintadas a mano, mosaicos y platos conocidos en todo el mundo.

Yo admiraba también la ética empresarial de los bulliciosos bazares del barrio musulmán. Nuestras visitas turísticas siempre acababan en el barrio judío, con falafel y una bebida fría junto al Cardo, antiguo mercado romano. Aunque diversas en carácter y fe, lo que unía a esas comunidades era el hilo de la espiritualidad.

Cada pocas semanas, íbamos en coche a una hora al este de Jerusalén, al Parque Nacional de Masada, una formación rocosa que se elevaba cuatrocientos metros por encima del nivel del mar. Llegábamos allí al amanecer y veíamos salir el sol por encima del mar Muerto y el Jordán, y explorábamos las ruinas de la fortaleza del rey Herodes el Grande, del siglo I. Después de todo el ejercicio, nos refrescábamos nadando en las frescas piscinas de Ein Gedi, junto al mar Muerto.

Estas experiencias son un ejemplo de cómo, en general, después de la guerra de los Seis Días, la vida en Israel parecía segura y cómoda. Los niños asistían a una escuela experimental, que adoptaba un nuevo enfoque de la educación: no ponían notas a los trabajos de los alumnos, porque no creían en la competición. A los niños les encantaba el colegio y les iba muy bien. El edificio estaba cerca del *shuk* de Machane Yehuda, un mercado de doscientos años de antigüedad que Maier y yo visitábamos cada viernes para comprar comida para el *sabbat*.

Sin embargo, teníamos que vivir en un estado de vigilancia permanente. Parte de la nueva normalidad fue la guerra de desgaste. Durante casi tres años, Israel y sus vecinos se enzarzaron en frecuentes asaltos, en represalias, mientras nuestros vecinos árabes intentaban desestabilizar Israel y socavar su seguridad con una serie de incursiones. Pero, aun así, nos lo tomábamos todo con calma. Una vez, acompañando a los niños al colegio a pie, pasamos junto a un pelotón de artificieros que estaban desarmando un artefacto en medio de nuestro camino. Simplemente cambiamos de rumbo, sin darle más importancia, y continuamos. Pero a los niños les enseñamos a no coger juguetes, comida, bolígrafos o piedras que parecieran interesantes, ni siquiera en el patio del colegio, pues podían ser una trampa explosiva. Regularmente actualizábamos un tablero informativo con posibles amenazas, y los padres organizaban patrullas para examinar el colegio, las aulas y los patios en busca de objetos sospechosos.

Y la vida seguía...

Mi amor por Israel se atemperó por una decepción significativa: el tema del Holocausto apenas se tocaba, aunque el país albergaba a numerosos supervivientes que emigraron allí en los años cincuenta con la intención de reconstruir sus vidas.

Los fundadores de Israel erigieron un monumento permanente a la Shoah en 1953 (conocido como Yad Vashem, el Centro de Conmemoración, de bello diseño, que era una atracción para gentes de todos los países y todos los ámbitos), pero el sistema educativo israelí disuadía a los estudiantes de que lo visitaran, afirmando que el país era demasiado frágil, inseguro y vulnerable para enseñar a los niños las atrocidades que el pueblo judío e incluso sus propias familias habían soportado.

Israel estaba intentando criar una generación nueva llena de confianza en sí misma, psicológicamente fuerte y orgullosa, dispuesta y deseosa de luchar para defender a su país. Los educadores afirmaban que estudiar el Holocausto podía inducirles dudas sobre sí mismos y minar la confianza de esos jóvenes. Para mí, era muy doloroso solo poder compartir mi historia con otros supervivientes, pero sabía que otros muchos estaban de acuerdo con la decisión de no hablar del Holocausto. Algunos de mis amigos e incluso mis tías Ita y Elka jamás compartían sus experiencias con sus propios hijos, pues temían dañar su ego. Algunos se quitaron los tatuajes y nunca hablaban de su pasado. Consecuentemente, sus hijos solo descubrieron que sus padres habían sido supervivientes después de que murieran.

Afortunadamente, esta forma de pensar empezó a cambiar en la década de los ochenta, cuando Israel empezó a enseñar la Shoah a los estudiantes de instituto; hoy en día, la historia del Holocausto es fundamental en los currículos de todas las edades. El Yom HaShoah, el día del recuerdo del Holocausto, se observa como día de duelo, y se toma como un compromiso de que jamás vuelva a ocurrir. Sin embargo, por aquel entonces, me acordaba de la tatuadora de Auschwitz, que me dijo que cubriera mi número con camisas de manga larga, y de la profesora de Astoria, que me dijo que me olvidara del Holocausto. Y una vez más noté la presión y decidí permanecer en silencio.

No pasó mucho tiempo antes de que la atención de todo el mundo se centrase en un nuevo conflicto. Las sirenas rompieron el silencio el sábado 6 de octubre de 1973. Era Yom Kippur, el Día de la Expiación, el más sagrado de todo el calendario judío. Aquello debía de ser un error, una avería técnica… Galei Tzahal, la emisora de radio estatal, aseguró, sin embargo, que la alarma era auténtica. Egipto y Siria habían lanzado un ataque coordinado para intentar reclamar territorios que habían perdido seis años antes. Esta vez la defensa israelí no estaba preparada. Muchas unidades de la frontera no contaban con las fuerzas necesarias, porque los soldados no estaban en su puesto, al ser un día festivo importante. Los egipcios hicieron rápidos progresos en el desierto del Sinaí, mientras los sirios se esforzaban en los Altos del Golán.

Al cabo de unas pocas horas, el país entero se había movilizado. Maier se presentó para los deberes de reserva, llevándose consigo nuestro vehículo, que fue requisado por el Ejército para ayudar a transportar tropas. Los civiles, jóvenes y viejos, mantuvieron el país en movimiento. Los departamentos del Gobierno, colegios y estafetas de correos sobre todo los llevaban voluntarios, supervisados por profesionales que no servían en las fuerzas armadas, e incluso mi suegro, Leo Friedman, de setenta años, se presentó para cumplir su parte y se convirtió en cartero local.

El conflicto duró tres semanas. Los combates fueron intensos. En los altos del Golán tuvo lugar la batalla más importante con tanques desde la Segunda Guerra Mundial. Los israelíes contraatacaron y destruyeron quinientos tanques sirios y una serie de vehículos acorazados en el valle de las Lágrimas.

Aunque Israel acabó victorioso, la sensación general fue la de que el país no siempre disfrutaba de superioridad militar.

Humanamente, el precio fue alto. Murieron más de dos mil israelíes y muchos más quedaron heridos. Una vez más nos encontramos metidos en refugios antiaéreos. Esta vez estuve allí con mis tres hijos, de diez, ocho y cuatro años. Pintamos de azul las farolas de las calles y los faros de los coches, y tapamos nuestras ventanas con cortinas de bloqueo, para que no nos pudieran convertir en blanco de alguna bomba. Las calles estaban fantasmalmente tranquilas, con todo el mundo metido en los refugios.

Aunque la guerra acabó muy rápido, pasaron seis meses antes de que permitieran a Maier volver a casa. Estaba exhausto, pero volvió directamente al trabajo. Muchos israelíes estaban furiosos porque, antes de la guerra, el Gobierno se había mostrado suficiente y demasiado confiado, y había malinterpretado las señales de peligro. La primera ministra, Golda Meir, se sintió responsable y dimitió, y la economía se vino abajo por culpa de la elevada inflación y el embargo internacional del petróleo, impuesto por los productores de petróleo árabes para presionar en la estela de la guerra.

Yo tuve un hijo, Shani. Siempre había pensado que tendría seis, uno por cada millón de judíos muertos en el Holocausto. Pero, después de haber tenido dos chicos y dos chicas, decidimos que nuestra familia ya estaba completa.

Desgraciadamente, en torno a esa época, el proyecto de Maier perdió su financiación y tuvo que cerrar. Mi departamento de la universidad también recortó el personal en un cincuenta por ciento: yo también me quedé sin trabajo. Maier consiguió un puesto en la industria de la energía solar y yo entré en la Universidad Hebrea. Tratábamos de aguantar desesperadamente; sin embargo, cuando a Maier le ofrecieron un puesto en Estados Unidos, sopesamos nuestras opciones y, aunque de mala gana, decidimos que por motivos económicos debíamos hacer las maletas y abandonar Israel después de diez años felices y satisfactorios. Dijimos adiós con el corazón oprimido y prometimos a nuestros amigos, a nuestra familia y a nosotros mismos que volveríamos al cabo de tres breves años.

22

Nos acordamos

Nueva Jersey, Estados Unidos, 1977

Treinta y nueve años

$\mathcal{N}$unca imaginé la pena que me daría abandonar Israel. Aunque habíamos pasado muchos años agradables en América, volver a Estados Unidos era un choque cultural que requería ajustes importantes, no solo para mí, sino también para mi familia. En el instante en que aterrizamos en el frío y húmedo Newark, Nueva Jersey, me encontré suspirando por el sol y el calor de Jerusalén, y por aquella luz que otorga a los colores una intensidad que raramente se puede replicar en las latitudes del nordeste de Estados Unidos.

Los sonidos de Estados Unidos eran muy distintos. Sirenas, aparatos de aire acondicionado, obras de construcción, tráfico, todo conspiraba para crear un muro de sonido que reverberaba en los rascacielos. A medida que pasaban los días, echaba mucho de menos la escala más humana de los sonidos de Jerusalén, donde las piedras parecían absorber el ajetreo de sus calles estrechas y antiguas. Añoraba los aromas de las especias y la cocina de Oriente Medio, así como llevar el invisible manto de la historia que procede de vivir en una de las cunas de la civilización.

A lo largo del tiempo me aclimaté a los cambios sensoriales, pero seguía luchando con las diferencias espirituales. Habíamos vivido una vida con una gran inversión emocional durante diez años en un país creado como refugio para mi pueblo. Estados Unidos, por otra parte, es el mayor crisol del mundo.

Cuando intentaba explicar por qué me sentía así, inevitablemente recurría al Holocausto y a Auschwitz; aquellas experiencias, en mis años formativos, forjaron casi todos los pensamientos que tengo y condicionan casi todos mis actos. Yo quiero y respeto a Estados Unidos. Creo en casi todo lo que defiende esta nación, y siempre le estaré agradecida por el refugio que me proporcionó, por mi educación y por el regalo que me concedió al conocer a Maier y formar mi propia familia. Pero no podía desconectar de Israel. Gastaba enormes facturas telefónicas llamando a mis amigos todos los días, pidiéndoles noticias. Devoraba todos lo que me llegaba acerca de la cultura, política y sociedad israelí.

Nos compramos una casa pequeña con tres dormitorios en Highland Park, una ciudad muy agradable a orillas del río Raritan, junto a la Universidad de Rutgers, en Nueva Jersey. Vivíamos cómodamente, pero, al tiempo, me abrumaba una gran sensación de vacío e inutilidad.

Un día de primavera, iba de paseo con mi hijo pequeño, Shani, por el campus de Rutgers. Riadas de entusiastas jóvenes se arremolinaban. Yo empujaba el cochecito de Shani y me sentía como la rara de aquel lugar. Era el día de la matrícula y los estudiantes se estaban apuntando a diversas clases para su primer semestre. Me picó la curiosidad y entré en el edificio; una orientadora supuso que había ido a matricularme y me acompañó a una sala. Al cabo de cuarenta y cinco minutos me había convencido de que me apuntase a la Escuela de Trabajo Social. Dijo que mi edad y mi entorno me garantizaban una beca completa, si estudiaba gerontología, es decir, el efecto del envejecimiento en el individuo y la sociedad. Fue una epifanía: me di cuenta de que se me acababa de abrir una puerta hacia una nueva dirección.

Aunque había empezado estudiando Psicología, mi amor por la literatura y mi interés por Richard Wright me desviaron de lo que entonces creí que era mi verdadera vocación. Aquel día parecía marcado por ambas cosas, predestinación y azar. Estaba recibiendo un regalo que me permitiría trabajar con personas ancianas, vulnerables y frágiles, el mismo segmento de población al que se dirigía Hitler al principio de la guerra, porque consideraba que eran inútiles. Desde niña, apenas había conocido a nadie que tuviera más de cincuenta años. Mi nueva vida me permitiría llegar a un grupo diverso de personas que se veían lastradas por una amplia gama de problemas.

Durante mi trabajo como becaria en una residencia de ancianos, conocí a una mujer encantadora de ochenta y nueve años que se sentaba con su sombrero y su abrigo puestos junto a una maleta hecha. Esperaba a que la recogiera su hijo. Llevaba tres años esperando. Él había muerto cinco años antes. Me sentaba con ella, hablábamos de la vida que había tenido con su hijo, y ella parecía relajarse. Al final dejó de vestirse para un viaje que nunca llegaba y aceptó que él había muerto.

Recuerdo a otra anciana que estaba convencida de que la estaban envenenando; como resultado, apenas comía nada. Con la aprobación de la dirección, yo le llevaba comida que consumíamos juntas. Al demostrarle que nadie había tocado su comida, su paranoia fue desapareciendo poco a poco. Otro anciano estaba constantemente al borde de la depresión. Estar fuera, al aire libre, parecía mantener a raya la oscuridad. Así pues, caminábamos juntos por el jardín siempre que podíamos, y la experiencia le levantaba mucho el ánimo.

Que mis cuidados pudieran ayudar a otras personas fue para mí como una suerte de revelación. De hecho, sentí que también a mí me ayudaban. Me sentí mucho menos inútil.

Con el apoyo moral y práctico de Maier a lo largo de tres

años (a menudo me mecanografiaba los trabajos y hacía mis tareas domésticas) conseguí un máster en Trabajo Social, Gerontología y Orientación.

Una semana después de graduarme empecé a trabajar en un programa de cuidados domésticos para ancianos en un Servicio Familiar Judío, una agencia benéfica que ayudaba a la gente sin tener en cuenta su religión. Me abrió mucho los ojos. Aprendí más de mis clientes de lo que hubiera podido imaginar. Ellos se desahogaban de antiguos traumas, miedo a la enfermedad, muerte, abandono y miseria.

Lo único que yo solía hacer era sentarme y escuchar. Pero simplemente estar ahí, creo, era una dinámica clave para el proceso de curación. Una persona puede cambiar la imagen que tiene de sí misma cuando comprende que la están mirando de verdad, que la escuchan y que la valoran. Animaba a mis clientes a pensar en sus logros pasados y a concentrarse en sus fortalezas. La recuperación no era instantánea, pero, después de varios meses de visitas, había notables señales de mejora. Aquellos que antes se mostraban apáticos e indiferentes se comprometían más, se vestían y se ponían guapos para nuestras sesiones. Se abrían más acerca de su pasado, y parecían crecer como personas, obteniendo confianza y placer de los logros anteriores en sus vidas.

Uno de mis inolvidables clientes era un antiguo abogado de noventa y dos años. Inmaculadamente vestido, alto, aunque un poco encorvado, vivía solo y cada vez necesitaba más ayuda para mantener su independencia. Tomando una taza de té, el abogado compartió su historia conmigo. Había emigrado solo a Estados Unidos después de la Segunda Guerra Mundial. Sacó un álbum lleno de fotos anteriores a la guerra; me mostró a su mujer y a sus hijos en su despacho de abogado en Hungría. Todos perecieron en el Holocausto.

—¿Ha oído hablar usted alguna vez de Auschwitz? —me preguntó, destapándose el antebrazo y enseñándome un gran tatuaje.

No dije nada: simplemente me remangué la manga izquierda.

—Entonces, usted ahora es mi familia —dijo, llorando.

Me agarró la mano como si hubiera encontrado un tesoro perdido y los dos lloramos juntos.

No suelo compartir mi pasado con mis clientes, pero a veces lo hago, si considero que es apropiado. Durante el año siguiente, visité en su casa al abogado; hablamos no solo de su dolor, sino también de sus fortalezas. Murió en una residencia de ancianos. En su testamento me dejó un precioso escritorio de madera tallada que había heredado de su familia y que se trajo desde Hungría. Venía con una nota: «De mi familia... y para mi familia. Consérvelo siempre y recuérdeme».

El escritorio está ahora en mi hogar en Highland Park. Me siento a él para trabajar en este libro. El escritorio se quedará en mi familia, como recuerdo de aquellas generaciones perdidas.

Años más tarde, durante mi visita otoñal a Israel, fui a ver a otro hombre que estaba solo con sus recuerdos: mi padre. Había perdido a su segunda mujer, Sonia, tres años antes. Se encontraba muy muy solo. Yo perdí el vuelo de vuelta a Estados Unidos y, afortunadamente, pude pasar veinticuatro horas inesperadas con él. Fuimos al banco juntos y luego al cementerio, donde me enseñó su parcela. Como no teníamos nada más planeado, pasamos el resto del tiempo hablando y recordando.

En un momento dado fue a los estantes y buscó un volumen grueso, encuadernado en piel. El lomo tenía casi siete centímetros de ancho. Todavía vigoroso a sus setenta y dos años, sus dedos no tuvieron problema en sacar el libro *Yizkor*, aunque pesaba casi cinco kilos. Un sol bajo, de tarde, entraba por la ventana de su pequeño apartamento en Tel Aviv. Las partículas de polvo danzaban en un rayo de luz, iluminando su silla favorita. Fuera, el tráfico zumbaba como siempre. Papá puso el libro en el brazo del sillón y se sentó pesadamente.

Tomé asiento enfrente de él y sonreí. Muy arreglado, con un jersey con cuello de pico y una camisa azul, no se había cambiado de ropa desde que visitamos al director del banco, unas horas antes.

«Esta es mi única hija —le había dicho al hombre—. Por favor, trátela bien si me ocurre algo».

Sabía que papá estaba preocupado. Faltaban solo seis meses para que cumpliera los setenta y tres. Cuando tenía diez años, una gitana, como se conocía entonces a los romaníes, le predijo que moriría a los setenta y dos años. La profecía le sostuvo durante la guerra. En sus momentos más oscuros (que fueron muchísimos), se agarraba a la creencia de que sobreviviría. Si podía evitar que le mataran, entonces quizá pudiera salvar la vida de mamá y la mía. Protegernos lo motivaba para seguir vivo; aquello guiaba todas las decisiones que tomaba.

Mi padre abrió el libro y me miró con tristeza. Yo tenía los ojos de mamá. Le recordaba mucho a ella, su gran amor.

—Léemelo, papá —le dije.

Papá abrió las tapas. Sus dedos buscaron los bordes de las gastadas páginas de la mitad del libro. Había leído aquel fragmento muchas veces. Todavía tenía aquella voz meliflua de tenor que cantaba melodías populares y pronunciaba bonitos discursos cuando era actor, en su juventud. Ya no era tan potente (la edad había añadido algo de fragilidad), pero daba gusto oírlo.

Tragó saliva y sus ojos se humedecieron. Lo miré. También me picaban los ojos. Él llevaba muchísimo tiempo solo con sus terribles recuerdos. Me alegraba de estar allí y poder compartirlos. También de recordar.

Empezó a leer en voz alta en yidis. Su pronunciación y entonación eran perfectas: casi una lectura profesional de escena.

—Nos apartaron por completo del mundo exterior. Cualquier tipo de viaje a una ciudad o pueblo cercano estaba estrictamente prohibido. [...] Corrían rumores de que se había visto a los deportados en campos de trabajo en Alemania. También se oía la expresión «campos de concentración». [...] reinaba la sensación de que estaba a punto de ocurrir algo terrible. Algo comparado con lo cual la vida del gueto era solo un juego de niños.

Casi había oscurecido por completo, pero papá siguió leyendo sin necesidad de encender la luz eléctrica. Las lágrimas corrían sin control por las arrugas de sus mejillas. Yo también tenía el rostro mojado. Ninguno de los dos queríamos detener aquel flujo. Juntos cedimos ante aquel torrente que surgía de las aguas subterráneas de nuestro pasado.

Mi padre no acabó de leer la historia entera. Nos quedamos sentados un rato en la oscuridad. Entonces él se levantó, fue a la cocina y preparó un poco de té. Su tristeza se aligeró un poco.

—Hay una mujer que me gusta bastante... —dijo—. Estoy pensando en pedirle que se case conmigo. Estoy muy solo desde que murió Sonia, hace tres años. No puedo soportar la soledad, sobre todo porque tú vives tan lejos. Pero no se lo voy a pedir todavía. Estoy pensando en pasar las vacaciones en un hotel, con unos amigos.

—Papá, me alegro muchísimo por ti —respondí—. Ojalá pudiera pasar las vacaciones contigo, pero me tengo que ir. Mi avión sale a medianoche.

El taxi vino y me llevó al aeropuerto Ben Gurion. Fue la última vez que nos vimos. La predicción de la romaní se cumplió. Mi padre, nacido en 1910, murió en 1983, a los setenta y dos años.

Llorando a mi padre, me sumergí en mi trabajo. Varios años más tarde me convertí en directora de un Servicio Familiar Judío pequeño y financieramente poco boyante, que proporcionaba una amplia serie de programas. Fue una de las experiencias más satisfactorias de mi trayectoria profesional. La junta directiva y yo estábamos constantemente creando formas innovadoras de conseguir fondos para mantener nuestros programas, que incluían terapias, servicios para los mayores, visitas a la cárcel, servicio de empleo y programas de mentoría. El programa del Servicio Familiar Judío que se llamaba Café Europa, por ejemplo, permitía a los supervivientes del Holocausto que estaban solos y socialmente aislados conectar unos con otros y encontrar compañía.

Como antigua refugiada, anhelaba ayudar a otros fugitivos de la tiranía. Setenta y cinco refugiados que escapaban del antisemitismo que amenazaba su vida en la Unión Soviética obtuvieron refugio y comida, clases de inglés y juguetes para los niños. Corrimos a actuar cuando los albaneses y serbios se enzarzaron en una breve guerra en Kosovo. Algunos llegaban solo con una bolsa de plástico con lo imprescindible. En esas ocasiones, se me aparecía en la mente la imagen de mí misma de niña, entrando en la bahía de Nueva York en el barco de refugiados de Europa. Aquella nueva generación de gente que buscaba asilo se merecía las mismas oportunidades que yo.

En 1998 recibí una llamada urgente de mi médico. Tenía cáncer de mama en fase dos, necesitaba cirugía y tenía que empezar un tratamiento inmediatamente. Aunque había experimentado dificultades vitales antes, aquel era un campo de batalla completamente nuevo para mí. Esta vez era mi propio cuerpo el que me atacaba. Con unos cuidados médicos excelentes y un buen apoyo familiar, pude entrar en remisión al cabo de un año y volver a trabajar a tiempo completo. Sentía que había sobrevivido otra vez.

Días después del espantoso atentado del World Trade Center del 11 de septiembre de 2001, nuestra pequeña oficina se vio inundada de familias jóvenes, judías y no judías, que huían de Manhattan, intentando encontrar refugio en Nueva Jersey. Les ofrecimos consejo y ayuda para encarrilar sus nuevas vidas. Una joven llevaba cogida de la mano a su hija de tres años: «Había ido a recoger a mi hija de la guardería al otro lado de la calle de las torres, cuando se derrumbaron y la gente saltó hacia la muerte. Pensaba que estaban atacando Estados Unidos. Por si nos acababan separando a mi hija y a mí, le escribí el nombre y mi número de teléfono en la espalda con un lápiz de labios, para poder dar con ella». Le encontramos un alojamiento temporal y apoyo psicológico, hasta que estuvo dispuesta a volver a Nueva York.

Una semana después del atentado, junto con una colega, fui a Manhattan a intentar calmar la angustia de otros supervivientes. Nos habían pedido que ayudásemos a quince ejecutivos que estaban traumatizados después de tener que identificar los restos de sus compañeros de trabajo. Igual que para todos los demás estadounidenses, el 11S fue una experiencia nueva e increíble para mí; una guerra de lo menos convencional, pero guerra de todos modos. Al principio, no supe qué decir frente a aquel grupo traumatizado. Pero entonces empecé a hablar de mi guerra y de lo que me había pasado, para hacerles saber que comprendía lo que estaban pasando.

Fue como si una presa hubiese reventado. Las emociones constreñidas salieron a borbotones. Lloraron, se quitaron las chaquetas, se aflojaron las corbatas y empezaron a expresar conmoción, incredulidad, dolor y culpabilidad por el hecho de que tantos colegas suyos hubiesen sido asesinados, mientras de alguna manera ellos habían conseguido escapar. Lo comprendía y me identificaba mucho con sus emociones. Al ir hablando, intenté proporcionarles la esperanza de que a su debido tiempo se recuperarían, igual que yo.

La sesión de terapia de grupo estuvo intercalada con canciones espirituales, dirigidas por uno de los ejecutivos, que era ministro de la iglesia. El canto común también ayudó a aliviar su dolor. Después de varias horas, algunos vinieron a reconocer que la gratitud por haber sobrevivido era una emoción mucho más constructiva que la culpa. Eso ya era un progreso. De camino a casa, en Nueva Jersey, mi colega y yo discutíamos la fuerza que se necesitaba para salir adelante en la vida. En ese sentido, decidimos establecer grupos de apoyo para personas afectadas por los atentados terroristas. El proyecto duró años.

Yo solo tuve un pequeño papel en el periodo posterior al 11 de septiembre, pero la experiencia reforzó mis convicciones de que compartir mi historia del Holocausto públicamente podía ser algo más que positivo. Hablar de ello no solo recuerda a la gente todas aquellas atrocidades, sino que también puede ayudarlos a ver la capacidad de superación que tenemos todos y cada uno de nosotros.

Empecé a hablar en público a principios de los años noventa, cuando tenía cincuenta y cuatro años. Mi primer acto fue en un colegio, con una audiencia de doscientos niños de entre doce y catorce años. Les hablé de lo mucho que se había sacrificado mi madre por mí. La imagen de mamá flotaba ante mis ojos mientras describía cómo me daba el último trozo de pan y decía: «No tengo hambre».

De repente me eché a llorar. Yo. La niña que no podía ni quería llorar en Auschwitz. Me avergoncé muchísimo de mis lágrimas, y, para mi sorpresa, los niños empezaron a aplaudir. Me sentí enormemente conmovida por su respuesta y por las cartas que siguieron, especialmente la de una niña de doce años:

> Señora Friedman. Lo siento mucho, su experiencia era difícil de compartir, pero gracias. Ahora sé lo importante que es la familia. Seré mucho más amable con mi hermano.

La reacción de mis estudiantes me espoleó a intentar compartir mis experiencias en todos los ámbitos. Apoyada por

Maier, hablé en sinagogas, iglesias, universidades y cárceles, e incluso los criminales más duros se conmovían y aprendían algo sobre sí mismos; tal vez como resultado cambiaran algo.

Un preso me escribió:

> No soy judío y no sabía nada del Holocausto; nunca me había dado cuenta del daño que puede hacer la crueldad y la violencia. Estoy en la cárcel por mis propios actos, pero usted estaba prisionera por simples y ciegos prejuicios y odios.

La necesidad de recordar a la gente que estén vigilantes ante el antisemitismo y el odio es constante. La Universidad Comunitaria del Valle de Raritan, junto a mi hogar en Nueva Jersey, creó en 1981 el Instituto de Estudios del Holocausto y del Genocidio. Me uní al comité para reforzar su misión de enseñar a los estudiantes y a la gente en general cómo las personas pueden ser inhumanas e injustas, así como la importancia de alimentar la compasión y la resiliencia. Creo firmemente que hay que compartir las lecciones del Holocausto. Si conseguimos enseñar a la gente a identificar las señales de peligro, se pueden prevenir otros genocidios.

Cada año, miles de alumnos van a la universidad comunitaria a oír a los supervivientes contar sus historias. Invariablemente sigue una inundación de cartas, en las cuales los jóvenes se desahogan de una multitud de problemas personales, incluido el divorcio de sus padres, el duelo y el acoso. Sin tener en cuenta raza, credo u orientación sexual, la gente siente la misma necesidad de intimidad, inclusión y seguridad. En conferencias que he dado a lo largo de todo el país, he intentado usar mi historia de supervivencia para inculcar al público esperanza, valor y confianza en sí mismos. A menudo buscan respuesta a las preguntas fundamentales de la vida. Me han preguntado si creo en Dios, si confío en la gente o si puedo perdonar.

Yo respondo con toda la honestidad que puedo. Creo en Dios, pero no necesariamente en el dios bíblico. La confianza es esencial, y nunca he perdido mi fe en la humanidad, a pesar de mis experiencias. En cuanto al perdón…, en el judaísmo, solo los vivos pueden perdonar. Yo no tengo autoridad para perdonar en nombre de aquellos que fueron asesinados.

Todos esperamos que nuestra familia, amigos y colegas nos recuerden. Escribimos libros, construimos monumentos y establecemos instituciones para atestiguar nuestra existencia. Pero los millones asesinados en el Holocausto dejaron pocas huellas. Un infierno los devoró a ellos y todo lo suyo, incluido su legado. Hablo para honrar y recordar a madres, padres, hijos y abuelos que encontraron la muerte por nuestra religión. Siempre me he guiado por la escena que mi padre vio en Tomaszów Mazowiecki, cuando un rabino subió a un vagón de ganado que se dirigía a Treblinka. «Salvaos, hijos míos —suplicó el rabino—. Y recordadme».

Espero fervientemente que mis esfuerzos no hayan sido en vano y que mis lectores mantengan viva la memoria de la Shoah. Sin embargo, hay que pagar un precio por comprometerse a una vida de recuerdos. Después de mi traumática niñez, no he cejado de buscar mi paz interior, pero mi tranquilidad se ha visto alterada a lo largo de mi vida adulta por pesadillas en las que tenía hambre, me perseguían y me disparaban. A medida que creció mi familia, lo mismo hicieron las pesadillas, ya que soñaba que mis hijos se enfrentaban a los mismos terrores que eliminaron a sus antepasados.

Hubo también otras consecuencias imprevistas que ocurrieron como resultado de mi historia y el camino que he elegido. He sido una madre complicada, y la maternidad para mí ha supuesto un desafío. Al no tener ni una niñez ni una madre convencionales, he tenido que desarrollar mi propio estilo. Las ideas de mi madre de exponerme a la realidad de la vida nunca han abandonado mi pensamiento. Muchos supervivientes han protegido a sus hijos no exponiéndolos, pero yo sí que compartí mi historia con Risa, Gadi, Itaya y Shani, en cuanto fueron lo suficientemente maduros y consideré que era el momento adecuado.

Sin embargo, nunca he hecho hincapié en los horrores que presencié y experimenté, sino en la valentía e ingenio de sus abuelos durante aquellos tiempos. No llegaron a conocer a mi madre, de modo que quería que la conocieran a través de mí. Vivir en Israel, un país rodeado de enemigos, fue muy favorable para ayudarlos a hacer frente a la realidad. Tuvimos que empeñar toda nuestra fuerza y decisión para vivir sin miedo. Aprendieron a estar alerta, a protegerse a sí mismos y a ser autosuficientes, tanto en el colegio como en casa. Teníamos pocas reglas para los niños. Podían quedarse despiertos hasta tarde todo el tiempo que quisieran, siempre que fueran al colegio a la mañana siguiente. Mientras sacaran buenas notas y vinieran a cenar a casa, tenían mucha libertad para pasar el día como quisieran. Para nosotros, ese estilo de paternidad fomentaba la confianza y una atmósfera relajada en el hogar.

Cuando volvimos a Estados Unidos, en 1977, anunciamos que el nuestro sería un hogar sin televisión, porque no queríamos exponer a los niños al materialismo y consumismo estadounidense. Nuestras charlas a la hora de la cena siempre empezaban contándonos qué habíamos hecho aquel día. Invariablemente acabábamos hablando de política y de las noticias del día, pero a menudo también terminábamos charlando de algún tema relacionado con el judaísmo, el sionismo y la justicia social. Los temas más cercanos a nuestro corazón.

El tiempo que pasé trabajando y compartiendo mi historia me quitó tiempo para mi familia. Sin embargo, siempre me apoyaron muchísimo; aunque nunca me perdí una ceremonia de graduación o un recital, Maier era el que llevaba a los niños en coche a la mayoría de los entrenamientos de fútbol, visitas médicas y encuentros de profesores y padres. A él le encantaba, y disfrutaba especialmente jugando con los niños cuando eran pequeños, que es algo que, por mi parte, nunca aprendí a hacer.

Realmente, era un hombre del Renacimiento. Maier no solo era licenciado en Ingeniería Bioquímica en Columbia, no solo tenía dos másteres del Instituto Tecnológico de Massachusetts en Ingeniería Nuclear, sino que también era alguien a quien le encantaba la música, el arte, la literatura, la política y los rompecabezas. Para él, los problemas eran solo desafíos de ingeniería, y consideraba que los enigmas se podían resolver siempre con la herramienta y el método adecuado y con sentido del humor. Pasaba incontables horas enseñando, compartiendo y teorizando con los niños sobre todo tipo de cosas, desde los deberes que les habían puesto hasta la situación mundial.

La súbita muerte de Maier el 31 de marzo de 2020 dejó un vacío insustituible en la familia. Me consuela un poco pensar que, si viviera, se sentiría tan orgulloso como yo de nuestros hijos y nietos.

Quizá nuestro modo de gestionar la familia fuese poco convencional para la época, pero conseguimos que funcionara. Aunque soy parcial, obviamente, creo que mis hijos se han convertido en adultos maduros, responsables, amables y respetuosos. Y los considero mis cuatro milagros, que se añaden al mío propio, el de mi supervivencia. Nacieron como desafío al plan de Hitler de exterminar a nuestro pueblo, y ellos mismos están educando a mis ocho nietos para que defiendan nuestros valores y se conviertan en custodios de la cultura judía. Me consuela saber que continuarán contando mi historia y recordando a las víctimas, especialmente al millón y medio de niños asesinados cuya contribución al mundo se perdió para siempre.

Cuando salí por la Puerta de la Muerte, en 1945, pensaba que nunca más volvería a poner los ojos en aquel sitio. Sin embargo, he vuelto a Auschwitz en cinco ocasiones, siempre por motivos de peso. Requería una fortaleza considerable volver allí, pero sentía la necesidad de compartir mis experiencias con mis hijos. La primera vez, mi hijo mayor, Gadi, vino en avión desde Israel; tenerle a mi lado resultó muy tranquilizador.

Como yo era una antigua prisionera, los guardias nos concedieron un acceso especial, y pude enseñarle realmente a Gadi dónde tuvieron lugar las historias que he compartido en este libro. Fue extraordinariamente emotivo, pero tenía que contar la historia tanto de mi familia como de nuestro pueblo, para que puedan llegar incluso a vidas que todavía no han comenzado.

En cuanto superé mis dudas iniciales, me resultó fácil volver. La segunda vez llevé a un grupo de adolescentes judíos estadounidenses y les hice de guía. Luego regresé para contribuir a un documental de la WGVU, una cadena de televisión pública de Michigan. Llevé a mi hija Itaya; nos acompañaron otra superviviente de Tomaszów Mazowiecki y su hijo. En esta ocasión visitamos Tomaszów, y vimos el apartamento del gueto donde me escondía debajo de la mesa, así como la bodega donde vivimos mi madre y yo después de la liberación de Auschwitz.

El viaje más memorable fue el que hice con cuatro de mis nietos, dos parejas de gemelos, Ari y Eitan, de quince años, y Noah y Aron, de once. En Auschwitz tuvimos una excelente guía con gran sensibilidad hacia los niños; les describió los experimentos que el Ángel de la Muerte, el doctor Josef Mengele, realizó con gemelos. Como he dicho antes, el laboratorio del doctor Mengele estaba separado de mi barracón solo por una verja de alambre de espino. Quemaron mi edificio cuando los alemanes liquidaron Birkenau para cubrir sus crímenes. Lo único que quedaba eran los cimientos. Deduje dónde había dormido y les enseñé a los gemelos dónde estaba en tiempos el horno de ladrillos. Les enseñé también dónde me tatuaron y a dónde arrastré el cuerpo de la niña que murió de hambre en la cama de al lado.

Había un único y simbólico vagón de ganado en las vías del ferrocarril, donde antes estaba el andén. Allí ayudé a mis nietos a visualizar cómo estuve de pie treinta y seis horas, balanceándome de un lado a otro y apoyada en las mujeres que me rodeaban. Bajamos los escalones a la sala de espera de la cámara de gas donde permanecí desnuda durante horas, esperando la muerte. Les enseñé las enormes pilas de pelo y de zapatitos infantiles, para que pudieran comprender la enormidad de los crímenes allí cometidos. Todos rezamos el *Kaddish* sobre las cenizas y lloramos. Fue duro para ellos, pero ahora son mis testigos y contarán la historia de nuestro pueblo cuando mi generación haya desaparecido.

Acompañada por mi nuera, Sarah, mi última visita en enero de 2020, con motivo del septuagésimo quinto aniversario de la liberación, fue muy esperanzadora. Cientos de supervivientes y sus familias llegaron juntos desde todo el mundo. No para lamentarse, ni llorar, ni hablar de atrocidades. Venían a celebrar el espíritu humano y las vidas que habían vivido. Algunos llevaban los uniformes a rayas azules y blancas de los campos de concentración como si fuera un honor. Me parecía extraño ver aquellos uniformes limpios y recién planchados. Algunos de nosotros incluso estábamos lo bastante fuertes para caminar sin ayuda. Otros, arrastrando bombonas de oxígeno, con muletas, en sillas de ruedas, entraron lentamente por la infame puerta *Arbeit Macht Frei*, mostrando la misma decisión que los había ayudado a sobrevivir todos aquellos años. Las historias que compartimos a la hora de comer fueron de triunfo y de superación, no de sufrimientos pasados.

La humanidad suele enfrentarse a desafíos extraordinariamente difíciles que parecen no tener fin, pero creo que todos

nacimos con una resiliencia natural. La capacidad de superarse
vive dentro de todos y cada uno de nosotros.

> No importa lo apurado del camino,
> ni los castigos que lleve a la espalda.
> Yo soy el amo de mi destino,
> soy el capitán de mi alma.

Invictus, de William Ernest Henley, 1875

El padre de Tova, Machel Grossman, 1932.　　La madre de Tova, Reizel Grossman, 1948.

Machel (sentado el tercero desde la derecha, fila de abajo) con su grupo de teatro, hacia 1931.

Un grupo de soldados alemanes y civiles mira mientras un hombre judío se ve obligado a cortarle la barba a otro en Tomaszów Mazowiecki, en 1939.

Soldados alemanes limpiando las calles de Tomaszów Mazowiecki después de deportar a seis mil judíos desde el gueto a Treblinka, 1942.

Arriba: Tova y otros niños
supervivientes enseñan sus
tatuajes a los fotógrafos
rusos, después de la liberación
de Birkenau, 1945.

Arriba: Tarjeta de identificación
que le dio a Reizel la Cruz Roja
Internacional para que pudiera
viajar con seguridad hacia casa
desde Birkenau, 1945.

Izquierda: Tova, con seis años
y medio, vuelve a Tomaszów
Mazowiecki, 1945.

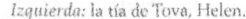

Izquierda: la tía de Tova, Helen.

Abajo: la tía Helen muerta a tiros por una banda antisemita en Lodz, Polonia, 1946.

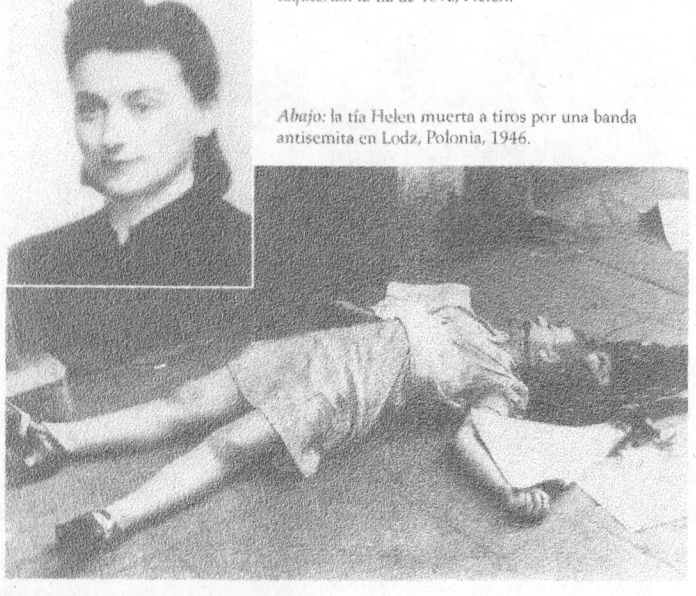

Izquierda: Tova, Reizel y Machel en el campo de personas desplazadas de Landsberg, en Alemania, 1948.

Arriba: Tova (sentada la segunda desde la derecha, fila de abajo) con sus compañeras de clase en el campo de personas desplazadas de Landsberg, en Alemania, 1950.

Arriba: boda de Machel y Sonia en Israel, 1958.

Arriba, derecha: boda de Tova y Maier en Brooklyn, Estados Unidos, 1960.

Derecha: Tova con Risa (Ruth), Gadi e Itaya, en Israel, hacia 1970.

Arriba: Tova
de pie entre los
restos de una
cámara de gas
en su primer
regreso a
Birkenau, 1999.

Arriba: Tova,
Maier y sus ocho
nietos, 2014.

Izquierda: Tova
y su familia en
el bar mitzvá
de sus nietos Ari
y Eitan, 2014.

Izquierda: la hija de Tova, Ruth,
y sus hijas.

Abajo: Tova comparte su historia
en las Conferencias de Enero de la
Universidad Calvin, en Michigan,
Estados Unidos, 2015.

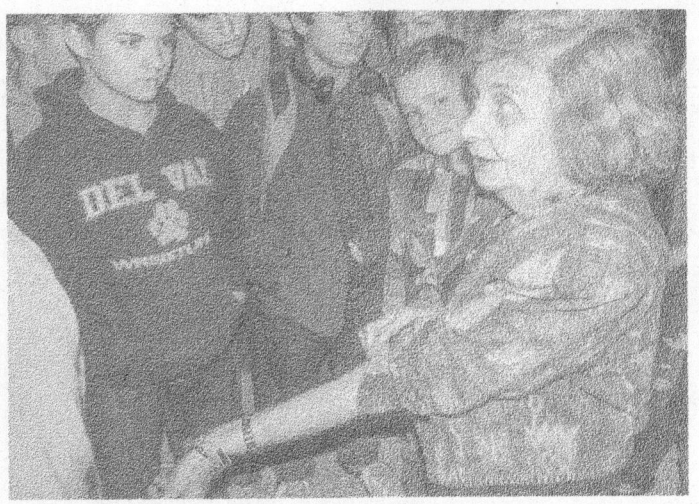

Tova con alumnos del Instituto Regional del Valle de Delaware, en Nueva Jersey,
Estados Unidos, 2016.

Tova vuelve a Birkenau con su hija Itaya y cuatro de sus nietos, 2016.

Arriba: Tova y Maier Friedman, 2019.

Derecha: Tova asiste al 75.º aniversario de la liberación de Auschwitz con otros supervivientes, 2020. Se coge de la mano con Ronald Lauder, el presidente del Congreso Mundial Judío.

Agradecimientos de Tova

*E*stoy en deuda con toda mi familia y amigos, que han sido parte de mi vida y que, por tanto, han contribuido directa o indirectamente a este libro.

Primero, me gustaría darle las gracias a mi madre, Reizel, que, en el peor de los tiempos, me inculcó confianza en mí misma, fuerza interior y la voluntad de sobrevivir. Ella me transmitió amor, confianza y respeto hacia los demás, permitiéndome casarme y crear mi propia familia.

A mi padre, que me enseñó a no ser nunca una simple espectadora y a enfrentarme al mal con todos los medios posibles. Me enseñó a encontrar la felicidad en la vida mediante el canto o la interpretación y a celebrar todas las ocasiones judías con belleza y amor. Y a su mujer, Sonia, que fue una compañera maravillosa y una abuela estupenda para mis hijos.

A Maier, mi marido durante sesenta años, que fue la primera persona que me cautivó cuando llegué de Europa y que siguió enseñándome amor, confianza y lealtad a la familia y a Israel a lo largo de toda su vida. Fue un padre maravilloso, nunca faltó en una presentación de la Shoah y fue tanto mi mayor defensor como mi mayor crítico. Juntos construimos una vida llena de judaísmo, familia y amor. Te echaré de menos siempre.

A la familia de Maier en Israel y Estados Unidos, que me acogió como una de los suyos y se convirtió en mi propia familia, con la cual celebramos las alegrías y las penas de la vida.

Gracias a los Ben Chorin, los Massey y los Schneiderman. Vosotros me disteis la familia que nunca tuve.

A mis cuatro increíbles hijos y mis ocho maravillosos nietos.

A mi hija mayor, Risa (Rush), y a sus preciosas hijas, Sarah Esther y Dvora Chana Leiba, gracias por continuar la bella y tradicional vida judía hasídica por la cual fueron asesinados mis abuelos. Vuestras vidas son un testimonio de fuerza y resiliencia humana que se impone a aquellos que intentaron destruirnos.

A mi hijo Gadi, que fue el primero de mis hijos en volver a Auschwitz conmigo y actuó como apoyo emocional. Y a su mujer, Sarah, que me acompañó a Auschwitz en la septuagésimo quinta conmemoración de la liberación; paseamos juntas por Birkenau y el crematorio. Mientras contemplo el crecimiento de tus dos hijos, Avigail y Gil, siento gran alegría y orgullo, pues veo que son adultos responsables, amables y cariñosos. Sé que no serán simples espectadores, porque ya han participado en varias causas sociales. Y para Ira y Lucille, gracias por estar siempre ahí para mí.

A mi hija Itaya, que no solo me mantuvo cuerda durante los primeros meses después de la muerte de Maier, sino que también me acompañó a conferencias de varios niños supervivientes durante años. Itaya viajó conmigo a Polonia para trazar mi historia familiar con WGVU-TV, y participó en varios documentales educativos para universidades e institutos. Gracias por todo tu apoyo al contar mi historia y por ayudarme a enfrentarme a mi pasado. Gracias también por educar a tus cuatro maravillosos hijos: Eitan, Ari, Aron y Noah, que son todos sensibles, inteligentes, cariñosos y apasionados por Israel. Gracias especialmente a Aron por explicar mi historia a millones de espectadores de TikTok y por educar a mucha gente joven que de otro modo no habría oído hablar jamás de la Shoah.

A mi hijo menor, Shani, que ha sido decisivo a la hora de

ayudarme a escribir mis memorias, y sin cuya dedicación, paciencia y amor este libro no habría visto la luz. Y a su mujer, Joanna, que nos ha mantenido a los dos en marcha con su apoyo, sugerencias y ánimos.

A mis tías Ita, Elka y Helen. Como únicas hermanas de mi padre que sobrevivieron a la guerra, siempre formaréis parte de mi alma, igual que mis tres primos, Pearl, Ben y Marty, y sus hijos y nietos.

A Frieda, que me ayudó a aclarar algunos detalles del gueto y que nos albergó a mí y a nuestro pequeño grupo de niños supervivientes de Tomaszów el 27 de enero, durante muchos años, para recordar y celebrar nuestra liberación de Auschwitz. Y a su tía Sophie, que aclaró algunos detalles de mi familia que yo era demasiado joven para recordar.

A Estelle, mi primera amiga íntima y confidente en Estados Unidos. Nuestras conversaciones han durado siete décadas, y espero que duren muchas más.

A mis compañeras de clase de la escuela hebrea, en mis primeras semanas en Estados Unidos, Simcha y Risa. Gracias por darme la bienvenida y por setenta años de amistad.

A Rebecca, Toby y Florence, mis amigos primerizos. Juntos, nos manejamos por nuestra nueva cultura estadounidense como adolescentes; desde entonces he apreciado mucho vuestra amistad. Rebecca, te echo muchísimo de menos.

A Bonnie, con quien he compartido varios años en el Club de Chicas. Gracias por compartir las vacaciones con mi familia.

A mis amigos muy especiales Ruth y Yaakov. Habéis encarnado el sueño de Ben Gurion de «hacer florecer el desierto», en Mitzpe Ramon, Israel. Habéis estado a mi lado durante todos nuestros altibajos y no puedo imaginar mi vida sin vuestro amor, apoyo y estímulo.

A mis amigos Irris, Dalia, Ruth, Netta y Gabi. Gracias por enriquecer mi experiencia israelí y por los muchos años de amistad.

A Julie, Vera, David, Joy y vuestras parejas en Nueva Jersey. Gracias por compartir mi alegría con las danzas folklóricas israelíes y vuestra continua amistad a lo largo de los años.

A Pat y Dan, Ruth y Eugene. Cuando los amigos nuevos parece que son amigos antiguos es que has encontrado un verdadero regalo.

A mi comunidad judía local y al Templo Conservador. Gracias por hacer que me sintiera como en casa durante tantos años.

Al Servicio Familiar Judío, estoy muy agradecida a todos aquellos con los cuales trabajé, y por la oportunidad de haber servido como directora y como terapeuta. Gracias especiales a vosotros, Steve, Linda, Ruth, Nancy y Susan, que me permitisteis ser una directora efectiva, y a mi amiga y colega especial Beatrix, que me enseñó tantísimo. A Jerry, el director, y a Joan y Jean Marie, gracias por hacer posible que continuase siendo productiva.

A sir Ben Kingsley, gracias por escribir un prólogo tan entrañable a mi biografía y por pasar algo de tiempo conmigo. Su retrato de los personajes del Holocausto es inolvidable, y nosotros, los supervivientes, estamos muy agradecidos y en deuda con usted.

A la doctora Lillian Kaplan, mi psiquiatra, que fue la primera persona con la que me sentí tan a salvo que pude llorar. Nunca se dará cuenta del gran impacto que tuvo en mi vida. Murió demasiado pronto, y la echo de menos muchísimo.

Al doctor Michael Nissenblatt, mi oncólogo y curador, que me prometió una larga vida y cumplió su promesa.

A Michael Walenta, director general de WGVU-TV Public Media, a Ken Kolbe, subdirector, y a Phil Lane, responsable de producto, por nuestra asombrosa experiencia filmando en Polonia, que me permitió encontrar y compartir con mi hija los lugares de mi pasado, incluidos mi litera en Auschwitz y el apartamento en el sótano donde viví con mi madre después de la guerra. Vuestra sensibilidad me permitió revivir esas experiencias sin ningún trauma.

A Milton Nieuwsma: fueron tu guía y tu apoyo los que me inspiraron la voluntad de escribir mis memorias. El primer libro que escribimos juntos inició mi viaje.

A mi tatuadora en Birkenau: tus amables palabras a una niña asustada de seis años todavía resuenan en mis oídos: «Te haré un número muy bonito. Si sobrevives, puedes llevar una blusa de manga larga, y nadie sabrá lo que te ocurrió». Han pasado setenta y ocho años desde que te asesinaron, pero todavía te recuerdo.

Estoy en deuda con el difunto doctor Michael G. Kesler, por la amplia investigación de su libro *The remnant* sobre el campo de personas desplazadas en Landsberg am Lech, donde ambos residimos.

A todas las sinagogas, iglesias, escuelas, organizaciones y especialmente al Instituto para Estudios del Holocausto y el Genocidio, en la Universidad Comunitaria de Raritan Valley. Gracias por invitarme a compartir mi historia de la Shoah. Las cartas que he recibido del público son una señal de que mi historia ha tenido eco.

Malcolm y yo estamos en deuda con los editores a ambos lados del Atlántico por poner su fe en nosotros y por ayudarnos a alumbrar este libro. Ha sido una alegría trabajar con Katy Follain, de Quercus Books en Londres, y con Peter Joseph de Hanover Square en Nueva York. Su pasión por el libro ha resultado muy inspiradora.

No podríamos haber hecho nada de todo esto sin la habilidad negociadora de nuestro agente, Adam Gauntlett, de Peter Frasers y Dunlop, y sus colegas del Departamento Internacional, Becky Wearmouth, Lucy Barry y Antonia Kasoulidou.

A Malcolm, cuya visión inspiró este libro. Jamás lo habría logrado sin tu decisión.

Agradecimientos de Malcolm

$\mathcal{H}$a sido un privilegio ayudar a Tova a llevar la increíble historia de su vida hasta un público internacional potencialmente tan grande.

Pero habría sido una tarea mucho más difícil sin la ayuda y el apoyo de algunas personas maravillosas.

Primero debo dar las gracias a Milton Nieuwsma, periodista, guionista de cine y autor de *Sobrevivir a Auschwitz: hijos de la Shoah*, por la conexión más importante de todas. Milt me presentó a Tova antes de que yo viajara a Auschwitz para la PBS Newshour, con el objetivo de cubrir el septuagésimo quinto aniversario de la liberación. A lo largo de toda la preparación de este libro, Milt ha sido un apoyo firme y sabio, así como una estupenda caja de resonancia.

Estoy en deuda con Therkel Straede, profesor de Historia Contemporánea en la Universidad del Sur de Dinamarca e importante experto en el Holocausto. Therkel me dirigió hacia la literatura más pertinente, cosa que me permitió situar los recuerdos de Tova en una línea temporal histórica. Su atención al detalle ha sido fundamental a la hora de comprobar los hechos y corregir mis errores iniciales.

Estoy muy agradecido por la amistad que me ofreció el profesor Yoel Yaari, neurocientífico en la Facultad de Medicina de la Universidad Hebrea de Jerusalén, cuya madre, Bella Hazan, fue correo de la resistencia judía en Polonia durante la ocupación nazi. La Gestapo la torturó, pero no reveló sus secretos y sobrevivió a dos años y medio de encarcelamiento en Auschwitz. Yoel ha sido una fuente de información crítica y me satisface mucho que aplicase la precisión de un especialista en el cerebro, cuando analizaba mi prosa.

Los componentes fundamentales de esta narración habrían sido imposibles sin la perspectiva del doctor Tony Bernard, de Sídney, Australia, cuyo abuelo fue miembro del *Judenrat* en Tomaszów Mazowiecki, y cuyo padre, el doctor Henry Bernard, fue miembro de la fuerza policial judía del gueto al mismo tiempo que Machel Grossman. Antes de morir, el doctor Bernard se sentó con Tony para grabar la historia de su vida. La lucha con su conciencia ha acabado siendo un magnífico libro llamado *El tatuaje fantasma*, publicado por Allen and Unwin en Australia.

Gracias especialmente a la doctora Justyna Biernat, de la Fundación Espacios de la Memoria, que trabaja en una crónica del oscuro pasado de Tomaszów Mazowiecki. Justyna me proporcionó algunos documentos, mapas y fotografías clave, que devolvieron a la vida gran parte de la ocupación, al menos para mí. La fundación se vale de donativos para sobrevivir, y Justyna agradecería muchísimo las contribuciones y compra de su excelente novela corta, *Siluetas negras*, en www.pasazepamieci.pl

Estoy muy agradecido a mi buen amigo Freddie Spence, que, entre sus diversos talentos, es especialista en traumas. Freddie me hizo algunas sugerencias muy útiles sobre la posibilidad de sacar a la luz pequeños fragmentos de información enterrados en la amígdala, esa parte del cerebro con forma de almendra donde se recuerdan, analizan y unen las asociaciones.

Uno de los recursos más inestimables, que nos ayudó a reconstruir estas memorias, fue la contribución del libro *Yizkor*, de Machel Grossman, el padre de Tova. Por darnos permiso para citar liberalmente los escritos de Machel, estoy en deuda con JewishGen, el hogar global de la genealogía judía, que es propietaria de la traducción. También estoy muy agradecido a la generosidad de Kirsten Gradel, viuda de Morris Gradel, distinguido lingüista de yidis y hebreo, que tradujo la escalofriante descripción de Machel de la liquidación del gueto de Tomaszów Mazowiecki.

Debo honrar a la poeta Henryka Łazowertówna por su conmovedora obra «El pequeño contrabandista», contenida dentro de *La canción, sin embargo, saldrá ilesa,* una antología de poemas sobre los judíos bajo la ocupación alemana, editado por Michel Borwicz. Tova y yo estamos muy agradecidos al Museo Memorial del Holocausto de Estados Unidos por darnos permiso para usar la traducción al inglés del libro de Patricia Heberrer, *Niños durante el Holocausto.*

Gracias también a Natalia Jeziorna, del Memorial Mordechaj Gebirtig, en Cracovia, por permitirnos citar la letra de su canción *Reizel.* Durante la ocupación nazi de Polonia, las canciones de Gebirtig fueron verdaderos himnos de resistencia. El Memorial está trabajando para mantener vivo ese legado en https://mordechaj-gebirtig.pl

De la PBS Newshour, estoy en deuda con la productora ejecutiva, Sara Just, y el editor de extranjero, Morgan Till, por concederme generosamente el tiempo y el espacio necesarios para trabajar en este importante proyecto.

Gracias a mis antiguos colegas de la BBC Caroline Wyatt, Rob Watson y Mandy Stokes, por proporcionar ánimos y comentarios perspicaces.

Shani Friedman, el hijo menor de Tova, tiene mi gratitud eterna por dedicarnos tanto tiempo, cosa que nos ayudó a tener el libro terminado antes del plazo final, y por ser un excelente árbitro cuando, ocasionalmente, surgían diferencias creativas.

Reconozco que, durante los meses que pasé absorto en el libro, mi disposición normalmente alegre solía abandonarme. Que quede clara mi profunda gratitud a mi mujer, Trine Villemann, y a nuestro hijo, Lukas, por su paciencia. Tengo la enorme suerte de tener a Trine de mi parte. Ella es una de las mejores periodistas que he conocido jamás, y su incisiva lectura, sus notas y sugerencias fueron inestimables cuando tuve que afinar algunas de mis ideas más imprecisas.

Y a Tova, gracias por confiar en mí. *Mazel tov*.